培文书系·社会理论新视角

智识生活社会学

The Sociology of Intellectual Life

[美] 史蒂夫·富勒（Steve Fuller）著 焦小婷 译

北京大学出版社
PEKING UNIVERSITY PRESS

北京市版权局著作权合同登记　图字01-2010-2476号
图书在版编目(CIP)数据

智识生活社会学/(美)富勒(Steve Fuller)著；焦小婷译. —北京：北京大学出版社, 2011.12

(培文书系·社会理论新视角)

ISBN 978-7-301-19709-7

I.①智… II.①富… ②焦… III.①知识分子-研究 IV.①D013

中国版本图书馆CIP数据核字(2011)第237558号

The Sociology of Intellectual Life, by Steve Fuller
English language edition published by Sage Publications of London, Thousand Oaks, New Delhi and Singapore, © Steve Fuller 2009.

本书中文简体翻译版由Sage出版社授权北京大学出版社出版发行。

书　　　名	智识生活社会学
著作责任者	[美] 史蒂夫·富勒 著　焦小婷 译
责 任 编 辑	徐文宁
标 准 书 号	ISBN 978-7-301-19709-7/C·0712
出 版 发 行	北京大学出版社
地　　　址	北京市海淀区成府路205号　100871
网　　　址	http://www.pup.cn　电子信箱：pw@pup.pku.edu.cn
电　　　话	邮购部 62752015　发行部 62750672　编辑部 62750112
	出版部 62754962
印 刷 者	三河市欣欣印刷有限公司
经 销 者	新华书店
	720毫米×1092毫米　16开本　13印张　260千字
	2011年12月第1版　2011年12月第1次印刷
定　　　价	29.00元

未经许可，不得以任何方式复制或抄袭本书之部分或全部内容。
版权所有，侵权必究。举报电话：010-62752024　电子信箱：fd@pup.pku.edu.cn

目　录

引　言……………………………………………3

第一章　智识生活的场所——大学 ………………1

第二章　智识生活的内容——哲学 ………………49

第三章　智识生活的人群——知识分子 …………97

第四章　智识生活的即兴性…………………………165

论点总结……………………………………………189

参考文献……………………………………………193

引 言

在我迄今为止所写的书里面，本书可能是最具自我例证性的一部：从开始构思，到写下这些文字，全都源于我在其角色、职位及其活动场域方面的参与。其综合效应让我得出这一结论：一种具有启发性的生活可能缘起于一个充满热情的书写者。它意味着一种体验式演出，在这一演出中，我既是写作者，又是表演者。所以，在此我不仅要感谢以下诸位专业学术同行（Stefan Gattei、Ivor Goodson、Alan Haworth、Ian Jarvie、Ouyang Kang、Douglas Kellner、Gregor McClennan、Hugo Mendes、Tom Osborne、Raphael Sassower、Nico Stehr）以各自的方法启迪了我的思想，还要感谢以 Julian Baggini（《哲学家杂志》）、George Reisch（Open Court 出版社出版的流行文化和哲学系列）、全球原创评论联盟（Project Syndicate，一个与 George Soros 的开放社会研究所相关的全球性出版组织）、《泰晤士报高等教育》（伦敦）为代表的学界外人士及媒体。

我依照自己的社会认识论，将本书分为四部分。社会认识论是一个跨学科领域，关注生产及传播知识的经验主义基础及规范性基础。我所认为的社会认识论，主要关注与学术学科相关的知识的组织形式。书中探讨的社会认识论主题，可以按照理解本书四章安排的方式来论述。从历史观点来看，有一专门机构,最大限度地促进了知识自由的形式,这一形式一直竭力想要成为促进社会进步转型的工具。这一机构就是大学,人们视其为所有专业知识的基础和最终的融合剂,尤其是在它于19世纪变身为"学术自由"或理论上所谓的"哲学"场所之后。这种思想主要起源于洪堡[1],洪堡认为自己是在应用康德的批判哲学,这一哲学形塑了启蒙运动的诸多方面。他设想,随着越来越多的人接受大学教育,他们将会获得智识上的自主权(即自己掌握自己的命运),进而在民主论坛中根据民意为自己作出抉择。因此,本书前三章围绕洪堡的原创思想展开论述:第一章探讨了大学,第二章探问了哲学,第三章探究了知识分子。

不过,洪堡的思想与本书内容并非完全契合。过去二百年间,学术生活已经成为自身成功的牺牲品。事实上,学术生活把人们训练得是如此之好,其研究工作变得也是如此的社会化,以至于它不得不在其自由探索这一精神层面,不断抵御来自经济和政治方面的双重限制。这一抵御经常呈现出一种反学科姿态,其特点就是即兴表现形式(improvisational forms of expression):剽窃和扯淡狼狈为奸,精明的学者们在追求真理的道路上习惯性地走过了头。我有一个小小的奢望:如果大家读过前三章感觉有些憋闷的话,希望第四章能让大家放松一下,至少也是希望能给大家带来一些轻松气氛。

---

[1] Wilhelm von Humboldt,1767—1835,德国语言学家、哲学家、政治家、著名教育改革家,柏林洪堡大学的创始者。(书中注释均为译者所加。)

第一章

智识生活的场所——大学

大学作为解决知识问题的一种机制

至少是从笛卡尔开始,知识问题就已被彻头彻尾地提了出来,即知识作为一个每位个体都要面对的问题,通过个体有意无意地去靠近一个外在的标准这种方式被提了出来。但像"认知路径可能是件稀有品,一个个体获得知识,可能会对其他个体获得知识形成阻碍、提出挑战或要求"这种说法,则是没有道理的。相反,福利经济学家们把知识称作"共用物品",即其价值不会随着更多人获得它而衰减(Samuelson,1969)。而我个人基于对社会认识论的理解,从外到内提出了有关知识的问题,即,因为个体必须在两个或两个以上替代性的行动方案中作出选择,并且心里完全清楚资源有限、其他个体也会同时作出类似选择,结果便是:要想实现某些可能性,就要以牺牲别人为代价。我把这一问题称为认知公正(epistemic justice)(Fuller,2007a,pp.24—9)。它蕴含着知识者(knower)的一种形象,即作为从事"知识管理"的"受缚的理性主义者"。这一思路一直贯穿在我思考社会认识论的过程中,甚至也贯穿了我博士论文(1985)写作的始终,当然也贯穿到了《社会认识论》发表后的今天。"认知公正"把知识认定成一种地位商品(positional good)(Hirsch,1977)。对解读历史名言"知识就是力量"和孕育知识的机构(尤其是大学)来说,这一论点有着非同寻常的意义。

在"知识就是力量"这一口号中,"力量"一词关系到扩展及压制行为的可能性。知识可以通过压制他者可能的行为,来扩展知识者行为的可能性。这些"他者",既可能是知识者的同僚,也可能是"无知"的自然实体及人造实体。广义上对"知识就是力量"这一口号的理解,包括其所有信奉者(如柏拉图、培根、孔德和福柯)的关注兴趣。但是,不同之处在于这一口号的指向上:我们应把重点放在行为可能性的开始还是结束?如果是前者,知识者的范围就可能受限;如果是后者,知识者的范围就会扩展。无论如何,只要你至今还未掌握知识,我的知识就将会为你提供优势;因此,知识是一种"地位商品"。这一概念同时也可用来解释那种对知识的生产和传播持精神分裂型态度,大学机构就是这一态度的缩影。简言之,我们从事科研的目的,在于扩展自身行为的能力,但我们的教学,却是为了把学生从他人既成或可能的行为影响中解救出来。

在现实生活中,大学扮演着知识的生产者和传播者这一双重角色,并因之而被卷入一个创造并毁灭"社会资本"的无尽的怪圈。这里所说的"社会资本"是指,个别小团体以知识的形式,借助集体的能力而行动这一相对优势(Stehr,1994)。因此,作为研究者,学者们创造了社会资本,因为知识的创新必定意味着精英的产生,而只有那些处于最前沿的人才会被称为精英;而作为教师,学者们又在破坏着社会资本,即他们把这些新观念告之于众,进而减少了那些处于最前沿的人的既得利益。熊彼特(Schumpeter,1950)[1]曾把企业家称为资本主义市场中"有创造力的破坏者"(creative destroyer),其实大学拥有的又何尝不是一个"元企业"(meta-entrepreneurial)

---

[1] 约瑟夫·熊彼特(Joseph Schumpeter,1883—1950),奥裔美籍经济学家,当代资产阶级经济学代表人物之一;以"创新理论"解释资本主义的本质特征,解释资本主义发生、发展和趋于灭亡的结局,而闻名于资产阶级经济学界。继在《经济发展理论》(1912)一书中提出"创新理论"以后,又在《经济周期》(1939)和《资本主义、社会主义和民主主义》(1942)中加以运用和发挥,形成了以创新理论为基础的独特的理论体系。创新理论的最大特色就是,强调生产技术的革新和生产方法的变革,在资本主义经济发展过程中具有至高无上的作用。

式的机构，并起着一种酝酿社会大变革的熔炉的作用。

然而，如果大学脱离了这一系统背景，它的影响就会显得很反常。这方面的一个典型例子就是，追求证书的人越多，证书就越会贬值。事实上，劳动力市场上的学士乃至硕士学位，都已不再享有从前那样的优势。人们往往将这一现象归咎于大学教育教学质量低下，或是职业培训没有针对性等。事实上，学位优势丧失的原因很简单，很可能只是因为越来越多的求职者都拥有相关的学位而已。因此，盲目地归责大学教育实属不妥。在这种情况下，知识已经失去了它以前的威力。对此，一种比较自然的学术反应，理应号召人们进行更多的科研工作，以便有效地辨别当下学位持有者的良莠，或是设立更高的学位，在徒劳地追求所谓证书的过程中，把新知识灌输给他们（Collins，1979）。这一策略甚至还被有效地用到了学界内部，因为如今博士已经占据所有常规性教师职业，尽管招收博士的标准遵照的依然是其研究潜能，对他们的培养遵循的也依然是拟定好的研究方案。

科学研究历来都被视为一种精英活动，但是，研究人员和大学教师的狭隘性／封闭性（这是一种理想意义上的身份），却趋向于推翻新知识的创造者和投资者所享有的一切固有优势。掌控这一创造性破坏过程的理想，随着19世纪初德国对大学进行的彻底改革，得到了最有力的哲学辩护。这一理想渴望构建一种在潜在的应用及其应用者两方面都具有"普适性"的知识形式。过去半个世纪里，这一理想被重塑成福利国家的双重经济功能：补贴资本主义的生产（研究），重新分配其剩余额（教学）。这一时期正值大学扩大其规模、夸大其重要性之时，然而，福利国家新近的权力移交，却使其陷入金融和更大的公共机构的不确定性中（Krause，1996）。近年来，驱使大学模拟厂商成为知识产权发动者的动力，已经发展成为一场不亚于解体大学的运动。在这一运动中，大学的研究功能和教学功能被割裂开来。由此出现了准私有的"科学公园"，它那有利可图的冒险，危及知识的正常流向，并为创造一种以知识为基础的阶级结构，又称信息封建主义（information feudalism）[2]，提供了一个合法的构架。下一节，我将重点阐释这种状况的完

---

[2] 《信息封建主义》，(澳) 约翰·布雷斯韦特、彼得·达沃豪斯著，刘雪涛译，知识产权出版社，2005年9月版。

整含义，随后我会将其阐释为第三级资本主义的一个实例，第三级资本主义试图在资本主义内部悖论性地重现一种资本主义意欲消除的社会机构。

我们所谓的"知识社会"中知识的可转让性

这里我们来看一下，在我们这个时代，"知识社会"这一标签有何与众不同之处。任何不熟悉社会学理论的人都能看出，在社会的组织和发展中，知识起着举足轻重的作用。但不同的是，"知识社会"这一说法却似乎有意隐藏了什么。要了解这一点，最简单的办法就是，在知识话语中去探究与"知识"一词有着相同语义群的词汇：专业知识或技能 (expertise)、资格证书 (credentials)、知识产权 (intellectual property)。它们都是知识社会中的臣民们所拥有或可以获得的东西。这三个词汇是按照可转让性的顺序从小到大排列的。我们先从可转让性最小的"专业知识"一词说起。

我本人专业知识的取得，与我人格相关方面知识的获得，并没有太大差别。事实上，我的专业知识相对而言的不可转让状态，使得我在论述古典哲学中处理知识的手法方面，比起论述我曾提到的"燃素学"，更不容易驾驭。"燃素学"(phlogistemology) 这一名称，来源于 18 世纪那个易变的化学物质：燃素 (phlogiston) [3]，它的特征是，完全按照其在燃烧试验中其他已知因素都燃尽后剩下的物质来界定。界定这一化学革命的时刻，发生在 18 世纪法国化学家拉瓦锡意识到，化学家们称为"燃素"的元素，因燃烧环境不同，有时是氧，有时又是氮。以此类推，"专业知识"并不是指那些独特的心智，而很可能是指多种行为倾向 (behavioural dispositions)，我们目前对它们的神秘化也不过如此。

具体来说，我在自己 1996 年的专著中认为，专业知识应该具有以下几种燃素学特点：

第一，专业知识不可以简化为一种正式程序或一套行为标志。但是，拥有专业知识的人，在真实的生活环境里，可以作出恰当的社

---

[3] phlogiston，古代认为可燃物中存在的热素。

认识论评判。

第二，同样的行为，因为当事人有着不同的社会地位，可被看做其表现出了或未表现出其专业知识。（比如，一位新手犯下的错误，如果是由一位熟练的从业者所犯，可能会被视为是种创新。）

第三，专业知识存在与否，几乎没有直接证据。但在人们的日常生活没有出现分裂/断裂的情况下，则被"假定"存在。

第四，相反，当人的思想与行为出现争议时，专业知识就开始对人的基本能力作出一种缺省解释（default explanation）。（例如，你可以不同意我的某一观点，但这并不能表明我的观点就是不对的。）

第五，否定某人的专业知识，至少可被视作一种与社会评判或认识评判相同的道德评判，由此会导致出现这样的指控：相对于对被审议人的误解来说，否认者不仅仅是挑剔的，更是无情的。

我们可以将专业知识置于可转让性的连续统中来进行考察。转让性通过专业知识是可以"获得"的这一极为常见的知识社会习语，自然会引出学位证书和知识产权问题。这一特点在上述第二点中已经提到。即，如果我曾经历过某种制度，那么，比起我没有这样的经历，我的行为就会得到更多的关注和重视。为了欣赏到这一过程中燃素学的特质，我们先来思考这样一个问题：作为行为的一部分，行动本身在这一制度实施前后并不会有太大改观。相反，真正改变了的是语境，以及紧随这些行动之后的一系列反应。这一观点以"图灵测试"[4]的方式，在知识社会的破晓时分，被提升为形而上难题。图灵测试假定人们分不清人类与机器的发声，也不知道哪个是哪个，只知道给出的句子是由真正的人而非"人工"智能机器发出的，在这种情况下，人们就会对前者的表达赋予无尽的语义深度，而把后者的表达贬低为一种浅薄的、预先设置好的回应（Fuller, 2002a, 第三章）。

然而，我们大可不必破坏人与非人的界限来阐明这一观点。学生们往往不理解，他们为什么常常很难忘记老师布置的阅读作业中一些激进的言论。最合适的答案莫过于：学生们在阅读中所碰到的作者们，能就他们的言

---

[4] turing test，英国数学家图灵于1950年提出用来判断计算机是否能够思考的方案。方法是分别由人和计算机来同时回答某人提出的各种问题。

论自圆其说，学生们则未必能就同一言论自圆其说。当然，我们这些为人师表者，不说没有也是很少会有人真正去检定这一假说。我们反倒会把下面这一假说当成前提：在我们质疑专家们的专业知识前，他们必定会被正规性的认证考试所击败；然而这些考试往往都是间接进行，更何况考试结果总是充满争议（例如，不标明引用被视作无效力）。与此相反，学生们在成为专家之前，却必须通过那些被明确界定过的、经常采用的、大都是没有异议的考试题目。我们通常都会认定，任课的专业老师们毕业于名牌学校，有一份不错的工作，作品在著名出版社出版，且颇受同行专家的认可，他们拥有的广博知识为学生所不知。拥有这一资格证书的后果是：人们赋予专家们以资质，让其传授那些与其资格考试内容、甚或是与其新书内容毫不相干的内容。

知识一旦开始跟知识者相疏离，人们便需要获取一些新的知识，而这些知识的内容，在解释资格证书的拥有者是如何把知识授予他人时，也就变得不再那么重要了。在那些攻读学位主要是为了掌握在工作或其他生活经历中已经拥有的知识的人眼里，这一点再清楚不过。仅此一点，就使"知识社会"这一表达方式变得极具误导性。因为知识通常是按其内容来界定，比如它或多或少能反映现实、没有知识人们将无法工作。但这也意味着，在知识社会中，知识的"储藏器"意义非凡。比如，所讲内容是出自哈佛大学的博士，还是出自一位辍学的中学生，结果会大相径庭。一个人的知识的可靠性和可信度，不见得只有在攻读学位的过程中才能得到提升，但"一个人拥有的知识会使大家认可这些资质"这一可能性也不是没有（哈佛大学的辍学者要是有足够的资本后盾和产品交付的话，他也会有这样的权威。比尔·盖茨就是这方面的一个例子）。

由此可见，"知识社会"这一说法具有一定启发性，它可能会传递给人们这样一种讯息：社会结构是可以重建的。阿尔玛·梅特（Alma Mater）曾把生得权（birthright）视作决定人的社会地位的最重要因素，也就是说，大学教师已经替代了家庭和牧师，成为社会地位的首要决定者。这一转变，不仅反映了正规教育实际上与社会意义息息相关这一事实，而且可能更重要的是，它带来了大量促进社会进步的不寻常途径（Ringer, 1979）。当知识社会的修辞学大肆赞美"终生学习"的优点，并明显将其与那些在"现实世界"

中已站稳脚跟的人联系到一起时，事实上，这些成年学习者却为了把自己的生活经历转化为资格证书这样的硬通货[5]，而被迫选择重新回到校园。

至此，我们似乎应该考察一下知识的异化问题。用眼下比较时髦的话来说就是：用以界定知识社会的"空间流"(spatial flows)(Urry, 2000)到底是什么？专业知识的自然产地是工作场所，必需的默会知识在那里得到培养和传播。然而接下来一步，即资格证书，却迫使人们离开全然不同的场地，集中到大学教室里（一个把他们的专业技能通过正规训练方式转变成一种人人认可的社会价值的地方）。认识上的异化和知识产权说，又将其从教室推移至最终的"研究"场所，从而导致人们关注实验室，但却很少触及那些自然科学权威的座盘。对此社会科学有自己的看法，就像社会学家拉扎斯菲尔德(Paul Lazarsfeld)在其作品中所说的那样。拉扎斯菲尔德的公众舆论调查表明，默会的社会知识提取，来自于原本生产它们的地方（比如，家庭中），但其结果却被（通过买卖或直接）用来为以产生消费需求或引发选民兴趣为目的的产品制造和政策提供信息源，并会依据代理人属于私有部门还是公共部门而有所不同。如果是前者，它就被称为"广告宣传"，若是后者，则被称为"运动"。说得更明确些，社会科学在萃取知识原料时，要比作为其对手的自然科学更有效力。也就是说，社会知识在萃取前唯一需要做的，就是告知主体种种制约因素，他们必须在这一限制条件中回答所调查的问题。

学术"中间人"的存在，将知识社会与从劳动到技术这一转变区分开，这一转变是大部分人类历史中都有的一个阶段性特质；他们通过迫使知识社会受制于具体程序，将人转换为人工制品。当学者们（大学教师们）只是公务员时，在被直接描述为资本占有(capitalist appropriation)中，他们提供了短期的商业主义。使用商业主义这一类比并不完美，因为大学从未享有处理知识产品的专利权（或是压根就不知道有这一权利）。除此之外，随着高等教育半私有化（在美国由来已久，在欧洲正在逐渐提高），以及邻近大学校园的合资办学性质的科学公园与日俱增，学术界最终成了改革的跟屁虫，

---

[5] hard currency，指价值比较稳定的货币，如当今世界的美元、欧元、英镑等；当某货币的汇价持续上升，习惯上就称其为"趋于坚挺"，称该货币为硬通货；反之则称其为"趋于疲软"和软通货。

被误认为是摇着尾巴的资本主义的走狗。实际上，智识商业主义的最后一块阵地，就是大学的教学功能；即使目前大学的科研功能日益被移交到私人领域，大学的教学功能至少暂时仍处在国家的管辖范围内。

这一结果有点像马克思所说的"东方专制主义"(oriental despotism)，其"亚细亚"式生产模式是指帝国主义强权向其征服国征税，但却对相关国家的生产模式和社会关系置之不理。这一点颇似大学教师的作用，他们得到国家授权，可以掌控需要相关资格证书以谋求事业发展的工人们的时间和金钱，而且通常还无需转换工作场地，有时甚至无需转换工人们的实体性知识(substantive knowledge)。在"东方专制主义"下，征来的税收被反哺到大型公共工程中，以进一步巩固帝国的权力。同理，知识社会的历史中也有这一特点，比如在冷战时代的高潮中被古尔德纳(Gouldner, 1970)[6]精辟地称为"双福利国家"(welfare-welfare state)所做的如下努力：加大医疗保健覆盖面，扩大教育通道，通过大量的电子信息和网络传媒等方式，笼络民众，大力提高其监视和军事能力。国家创立的这些项目，使得二战后的一代人中受过专业培训的人员激增，尤其是在紧随第一颗人造地球卫星发射成功后的1957年。

然而，随着20世纪90年代超级大国之间敌对情绪的减弱而出现的巨大的政府预算负担，一些大公司和特殊利益群体，纷纷把这些项目据为己有。由此导致的政治分权化和标准分裂，与"后现代主义"这一意识形态思想及"新自由主义"这一统治形式的出现不无关联。这些发展变化，通常被认定为资本主义在向先前得到福利国家政府保护的社会领域渗透。我们无需否认这一断言的真实性，我们一旦把知识社会初建时的基础设施建设视作近代"东方专制主义"的翻版，巨大的信息和网络媒体的私有化，就更像罗马帝国沦落为中世纪欧洲典型的封建封地和自由城邦。

因此，在知识社会支持者的边缘地带，活跃着一群理论家，他们预言了"信息封建主义"(Drahos, 1995)的到来，并不让人吃惊。这一返祖性转化的证据何在？下面三点足以证明：

---

[6] Alwin Gouldner, 1920—1980, 美国社会学家, 文化批判主义的代表人物之一, 代表作为《工业官僚体制的模式》(1955)、《西方社会学面临的危机》(1970)、《意识形态和技术的辩证法》(1976)等。

第一，人类的劳动作为价值的源泉变得日益短暂，但只是部分因为有越来越多的机械化手段替代了它。其他原因则是，这些新机器，比如专家系统，越来越多地得到知识产权法的保护（像专利、版权或商标），从而可以从那些设法降低全部生产成本的人那里榨取租金。法律体系以鼓励创新为名，将资本主义追求利益的目的，有效地转化为封建制度对租子的追求。这一转化始于工业革命时期，因为在美国宪法明确规定国家系统化地改革许可证的利益之前，知识产权的许可早已由统治者根据自己的喜好自行决定了。人们无法期望整个知识空间最终会像封建制度下的实际空间一样，被分隔成互不相干的领域。对他们来说，美国的开国者主要关心的是保证个人言论自由（这一点不仅不能谴责，而且不能模仿）和集体财富生产（假定政府一定会从各项发明的经济利益中获取最大利益）。考虑到过去两个世纪中资本跨国流动日益增强，知识产权法规似乎会以牺牲后者为代价而达到前者的目的。

第二，职业对资格证书的要求越高，与获得那些证书（对最终被雇非常重要）相关的知识含量就越少。这主要是因为，资格证书已不再能确保拥有者可以找到工作，而只是找到工作的一个必要条件。这样一来，资格证书就从一个授权准则，摇身变成排他性的标签。在这种情势下，它们成了继种族和阶级之后歧视和划分民众的首要机制。资格证书也像种族和阶级一样，没能成为指引人们走向事业腾达的标志，反倒成了人们怨恨的避雷针。随着资格证书这一封建残余被揭穿，私有化的非学术性培训中心，开始逐渐削弱大学所享有的实际垄断权。但更重要也更可笑的是，比起那些拥有传统"非学术性"尤其是创业型知识的人，拥有过量学术资历的人更有竞争优势。这在自然科学界已经成为一个不争的事实。这些"专业"科学家们率先出入于科研界，在技能和广泛用于各种各样项目的仪器方面投资，建构他们的知识产品，以便从它们的使用者身上榨取某种"献金"（将其变成参考文献或专利版税中的一项财政颂词）。"知识工程师"设计出计算机，模拟出一个领域内的专门知识，以打败更多的学界竞争者。这些模拟的原材料，当然是专家自己，他们在知识产生出其预期回报的最大值后，欣喜地出售着自己的知识。这里我们或许可以最为清楚地看到一个楔子（即制造分裂）：知识社会在大学的两大功能（教学和科研）之间驱动，因为科研不仅没有服务于教学，反而通过私有化现象阻止了教育的进程，或是通过自动化使教学落伍过时（Fuller, 2002a）。

第三，常用"爆炸"来描述的现今超量可用的信息，与前资本主义时期的信息匮乏一样，都能延缓智力前进的总步伐。古登堡（Johannes Gutenberg）在15世纪发明完善活版印刷之前，书本还无法被成批地印刷出来，因此，作家们根本想不到他们的读者将来会有权使用图书馆。这意味着，大部分原文都交付给读者，任其获取他们需要的知识，以了解作者了不起的贡献。不幸的是，这一任务如此费力，人们把更多的精力都花在了总结和批评过往上，而非推进知识的前沿上（Eisenstein, 1979）。难怪直到古登堡之后，才有了哥白尼革命，尽管太阳中心学挑战地球中心学已有千年之久。不过，当下我们却在承受着相反的问题：原文被投放到市场上的速度，使得任何人都无法得到第一手资料。因此，学者们不是在率领这一队伍前行，而是在队伍中制造干扰，人人都在争相表白，自己在了解他人在做什么方面的不可或缺性。在这方面，对现实生活中的复杂性认识的日益增长，只不过是学者们必须在同行面前界定自身以占据某一被认可的知识地位的策划而已（Fuller, 2000a, 第五章）。这一制度可能与布迪厄（Pierre Bourdieu）的知识社会学有极大关联，它确保了创新只会发生在狭小的职业认可的话语圈子内，从而使得作为社会变化主因的思想的发展前景变得极小（Fuller, 1997, 第七章）。

怀疑这些令人沮丧的预测的读者，可以考虑一下当下对中世纪佚名作家的作品或超文本的计算机化处理。中世纪的文本大体上都是真实的，因而，这些超文本的权威性，是基于其不同评论的层理性所表现出的循环模式来决定的。因为这种文本的真正来源往往不为人知，越来越多的阐释文本又各不相同，几乎不可能使这一文本受限于任何一个固定的批评。相反，人们被迫去"反驳"或"抵抗"超文本，结果便是在自己独立的电子轨道（electronic orbit）上释放出另一个超文本。

以上这些新事态的封建前例，被传递着文本的浓缩（condensing）和概述（surveying）这一不间断的历史双重性所掩盖，这些文本共同人为地维持着其原创性的知识社会意义。这一历史双重性，包括叠缩化（telescoping）和立体化（stereoscoping）两个阶段。

一方面，相对较为遥远的过去的历史被叠缩了，自古以来像如今的知识社会一样以知识为基础的复杂而广泛的社会运动，都被瓦解成均匀分布式的理想型，比如"新教"、"启蒙运动"、"社会主义"（Wuthnow，1989），这些名称主要是因其独特性而非代表性而得来的。当理性的方法准则被首次用来帮助社会学在历史资料的基础上构建具有普遍性的假设时，它已变成一种在充满档案的世界上使历史遗忘症合法化的策略。因此，任何对当代发展所做的预测，注定都是徒劳无益。

另一方面，对于相对近一点的历史来说，事件则呈立体状，即挑拨两个紧密关联的事态的关系，使其处于一种编造的分界线的对立面。这方面最为清晰而恰当的实例可能是，如今欧洲科学界的政策专家（policy gurus）中颇为流行的，知识生产模式一与模式二之间的明显差别（Gibbons et al.，1994）。它主要用于以实验室为基础的自然科学领域，模式一代表以学科为基础的研究，模式二代表一种杂合意义上的探索，集学术界、国家政府及工业的兴趣和利益于一身。从立体角度来看，模式一的起源可被追溯到17世纪皇家学会（Royal Society）的建立（如果不是追溯到古希腊哲学家的话），模式二则可以追溯到生产出第一颗原子弹的曼哈顿计划的初期（如果不是追溯到后冷战时期福利国家的权力下放的话）。然而，从历史意义上来看，直到19世纪后半期，这两种模式才几乎同时在德国出现。实验室由于一种智能化的阶级势利观（比如说，实验室工作需要灵敏熟练的手工，这与受过高等教育、无需动手的精英们的工作环境，有着质的差别），而被带有惯性地从大学中剥离出来（仅限于理工学院）。然而，实验室科学一旦落脚校园，很快就与政府和工业界人事结为联盟，这方面最著名的当属德国的威廉皇室社会。

事实上，实验室科学如此不同于大学里的传统体制的原因，同样可以使其一旦进入大学校园，便会很好地应对（适应）外在的科研项目。这里我们有必要回顾一下库恩（Kuhn，1970）描述的科学的一个著名特点，它几乎完全以实验室科学为基础（天文学是个特例）：由一个范式的从业者所引导的"常规科学"，不仅在实际应用方面是自主的，而且在其他学术体制的科研轨道上来说，也是自主的。这样一来，范式也就成了一种双重疏离的知识形式——一个独立自足的探究知识的部门，根本不用大学里的机构设置来保证自己的存在甚或是合法化。也难怪（很少有人注意）库恩几乎从未提及作为常规科学行为基地的学术界。只有一些博士培训项目还值得讨论。相比之下，大学本科课程委员会一直都是大学传统的神经中枢，每一学科的主要发现与通才教育之间的关联，在此习惯性地达成协议，结果导致"社会资本的创造性破坏"。1900年之前一直主宰着大学的人文学科，从来都没有像模式一中暗含的那样褊狭，但也不像模式二中隐含的那样容易适应外来压力（Fuller & Collier, 2004, 第二章）。

作为第三级资本主义的知识社会

要想了解大学在资本主义最新时期所扮演的不可缺少的角色，我们就要考虑认识资本主义本质的两种基本方法。我们较为熟悉的一种是一级描述（account），即关于生产者是如何卷入持久性的、大多数情况下不利于自身的竞争中，从最少的生产资料中创造出最大的劳动价值，进而产生出最大的投资回报。不管这一论断的其他价值有多大，它认为竞争中的生产者的相对地位是不证自明的，因而不必做一些额外工作来识别"市场领袖"。但实际上，这一工作是必须的。而二级描述，即关于生产者如何公开展示他们的生产力的说法，则是在韦伯（Max Weber）最大的竞争对手——德国人桑巴特（Werner Sombart）1902年首创的"资本主义"背景下提出的（Grundmann & Stehr, 2001）。被同时代人，特别是凡伯伦[7]取笑为成功资本家"炫耀性消费"（conspicuous consumption）的东西，却被桑巴特视为，在一个社会结

---

[7] Thorstein Veblen, 1857—1929，美国社会学家、经济学家，制度学派的创始人和主要代表人物。代表作为《有闲阶级论》、《货币哲学》。1899年提出炫耀式消费这一概念，背景是当时社会发展了，新生的中产阶级，为了显示自己的社会地位，而不是为了一样东西的实际使用价值，而花高价钱，追求名牌。

构不再作为某种固定的、可继承的差异化体系而被再生产出来的世界上，资本家向世人展现其社会地位的主要手段。因此，资本家为了炫耀自己更为成功，不得不进行炫耀性消费。

然而，如果把这种花费理解为资本家们在挥霍其成功的话，就有失偏颇了。刚好相反，从其日常的、首要的意义来看，这种消费反倒能够鞭策他们的生产力变得更为强大，因为他们的竞争者正在加快获取（如果不是更好的至少也是）同类的生活消费品。事实上，这种竞争会变得相当激烈，花费金钱时间以获得购买商品的身份，再带着这种身份去购置那些懂得如何去看的人购买的商品，这样的事在不久的将来会变得甚为必要。当我们谈及"第三级"（third-order）资本主义时，我们已经处于知识社会的前沿。"知识社会"可能是探讨第三级资本主义一种较为礼貌的方法，这一点无须大惊小怪。毕竟，科学计量学的创立者普赖斯（Derek de Solla Price），在混杂的自然经济统计资料中，经过地毯式的搜索研究才发现：与科研生产力最正相关的标志，并不是工业生产力的方法，而是人均用电量（Price, 1978；又见 Fuller, 2002a，第一章）。

上述关于资本主义的论述中，蕴含着某种经济史观点。在前资本主义时期，消费是在生产的前提下进行的，这解释了（比如）西班牙和葡萄牙的帝国强权转瞬即逝的原因：它们没有把从海外获得的财富重新投资，而是挥霍一空。相比之下，资本家的消费，是一种以日益增长的一级生产（first-order production）为基础的二级生产。从社会学观点来看，这一"一前一后"叙述的最大特点表明，在改变人们的责任感以维持共同社会秩序方面，资本主义制度颇具改革精神。在前资本主义社会，这一责任感被均分给每个成员，不管他们拥有什么样的地位。君主和奴隶同样担负着导致君主支配奴隶这一情形的责任。类似"相互认可"、"尊重"和"荣耀"这样的说法，本身就隐含着对等意义上的责任感。然而，在资本主义时期，就像当下福利国家里的保险一样，相对于个体期望身份受到保护而不被侵蚀的愿望来说，个体似乎也承担着相应的责任。因此，那些被视为上等者，也就需要花费越来越多的精力，来炫耀自己的优势。

最后一点在发达资本主义社会中体现得尤为深刻。在这一社会中，原则上，至少大部分人都能过上一种物质上自足的生活，而不用在一级生产性的工作中花费更多的时间和精力。不过，这种情势却加剧了人们追求二级生产性工作的努力。因此，比如说，个人会在教育上、公司会在广告上下更多工夫，尽管就一级生产而言他们仅能从中获得少量或暂时的利益。对那些好"赶时髦"的人来说，这种经历是必要的。现在我们回到本章开篇提到的"地位商品"这一概念上。生产这类商品的原因预示着，随着时间推移，人们的相对地位会有所下降，除非人们积极维护，而这通常需要努力地去超越，因而人人都需要满足的绝对水平也随之提高。这样一来，地位商品的扩大化生产，与物质商品生产效率的提高相结合，进而也就促成我们开始期待（已被我们合理化过的）"知识社会"这一体制上不合理的结果。具体来说，人们花费在资历证书和产品推销上的资源，要远远超过花费在这些活动本想提高、促进和交换的实际工作上的资源。

当然，这一目标与手段相悖的经典实例，并不是体制上不合理，如果它或多或少表现出其在价值上有自觉转变的话。因此，我们应该不难相信，我们确实是在为有所销售而生产，我们从事某一特殊工作，就是为了拥有一个展现自己资历的平台。因此，为酬劳而奋斗，替代了为生存而奋斗——德国人在政治思想上最终战胜了英国的传统（Fukuyama，1992，第13—19章）。但这一点在所谓的"公共商品"（publics goods），特别是知识方面，需要的却不仅仅是一点刺痛。对于这类商品，生产者的生产成本，（据推测）不仅不能完全收回，而且如果他们不限制其商品消费的话，还会招致更多的成本流失。然而，我想说的是，所谓的公共商品，应该简单地被当成能最大限度地降低其生产成本的地位商品那样去分析。具体来说就是，大家把钱存成基金专款，暂不透露其实际受益者，因为受益者很可能还不能确定（Fuller，2002a，第一章）。

这一抽象观念，只有通过回答下面这一具体问题才能说清楚：爱因斯坦的相对论为什么没有获得专利？答案是：他的相对论具有创新性，对自然科学群体不利，这一自然科学群体的发展，一直是由德国政府通过税收和其他财政项目资助的，其主要受益人是高等教育机构。这些机构反过来向着任何一位功勋卓著的人开放，这些人分别在自己的岗位上为这一知识群体作出各自的贡献。爱因斯坦恰好利用了这一原则上向所有纳税人开放的机遇。然而，即使爱因斯坦不存在，迟早也会有其他人以类似方法刷新这一知识前沿，这只不过是个时间问题。然而，只要不清楚下一位爱因斯坦究竟来自哪类人群，高等教育的公共资金就都会是合理的。这样一来，爱因斯坦就不应该得到这一专利所带来的经济利益，因为他直接剥夺了他的同胞们一直以来获取资助的机会。我认为，这才是像一直都是福利国家政权标志的大学教育和科研这样的公共商品生产的"深厚理论基础"。

大学能在知识管理时代幸存下来吗？

一提到"知识管理"（knowledge management），大学教师们（学者们）便很容易据此自傲。他们往往认为，它指的是大学在社会上所起的主要作用。然而，这一词组的意义却刚好相反：社会是名副其实的知识生产的温床，大学从中享受不到任何特权或益处。人们一直认为大学教师不够警惕，因为他们不顾成本和后果地，把知识当做为知识而学知识这样的事情去追求。只有当大学变成精英机构、独立研究人员变得很休闲时，这样做才有意义。然而，因为一些与单纯追求知识不相干的原因，大学要想更广泛地向公众开放，将会面临日益紧迫的全球性压力。如今，人们期待大学能够成为资历证书的分配器和经济发展的引擎。因而，大学教师们不再有能力完全控制自己的业绩标准。

在这种情况下，知识管理者的工作便停止运转。《财富》杂志前主编汤姆·斯图尔特（Tom Stewart, 1997），曾把大学称为"愚蠢的机构"（dumb organization）。这一流行语的背后，隐藏着这样一个观念：像麦当劳这样的快餐店，可被视为"聪明的机构"（smart organization），因为它通过优质的管理魔法，依靠那些相对没有受过良好培训的职员，取得了最大的经济效益。相反，学界的正常业务，却因院系的头头脑脑们忙于记录受过过剩教育的教工们的活动，而反其道而行之。如果说麦当劳的营业总额远远大于其各部分营业额的总和，大学的总营业额则比它的各部分营业额的总和要小得多。

大学教师们大都否认知识管理的影响力，尽管从工商领域引进的大学校长数量猛增这一现象，至少从原则上表明，可以用同样的生产定额来衡量麦当劳和麻省理工学院。理查德·赛克斯（Richard Sykes）就是一个鲜明的近例。他被任命为伦敦皇家学院院长，主要是因为他成功地合并了两大医药跨国公司：葛兰素（Glaxo）和史密斯－克莱恩（Smith-Kline）。不足为奇的是，他一直努力推进皇家学院和伦敦大学学院合并，希望将其打造成英国首座科研领先的大学（至少从科研创收上来看），但在本书写作过程中他还没有取得成功。不管怎样，赛克斯在英国学术管理文化方面播下的这一思想的种子，促成了曼彻斯特大学与其邻校——英国最大的（就学生人数而言）曼彻斯特理工大学的合并。这一举动被当时的媒体炒得沸沸扬扬，俨然一副像是要将（美国的）哈佛和麻省理工学院合并起来的架势。

我们自然会想到：下一个学术时代，能够抵御这些变化吗？坦率地说：我们为什么应该期待短期合同制大学教师的数量能够提高，以保证为他们提供了稳定工作的这一机构的完整性呢？博士们只要愿意并有能力获取更好的报酬和工作条件，很快就会获得麦当劳连锁店里那些没受过专业训练员工们的生存技巧和态度（Jacob & Hellstrom, 2000）。事实上，当对变幻莫测的劳动力市场的适应变成首要价值时，自主的工作环境的正常影响力便开始衰退。毕竟，自主意味着人的才能在外在压力面前说"不"，这使得处于灵活多变世界里的资本主义显得异常死板僵硬。因此，教工的任期合同制，已经成为教师将自身研究领域内的知识传授给学生的一种资历，即使有时他只有三名学生，其中两个还时常被老师讲授的内容所触怒。

然而，不单是那些职业知识管理者，还有很多学者，也都支持近来把大学的教学和科研分开的措施。修正过的大学教学和科研的界定标准，始于19世纪早期的德国。随着一个个新的网络学位计划和科学公园的建立，这样的举措每天都在发生：一个把大学威逼成制造文凭的作坊，另一个将其变为专利工厂。尽管它们起着反作用，但这两个"后学术"机构，在为那些货到付款人牟利的问题上，却有高度的共识和兴趣。在此背景下，大学显得异常弱不禁风。为了确证自己在这种紧迫的成本效益条件下具有存在的合理性，大学一直处于强压之下。然而，如果把大学就是"服务提供者"（service provider）这一观念，都归罪于大学里的知识管理者，乃至最近的新自由主义思想浪潮，无疑都是错误的。

一些大学老师，经常怀着感恩之心、怀旧性地感念政府的福利政策在全盛时期给大学提供了充足资金，但是他们往往忘了，隐藏在学界对决策者的吸引力背后的，其实是提供服务。公众愿意交付更高税务，因为他们（或其子女）有可能通过获取某一学科知识的资格证书来促进其工作发展前景，或者说大学教师或许能够提出改善社会生活质量的灵丹妙药。如今，这样的心态只存在于日益私人化的资金环境下。

总之，浮士德式的交易[8]，在披着社会民主伪装的虚夸言词下的双重福利政府时期，受到重创。在规模和重要性方面，大学得到了前所未有的发展和强化，但曾经的它们可是社会经济再生产的首要阵地。长远来看，这一交易使大学失去了其政治独立性（进而也就失去了其知识独立性），随着政府取缔法律和金融方面的保护，这一点已经变得日益明朗。在大学为全体纳税人服务并以它带给纳税人的利益多少为基准来评判它这一发展阶段过后，如今的它正在被推向全球化市场，在这一市场上，美国的大学已经在享受提供知识含量颇高的商品和应需服务。

这至少是大西洋彼岸的欧洲学界政治经济转换所呈现出的状态。现在，大学首脑们经常抱怨，附属于福利政府的大学，阻止了政府向学生收取与世界舞台上的美国大学相抗衡所必需的全额学费。他们似乎认定，美国人愿意为在最好的高等教育机构中接受教育付出更多，因为这样做可以提高他们在市场上的地位，这一点早已得到证实。然而，这却解释不了，比如，常春藤联盟是如何设法正式、合法地收取世界上最高的学费，但实际上却只有三分之一的学生付学费。或许可以用历史悠久的普世主义、民主和精英领导理念来解释，为什么常春藤联盟会制定这样的政策。但对欧洲人来说，其神秘性却在于，他们是如何顺利地完成这一任务的。

因此，欧洲人对美国这一现象的理解，尤其是在精英层面上的理解，存在严重偏差。他们忘了，是什么使大学对世界文化作出鲜明的欧洲式贡献。这一点我将会在后面讨论。但从更基础的层面上来说，这一理解上的偏差，让我们想起了长期以来边际效用思想（marginal utility thinking）对价值观的界定所产生的不良影响。福利国家经济学和当前的新自由主义都认同，经济建设来自于相互交易，即商人们彼此之间同时进行交易，彼此交换各自相

---

[8] Faustian bargain，意指出卖关键性的东西以获取短期利益，典出中世纪传说中浮士德以灵魂为代价交换三个愿望的满足。

互竞争的利益。理性的代理商愿意接受某种价格，但仅限于一定量的商品或服务。除此之外，还会出现"利润减少"(diminishing return)现象，因此，理性的代理商们会把他们的消费换到别的地方去。这就意味着，短期内，商品和劳务是由它们对消费者的影响前景来评判的。这种观点和大学的特征全然相反。

值得赞扬的是，福利经济学家们早已意识到，长远来看，他们所谓的经济观念，只会让可能增长的利益出现贬值，特别是对那些与代理商没有直接关系的人来说 (Price, 1993)。如前所述，福利国家之所以把大学视作"公共商品"的实例和生产者，主要是想抛出这样一个问题：在提供费用和享受利益方面，通过真实的表征，保护社会大众的利益，要比只关注特殊群体便宜得多。但对冷漠无情的新自由主义者来说，下面这一点听起来更像是一种妥协：高等教育是一个具有不确定价格体系的市场。就因生产者和消费者之间无法进行有效的交流，就会如此吗？这一疑虑激发了知识管理者，他们呼吁摆脱政府阻碍以保证大学间自由竞争，从而尽快迫使它们面对市场力量调整机构，甚或下放职责与权力等。

然而，这一思维定式下掩藏着一种固有的直觉：一切经济活动的范式都是商品交换，这种为日常家用而进行的商品交换，在乡村市场上每周都会有。从这一点来看，一个主要的实用性问题在于：如何在太阳落山前清理好市场，以保证人人都能买卖到自己想要买卖的商品。这一问题的提出，至少产生出与大学一直面临的经济形势相左的三种假说：

第一，每位商人都既是"生产者"又是"消费者"。相比之下，这两种角色在大学和未来的顾客(包括学生)之间，不管从哪种意义上来说都是截然不同的。

第二，没有一位商人愿意要多余的商品，更不用说去尽可能地积攒商品。闲置商品要么腐烂，要么成为小偷们的攻击对象。相比之下，急剧的知识积累——不管是课本上的，还是头脑中的或数据库里的——却成了大学的主要使命。

第三，每位经商者的需要，都会由一个循环结构体系来提供，其理想的需求量应该和乡村里的市场周期相吻合。不存在固有的、无法满足的（买卖）愿望，只存在周期性的愿望，愿望一经产生就会得到满足。相比之下，终止需求的想法，对学术研究来说是如此异常，以至于任何试图停止甚或是疏通其实施的行为，都会被视为镇压行为。

然而，大学还可以通过其他形式进行经营，而不单单是充当多元服务的提供者附属于其顾客，一旦学术商品被卖出，这种不相关联的交易就会终止。古罗马法令原初赋予大学以社团身份的原因在于，大学的兴趣目标追求，超越了当时任意一位独立的个体会员，因而，大学提高了对个人特定用途资金的发放和赠与，这些个体在非世袭的前提下是这一机构的一分子。他们往往通过考试或选举，自主选择自身的身份，这就需要他们情愿成为自己原有身份外的某一类人。除大学外，原初的社团组织还包括教会、宗规、行会和城市。商业企业直到19世纪才逐渐被视为公司。在此之前，交易的实施，要么是一种临时的、有目标的活动（相当于军事探险），要么是一种扩大的家庭传承，一种罗马法下传承社会身份的约定办法。

大学里的社团原型，绝非历史上人们一时兴起所致。最古老也是最成功的美国大学，是由英国的异教徒们建立起来的。对他们来说，教会的合作形式独树一帜。17世纪以来，美国大学毕业生被培养成所谓的"校友"，他们把自己的大学时代，视为界定其人生的重要过程，乐于和每一位值得尊敬的考生分享。校友们的捐助，以新教徒"什一税"为基础，为下一届学生提供基金，使其能够同样享受到丰富自己、充实自己的机会。作为回报，这些校友们会购买服装杂志，招待体育运动队（校友们每个周末都热衷于此），自愿、正式（有时也很随意）地参与制定大学政策等。常春藤联盟中，有三分之二的大学生，都是通过这样的形式接受的大学教育。与此同时，领先的美国公立大学，也展现出同样（有时甚至更强）的趋势。因此，加州大学洛杉矶分校、密歇根大学、弗吉尼亚大学这些"公立大学"，它们的费用70%都来自私人赞助，只有一小部分来源于学生的全额学费。

与此相反，在先前福利国家的政治制度下，大学的"私有化"有两大主要策略：一是受市场驱使的学费，二是毕业税。它们都是为了维持机构生存而制定并运转的长期规划，实际上相当于一系列短期计划。这些强制支付方案，最多也就是使得大学可以更换它们投资到学生身上的资本，但它们同时也为大学生提供了一些奖励机制，鼓励学生们作出比学校投资大得多的贡献。如果说有什么不利的话，这些学费和税收，可能会变成怨恨、不服从、乃至财政全盘失败的一种来源，因为在一个将知识当成地位商品去追求的世界上，很难以短期内的衡工量值（value-for-money）为基准，去评判高质量的大学教育。

因此，为了克服知识管理者自嘲地称自己为愚蠢的机构这一现象，大学必须努力做到让整体大于各个部分的总和。这一点至少意味着，一所大学的价值，不能依据它为包括学生在内的现有顾客带来的短期利润来做评判。教学与科研相结合这一理想，保证了机构拥有开阔的视野。毕竟，在新知识的生产（通过科研活动）、加工和传播（通过教学手段）上，大学是独一无二的。前者意味着大学教师生成了社会优越性和特权的新形式，后者则根除了这一点。社会资本的创造性毁坏，使大学成为独创的企业组织机构。然而，大学并不是在真空中产生和维持的。随着福利国家缓慢而稳定地走向衰落，将大学恢复成原本的组织机构已是刻不容缓，大学的"私有"化形式，要比主控现代经济思想、如今又危及这一机构整体性的"商品交易会"（trade fair）模式，优秀得多。

后现代主义是一项反大学运动

一个非常明显但却较少引人注意的事实是，利奥塔[9]新创的"后现代主义"，是他1979年在魁北克高等教育协会上所做的"关于知识状况的报告"中首次提出来的。利奥塔将这一报告题献给他当时就职的巴黎第八大学哲学工艺学院，希望当大学制度走投无路时，学院制度能够走向繁荣。这一观点完美而集中地体现出后现代的规范姿态——赞誉科研的无止境增殖，谴责"信息爆炸"屈从于大学的机制性遏制，这毕竟预示着一个明显受限且贯穿于"所有课程"的"普遍话语"。从历史观点来说，这是利奥塔对现代大学里中世纪精神最后一道防线的挑战，即：一切都值得讲授的观念，可能受囚于自身的高墙内。这一点在13世纪是可以讲得通的，因为当时人认为物质

---

[9]　Jean-Francois Lyotard, 1924—1998, 法国哲学家, 后现代思潮理论家, 解构主义哲学代表人物之一, 代表作《后现代状况》成为后现代研究的必读书。

宇宙是有限的，地球（具体来说就是人类）位于其中心。当时的大学，从字面上来说就是一个小宇宙。

利奥塔的《后现代状况》一书，彻底推翻了贝尔（Bell，1973）[10]十年前把后现代主义视为"后工业主义"文化上的同义词的界定。在贝尔看来，后现代主义意味着一个坚实广博的公共管理阶级的兴起，他们以慈善的、尽管也是专家治国思想的福利国家的名义，抑制并升华着信息时代潜在的分裂性影响。对大学的综合性批判观念（特殊学科的特殊知识除外），在此成为关键词。在这方面，贝尔的后现代主义观，为知识分子设想出了一个未来，与古尔德纳提到的"新阶级"概念——也是后马克思主义时代福利国家对革命党先锋的答复——不谋而合。然而，贝尔和古尔德纳都没有预想到福利国家权力的转移，和相应的对作为一个形式合法的社会实体（大学）的挑战。利奥塔的预言工具，反倒更透亮一些，因为他对大学结构权力的轻视，和新自由主义者所倡导的无障碍创新，以及撒切尔夫人关于社会不存在的论调不谋而合。这就是后现代的未来。值得肯定的是，贝尔、古尔德纳和利奥塔提出的后现代预言的不同之处，很大程度上，可以通过他们各自在高等教育上所处的优越地位来进行诠释。

1963年，贝尔受哥伦比亚大学委托人之托，前去解决日益高涨的学生呼吁本科生课程应该具备"关联性/实用性"（relevance）这一问题，课程要求所有学生在大学前两年内学习古典西方哲学、文学、艺术和音乐，后两年则集中研修他们的专业。呼吁"关联性"被视作建议制定跨学科研究课题，这些课题将世界上某一地域或人文学科中某一部分（阶级、种族、性别）作为主题，其重要性从未在各院系固有的章程中体现出来。这样的要求其实是不多见的。但让贝尔略感欣慰的是，他在库恩的科研"范式"概念的鼓励下，坚守了他的古典理想，即传统学术院系为最基本的调研提供了一个安全的空间，在此基础上，因社会原因而引发的次等科研活动，可以在硕士研究

---

[10] Daniel Bell，1919—2011，当代美国批判社会学和文化保守主义思潮的代表人物。他从传播技术和传播内容、传播者和接受者的角度，剖析了大众传媒在新教伦理向享乐主义、现代主义向后现代主义的反文化蜕变过程中的社会作用，从而把大众传媒与资本主义文化危机之间的关系揭示出来。代表作有《意识形态的终结》《后工业社会的来临》、《资本主义文化矛盾》《第三次技术革命》等。

生阶段完成(Bell, 1966)。然而，贝尔的个人意见最终并未达到其预期目的，1968年哥伦比亚大学成为世界范围内学生反"权威"运动的前沿阵地。

古尔德纳则为二战结束后高等教育变成资历证书的加工厂而震惊不已。尽管大多数学界中人都没有受到纯粹研究伦理的驱动，但是，他们的培训时机，却为导师们通过往学生碰巧从事的某一领域灌输一种批判态度，提供了扩大和补充公共领域的机会。不过由于古尔德纳1980年突然离世，所以他没有看到，"正统的大学"(proper universities)一旦公然开始以资历证书管理者的身份自居，就会从地域上蚕食像理工学院和专科学校这样一些地方性院校。此外，近二十年来，福利国家的精英思想逐渐弱化，迫使大学开始在买方市场上展开竞争。在这个市场上，报考生的比率问题、任何与获取证书无关的教育学上的负担，比如"批判自反性"(critical reflexivity)等，都可能遭到非议。

与贝尔和古尔德纳截然不同，利奥塔对高等教育持怀疑态度，戴高乐曾用这一点来安抚那些要求放宽精英机构、不受学历限制的入学办法的"68分子们"(68ers)。事实上，这样做的后果，只会迎合那些激进分子，受损害的则是法国社会学术界的独立地位。在利奥塔看来，创建一所新大学，是一个国家在一个很快就会超越其控制的世界上维持社会秩序黔驴技穷式的表现。在此语境下，对学术水平的诉求，成为一种受到鄙夷的反动意识形态，因为它会阻滞思想的交互影响及其孕育出的新发展。这也解释了利奥塔为什么会对哈贝马斯[11]提出的"理想会话情境"(ideal speech situation)[12]深恶

---

[11] Juergen Habermas, 1929—   ，当代西方最重要的思想家之一，德国法兰克福学派的第二代领袖，批判理论和新马克思主义的代表人物，思想庞杂而深刻，体系宏大而完备，被公认为是"当代最有影响力的思想家"。

[12] 又译理想沟通情境，建基于人类语言沟通行为本身的内在逻辑上，即人类在进行沟通行为时已预设了某些条件，这些预设或假设蕴含于沟通行为的性质中，虽然沟通者通常不会自觉这些假设的存在。具有以下特征：(1)参与讨论的机会是开放和平等的，讨论的内容是自由的。任何有兴趣参加的人都可以来参加，所有参加者都有平等的机会去发言，参加者可以畅所欲言。(2)沟通和讨论不会被权力或权力关系所扭曲。沟通是无强迫性或强制性的，没人会因为权威的压力而被迫说不真心的话或被迫保持沉默。(3)参加讨论者必须有一种开放和理性的态度。必须尊重其他参加者，认真聆听他们的意见；思考问题时不应只从自己的角度去考虑问题，而应愿把自己放进他人的位置，尝试从他人的角度和利益出发来思考。应尊重有关事实和道理，不固执己见，勇于放弃自己的意见，接受他人提出的更有理、更好、更具说服力的观点。

痛绝。"理想会话情境"是一个有关大学创建神话的方案,这一神话除非要求终止交叉学科无穷的多重性,否则是不可能实现的。利奥塔认为,大学从一个抽象概念缩微为一群建筑物,在那里,这些学科的代表们,偶尔会遇到并建起暂时的联盟,并要受制于建筑群的管理者(又叫学术管理人员)。

是什么促使利奥塔的怀疑主义,战胜了由贝尔和古尔德纳提出的与其相反且理想化的大学观呢?答案或许可以从现代高等教育扩张的物质基础中找到。利奥塔、贝尔和古尔德纳都在反思,与福利国家体制联姻的有着较高生产率的资本主义经济相关的一系列发展问题。这些构成了马克思主义政治经济学的盲点,马克思政治经济学为有能力掌握革命领导权的、挑剔的知识阶层的兴起,提供了经典的阐释。马克思没有预见到,在高度发达的资本主义社会里,政府会恢复制定规章的职能,这些职能和17、18世纪重商主义政权下的职能颇为相似。政府不仅要为资本发展提供投资诱因(investments incentives),还要利用其税收权力,强化以福利为导向的制度,减缓大众受到商业循环周期性盛衰的影响。这意味着经济发展曲线会更为平稳,但却是以逐步扩大国家的运转预算为代价。

熊彼特(Schumpeter, 1950)首次明确地构想出了这一方案:工业资本家必须接受对其利润收取越来越多的税率,以免大规模工人失业播下革命的种子。最终,市场上改革的"创造性毁灭",会被看成对经济安全的威胁。当资本主义和社会主义都意识不到它们的英雄观时,人人将会舒适地存活在同一个世界上。简言之,未来将会是瑞典式的。

贝尔和古尔德纳认为,熊彼特的这一论断,为知识分子的工作提供了大量的机会,尽管它妨碍了"列宁再临说"(The Second Coming of Lenin)。在扩展的福利主义机构中,大学和其他一些国家许可的高等教育学院,为知识分子提供了先培训后就业的机会。19世纪中期之前,这些知识分子,就像原初启蒙时代的那些哲学群体一样,很可能成为和现代政治经济秩序没有特殊关联的流动工人。但在过去一百五十年间,尤其是从二战结束后,他们变成公务员,首先生活在一种令人嫉妒的、安全的同行评审(peer-reviewed)体系中,随后经过这一过滤过程,他们在更大的社群中互相发表演说。因此,他们所具有的那种发表煽动性演说的潜力,已被驯化为合乎逻辑的文化批判和零碎的政策建议。

尽管马克思不会对此满意，但贝尔和古尔德纳却从中看到了希望。因为发达资本主义的平滑功能 (smooth functions) 依赖于福利体系的维持，知识分子作为这一体系的主要成员，共同拥有影响社会进程的巨大权力。在贝尔看来，这将会导致经济日益理性化，他的名言，作为阶级斗争的"意识形态的终结"，将会变成一项专门的行政任务。古尔德纳就此设想出了一种不太完整的意识形态冲突的升华。知识分子将会以人道的名义，继续提出一些总是会自相矛盾的主张。不过，其知识和兴趣的不断专业化，会使其对自己主张的偏袒比以前变得更加明显，由此生发出更为重要的公众文化。

然而，从利奥塔巴黎人的身份来看，贝尔和古尔德纳正沉浸在自己的异想天开中，根本不是因为他们想当然地以为，政府能够无限期地把总在解体的知识实践，通过雇用越来越多的知识分子这一方法，转化为社会结构原则。接下来发生的事情，既避免了熊彼特所谓的全面社会化的国家中资本主义梦想过度，又绕过了其噩梦般的对手，即奥康纳（James R. O'Connor, 1973）所谓的"政府财政危机"：过分扩张的社会服务预算，导致新一轮阶级斗争，或许比马克思猜想的阶级斗争还要激烈。这些在后现代社会中为知识分子寻求合适作用的思想，没有预想到政府会在包括卫生和教育在内的诸多方面直接提供福利，进而促成资本主义飞速发展。

利奥塔的后现代犬儒主义，已被成批增加的大学课程和学界自主科研这一古典伦理之间的邪恶同盟所证实。原初时期，大学教师们都相信，受包罗万象的理想（比如真理）驱使，他们从事着同样的自主科研活动。这一理想的普遍特质，为探究经常挑战主导地位的正统观念和对交叉学科界限的批评，提供了相当大的空间。大学提供的机构空间，使得这些放鸭式研究成为可能。在有关上帝的存在、生活的意义、乃至人类特质的进化这样的公共辩论中，我们可以看到这一"非规训式"态度的残余。然而，这种态度，与当今职业化的学术意义上的科研，相去甚远。在当下，自主只是相对于某些特殊学科而言。这样一来，人们就不是在追求某种真理，而是在应用一个"范式"，或从事某一"科研项目"，直到其知识资源，或者说得更直白些，就是直到其财政资源耗尽为止。实际上，劳动分工在当今学界已经使自主研究的承诺变得模块化，甚至去背景化 (decontextualized)。这一发展现状让人想到：一些自然科学研究部门，可以安逸地从大学的一个机构环境，转换到另一个像科学公园或社团这样的机构环境，而且在这一转换中似乎还没有什么缺失。

因而，后现代状况标志着大学在字面意义上的瓦解和崩溃，因为在每个学科领域内都可以做科研，而且不用担心其他学科的命运。传统上，大学具有检验这种自我吸收（self-absorption）趋向的手段。最平凡且又不失威力的是那一笔财政资源共享的资金，而至少是对大学里的财政委员会来说（如果不是发生在各院系之间的话），他们可以从中抽取其活动经费预算是合理的。大学财政委员会默认的立场，还会促成跨学科院系的发展。然而，随着额外收入的增加和得到的积极鼓励，这一立场正在失去其作为探讨追求非传统意义上的科研成本和利益平台的重要性。另一种传统的、对学科的自我吸收进行学术检验的群体，当然非大学的常客学生们莫属。课程设置一直以来都是评价知识群体相对重要性的一项冷静的实践，也是反映普通个体生活的一种思维方式。事实上，正像我们在下一节要讲到的那样，这最终变成某些重要知识分子对知识体系施加其影响力的力量源泉。

至此，交叉学科在促进后现代状况发展中所起的作用已毋庸再说，因为早先关于贝尔和古尔德纳的阐述已经说明，至少是在20世纪六七十年代，交叉学科有望恢复大学的决定性优势。当今学界内外对"跨学科"的呼吁，只是一种时尚，但却被贴上后现代的标签（Fuller & Collier, 2004，引言）。如果我们回想起，在发明现代大学时，洪堡心里想的是受过自由教育的公民，这一点就会变得不言而喻。人们据此认为，知识生产可能会"时刻准备好"走跨学科的路子。我们现在所了解的学科（相当于院系、期刊、毕业生学位项目），逐渐演化成受主流世界观掌控、相互冲突的科研项目之间制度化的契约。因此，我们当今称为物理学家、化学家、生物学家、医生、乃至工程师的职业，在19世纪大部分时间里都很难分得清。在所谓的自然科学领域就更难甄别了。20世纪前三十年内对学术知识所做的精密调查结果，预示着学科化（disciplinization）这一隐晦且难以驾驭的过程（比如Cassirer, 1950; Merz, 1965）。

然而，随着20世纪学科边缘变得越来越模糊、学科间知识的断裂开始出现盲点，交叉学科的工作才开始明确地专注于恢复平衡。冷战的史实，极大地激发了这一思想；因为国家安全问题，使得学术思想的关注点，同时聚集到共产主义—资本主义这两大阵营,而使自己自成一体。在这一背景下,操作研究、系统理论和人工智能,都开始把学科的生存,描述成有效的知识流动的障碍。到了20世纪60年代末期,随着女性主义者、文化多元主义者和其他人认为,学科积极地压制了政治上难以驾驭的主题,这些主题妨碍了学界与更大的社会之间进行有效的沟通,说得更确切些就是,妨碍了学术对更大的社会起到启蒙指导作用,这一视角在西方已经获得了激进的对应物。

这一时期显现在构建和反主流文化之间诸多的象征性和物质上的冲突,与日益扩展的大学领域这一背景是相悖的。然而,这一点随着1989年柏林墙的倒塌而终结。之后,跨学科开始诉诸目前的后现代特征。披着知识生产模式二的外衣,用欧洲科学政策界偏爱的官方宣传语来说(Gibbons et al., 1989),跨学科成为引进非学术成就标准的手段,来拆散像技术语言和自制的(self-regulating)工作习惯这样一些学术生活中的常规标志,并美其名曰"寻租"。"跨学科"由此开始指涉那些被以学科为基础的学界忽略或低估的、"真实世界"里的所有问题。这样一来,科研的议事日程、乃至学位规划,在其章程中都不得考虑学界外潜在的"用户和受益者"。

在此背景下发展壮大的学界内与广泛的解释性理论相左的"跨学科",主要是通过多元的、适当的方法来进行表述。作为一种对比,我们试想一下,跨学科更加学术化的集中一直都以学科为基础,这些学科直面其理论和方法论上的差异来达到某种人为的决议,因为每个学科彼此都认可他者领域内的某些东西,继而再为限定自我学科中的支配性(霸权性)的要求服务。我们或许可以把这一跨学科"渗透"称为语义上行[13] (Fuller & collier, 2004, 第2章)。但在我们这一崭新的世界中,建构跨学科的最大障碍是,不同学科所拥有的理论包袱,增加了协作调研的难度。这就是所谓的语义下行方法,它鼓励人们朝着以最低的、以实验为依据的公分母进发,因为在注重证据的方针下,用以收集和阐释数据的不同理论、乃至不同方法,成为一旦用完就必须搬离的梯子。这些话语中引人注目之处是"理论"一词的语义消散,因

---

[13] 语义上行(semantic ascent),一种在讨论问题、解决争论时,把问题从语词指称的对象,提升到语义层面来讨论的方法。它试图把一切哲学问题都还原为关于语言的问题。语义下行(semantic descent),一种把问题从语义层面下放到事实层面去解决的方法。

为在众多流行的跨学科科研工具中,像"理性选择理论"、"游戏理论"、"复杂性理论"、"混沌理论"、"行为者网络理论"(actor-network),没有一种真正阐明了它们在数据中所强调的模式。

当然,有人可能会说,我提出了一个关于跨学科知识生产问题的错误二分法(false dichotomy)。它无需成为一个构建更高形式学术知识的问题,或是从大学教师手里接过知识的接力棒问题。它可能只涉及学会去欣赏其他学科用其有效方法生存的问题。但是,那样的妙策,颇似只顾努力学习现代语言,却不理会因言说者而导致的跨文化冲突。

对本部分做一小结,我把大学迫在眉睫的崩溃问题,放置在"世界历史观"之下进行探究。我曾提到过后认识论状况问题(the post-epistemic condition),科学藉此被当成一种不同于科研的形式而受到追捧,比如,作为一种保证就业或创造财富的因素(Fuller,2000a,第三章)。在后现代语境下,大学正是因为这些非传统的工作追求而被割裂,从而使得教学和科研相脱裂。当大学的这两种功能彼此能够和谐发展时,它顶多也就是社会变化的一种催化剂:教学抑制着科研的神秘趋向,科研扰乱着教学的常规化趋向。其直接后果便是,每届新生学到的东西,在某些领域都与往届学生不同,由此埋下了更大的社会变革的种子。然而,两种功能之间这种脆弱的平衡,正在面临失衡的危险。一方面,教学正在沦为发放资历证书的途径;另一方面,科研则因就业市场和未来市场而私有化为知识财富。

这些发展变化,对刚刚过去的那个时代来说可能颇为新鲜,但对我们这个时代或我们的文化来说却并非如此。事实上,后认识论环境在非西方国家(尤其是在中国和印度)的文化中,早已成为正常的国家大事,那里和西方一样早就有了高等教育机构。作为广泛的比较社会学流派的一部分,柯林斯[14]发现了中国和印度这两个国家内有关知识生产的一件了不起的事实(Collins,1998,pp.501—522)。这些亚洲国家地区,曾隐藏着很多比欧洲

---

[14] Randall Collins,1941— ,当代西方社会学中社会冲突理论的代表人物之一,美国文理科学院院士,宾夕法尼亚大学社会学教授。主要研究领域为理论社会学、关于政治与经济变迁的宏观社会学、社会冲突等。著有《冲突社会学:迈向一门说明性科学》(1975)、《身份社会:教育与分层的历史社会学》(1979)、《互动仪式链》(1986)、《哲学社会学:一种智理变迁的全球理论》(1999)等。

17世纪科学革命实践要早好几个世纪的理论和技能。遗憾的是，它们缺少一个能以建设性冲突的方式将其组织在一起的机构，因而，一系列理论可能会屈从于一个实验性的测试。而科技的发展和改良，要么完全出于大规模的公共建设工程项目之下，要么就是在特别委派的手艺活的背景下进行的。再者，除了一些转瞬即逝的富饶时段之外，连理论学派也没有受到标志着欧洲中世纪大学第一次繁荣的学术辩论的影响。更有甚者，东方的教义标榜的是为了考取公务员而学习，就像技术革新不会在完成某项指定任务所必备的东西之外被理论化一样。

简言之，在东方，教学和科研之间的关系发展得太过密切，以至于无法理清"表现标准"（performance standards）以使社会认识论的转变像西方科学革命那样彻底。然而，如今的情形还有那么大的不同吗？难道我们不可以在毁灭（undoing）西方大学突出成就的过程中，比如在我们的学术审查中，把科研评估和教学分开——把前者简化到毕业学生数量多少，将后者简化为发表论文数量多少，而根本不去关心两者之间的关系吗？可以肯定，这种毁灭迟早都会发生，至少首先会显现出一些外在的迹象。不管怎么说，人们都普遍认为，东方的物质财富，在科学革命开始两个多世纪之后的18世纪末或19世纪初，已经超越了西方（Frank, 1997）。

然而，大学回避其公共使命的一个明显迹象，就是利奥塔所谓的元叙事或宏大叙事在学术语境下的衰颓。这就是事情如何变成这样、它们将来又会变成什么样子这样一些学术界的故事。元叙事受理论框架的影响，游离于普通的理解模式之外，甚或向其提出挑战。与资本主义、社会主义或者说得更宽泛些就是科技进步相连的宏大叙事无处不在的影响，或许已经成为19及20世纪重要知识分子工作价值的最好招牌。与此同时，这些叙事却表现出与其实际基础不甚均衡的傲慢。要是过去一百五十年里没有发生两次大战和数不清的有组织暴力活动，这种叙事的魅力无疑会更大。

不可否认，一些宏大叙事仍在大学内流行，并堂而皇之地走向了社会。如今的生物科学，把各种有关基因和进化这类有条理的故事资源，当成一大时尚来享用，这些故事大都是在利奥塔后现代状况的独创性诊断之后产生的（Wilson, 1998; Pinker, 2002）。尽管这些叙事在情节结构和阐释策略上是反直觉的，但却让社会上的主流信仰和习俗得以合法化。此外，这些广义的"社会生物学"故事有其鲜明特点：它从历史中剔除了代理人，因而似乎没人需要特意为自己的命运担当责任。实际上，把社会生物学的支配力量和前面提到的知识生活"东方化"联系起来，并非一件难事，尤其是如果人们懂得从因果报应来看待遗传学的话。不过那样做无非是为我们提供了一种诊断模式而已，所以我希望在此提出一种更为明确的方法。

通过课程的历史化，赢回大学的批判优势

历史意识是批判的先决条件，是教育研究者们早就学到的一个经验（Goodson，1999）。可是，有谁知道，五花八门的学术学科的课程，在多大程度上陶冶了人们的历史意识呢？让我们从哲学课程开始吧，这一课程的教育学使命，可能最自觉地影响到其研究轨道。哲学课程的独特性表现在：它最深层的问题，往往习惯性地出现在导论课中，而接下来的课程，只不过是增加了一些差别细微的简洁陈述和对这些问题的超前分析，根本不谈及解决这些问题的方法。当今的哲学家们，很大程度上扮演着一个即便不是一直如此也是至少延续了几个世纪的角色，比如现实主义者、相对主义者。人们也不希望哲学系学生学到解决这些哲学问题的方法，更不用说解决这些问题了。人们希望他们学会"哲学地"思考这些问题。对于所提的任何一个问题，哲学的实际历史都会在一种长期的张力中，周期性地与几种相互竞争的解决办法相吻合。这意味着，如果我们能够控制语言差异，就是亚里士多德被带到当代哲学导论课上，他也应该能听懂导师的课。至少，那是哲学课程努力想要达到的理想境地。

除了这一目的之外，最明显的莫过于受特殊学科影响的哲学的分支问题，说得更直接些就是课程设置问题。数学在现代逻辑发展中所扮演的角色是一个最明显的例子，我们当然不会期望亚里士多德在这方面不经过更多训练就能胜过一个聪明的本科生。但是，数学课程的历史特质相当异类。大致说来，这一课程扼要地重述了学科的历史，数学的每一个分支都被当成惯常科目的概要来对待。算术反映的是计算，几何关注的是度量，代数讲的是算式，分析几何讲的是代数和几何。现代数学史上的绝大多数争论，都已

转向个体的本体论身份，以及在这些相继出现的看法之后所产生的论点的合法性，尤其是在当人们无论从物理学还是从常识上判断出它与物理时空的结构不相符时（Collins, 1998, 第 15 章）。数学和数理哲学合二为一，尽管它们披着科技的外衣，但却都回归到了哲学根基。一般不会专门给学生讲述这些辩论，除非是在面对那些"天真的"反对者时将其视为支撑数学难题的自足性办法。

尽管人们不断试着把自然科学中的教学呈现为对学科史的简要重述，但本领域内 20 世纪的教学，却是深受理性重建主义者所用方法的影响，而回到了过去。这意味着课程是按照当代科研工作者的观念来设置的，而当代科研工作者的兴趣在于，在现代科研前沿中，展现过去流行的最行之有效的方法。因此，从理论上来说，先会讲授那些最简单的，然后才是那些以它们为基础的课程，再逐渐走向科研前沿。

不足为奇，那些接受过自然科学主题培训的人，最终都将其精力用于去探究本专业的历史，最后都变成历史学家而非科学家。也就是说，坚守过往的人，是不会影响到对当今理科学生的培养的。这种观点经常忽略了这样一个问题：为了眼前的目的而对历史进行有选择性的侵占，和再现过去以便以自己的方式理解历史的企图，常常会共同存在。实际上，在自然科学的课程中，历史往往被放到一边，使科学作为一个独立的调研领域而存在，而不受实践中科学家们的干预。

当我们把视线转向与自然科学教学模式不同的人文科学和社会科学时，我们面对历史的态度就会发生很大变化。首先，学生会以前学科的形式接触到大致上与常识有关的主题。因而，在学到艺术理论之前，学生学到的是艺术作品；学到文学理论前，先接触到的是文学作品。第一门经济学课程给学生介绍的是最基本的概念和最简单的经济模式，社会学课程一般会从社会生活的复杂性开始，然后才涉及详尽的社会学分析所必学的知识。

社会学课程中的教学法程序，把这一学科的视角与其公认的主题，人为地联系在一起，为学生质疑因为利用这些视角而强加于其上的价值打开了大门。事实上，"软科学"通过把注意力吸引到学科化主题的"非自然"特质，永远都是在教室里重新创造着为了合法化而进行的独创性斗争。如果数学或自然科学课程是按照这一方式而设置的，那么学生就会从这些课程中学到很多有关，比如物体移动这样的现象，但却依然不懂物理学是否有益于对这些现象进行更深层的理解。不过，这样的学生是不存在的，因为物理老师一般都会用假定其学科概念装置（conceptual apparatus）必要性的方法，把物理现实的丰富性预先介绍给学生。

诚然，在一战前的一百年中，人们试着用很多颇似现代人文科学和社会科学实践的方法，来建构自然科学课程。诗人歌德和实证哲学家马赫[15]，可能就是用这种方法引来一大群支持者。这一方法是在（胡塞尔之前）"现象学"的旗帜下发展而来的，现象学源起于歌德和马赫发明的"现象光学"（phenomenological optics）领域。再者，这一人文学方法，不仅仅是一个未实现的幻想，它在19世纪使自然科学摆脱了综合性，朝着大学的方向发展。实际上，黑格尔《自然科学》的竞争对手和支持者、永恒自然法则论者谢林[16]对德国实验主义科学家们的深度影响，是慢慢才被重新发现的——当时只是被科学历史学家（如 Heidelberger, 2004）所发现，他的著作被有意排斥于科学课程之外。这种趋势的一个重要例外是，尤其是在美国和澳大利亚，那些特创论者[17]和智慧设计理论家们，一贯期望重建生物学的教学，这种期望在英国也是日益见长。

特创论者的一个重要建议是，与地球上生命进化相关的现象，即来自古生物学和形态学等方面的证据，应该与新达尔文进化论综合法的概念体系分开来呈现。这样做的结果，会使生物学课本看起来更像社会学，因为阐释框架（explanatory frameworks）只有在呈现大量现象时才会被提及。学生被置于竞争观点评判者的地位，每一种观点在大量证据面前，都会有某种优缺点（Meyer et al., 2007）。特创论者提议，这些非传统观点，会从生物学隐藏的

---

[15] Ernst Mach, 1838—1916, 奥地利物理学家、心理学家、哲学家、经验批判主义创始人。代表作：《力学及其发展的历史批判概论》（1883）、《感觉的分析》（1886）和《认识与谬论》（1905）。作为科学哲学家，他的最大愿望是实现科学统一的理想，他也因此成为20世纪30年代维也纳逻辑实证主义学派的先驱。马赫所致力的科学统一工作，是从两方面着手的：一是科学在认识论—方法论上的统一，逻辑实证主义正是沿此方向深入下去，并最终遇到巨大困难；二是从本体论方向致力于科学统一。

[16] Friedrich Wilhelm Joseph von Schelling, 1775—1854, 德国哲学家，美学家，德国唯心主义发展中期的主要人物，处在费希特和黑格尔之间。

[17] Creationist，神造说鼓吹者，相信万物皆由上帝一次造成者。

过去，像圣经直译主义[18]、宇宙至善论[19]、智慧设计论[20]、拉马克主义[21]中，被提取出来（Fuller, 2007c, 2008）。

那些既支持又反对特创论者主张的人同意，它的修辞含义，将会通过自然选择的方式，颠覆达尔文进化论所喜欢的教授法的统治。之前被认为无效的理论，如果有一个类似等级进化的话，将会变得神采奕奕，因为学生被迫去权衡达尔文进化论的实际价值，以反驳那些可能的跟随者。这些历史上替代性选择的存在，也会降低达尔文进化论一直被生物学例证所遮掩的概念和经验上的难度。这一前景对生物学来说是全新的，但对社会学的导师们来说则并不陌生，因为在他们看来，没有一种过去的理论可以被完全丢弃。事实上，如果社会生物学将会主宰21世纪社会生活中的科学研究，人们也就不难想象，在经历了独创论者对生物学课程的批评之后，社会学家们是会适应对他们有利的修辞策略的。

对待历史的态度中的一个重要不同，来自于关于独创论的公开辩论。它主要关注学科史中可以察觉到的可逆性。显然，进化论生物学家们，把独创论者在这方面的教学改革，看做一次倒退的飞跃。他们像库恩一样坚持认为，人们能就新达尔文综合理论[22]这样一个高度复杂的理论达成共识，是

---

[18] Biblical Literalism，又译经律主义，一种认为圣经字面上的意义不具有隐喻与象征的思想，完全依照字面意思来理解圣经，是各种解经方式中比较极端的一派。信仰圣经直译主义的人通常无法接受进化论，他们主张圣经无谬误，相信里面的字句全是真实事件的记录，包括上帝七天创世都深信不疑。

[19] Cosmic Perfectionism，指上帝创造的这个世界至善至美，不会有什么变化。

[20] Intelligent Design Theory，该理论认为，自然界特别是生物界中存在一些现象无法在自然的范畴内予以解释，必须求助于超自然的因素，即必然是具有智慧的创造者(创造并)设计了(这些实体和)某些规则，造成了这些现象。这些现象的特征主要可归纳为不可化约的复杂性、特定复杂性，以及宇宙万物有序、符合规律。

[21] Lamarckianism，也称拉马克学说，或拉马克式演化。该理论由法国生物学家拉马克于1809年提出，其理论基础是"获得性遗传"和"用进废退说"，拉马克认为这既是生物产生变异的原因，又是适应环境的过程。

[22] modern evolutionary synthesis，又称现代综合理论或新达尔文主义。该理论将达尔文解释演化的天择理论，与孟德尔的遗传定律结合到一起，同时将基本的孟德尔遗传学，改造为数学化的群体遗传学；统合了许多生物学分支，如遗传学、细胞学、系统分类学、植物学与古生物学等。由于该理论与原先的进化论相比较为温和与合理，不少反对进化论的基督教团体都表示愿意接纳这一理论。

科学进步最明显的例子。与其形成对比的是，独创论者则会设置自己的课程，试图削弱这种一致主义者的影响（Fuller, 2008, 第一章）。

但正如我前面所说，人们没必要先成为一个宗教狂或智识的反动者，而去为这一观点进行辩护。比如，马赫就不愿把原子论主要用于自然科学学科的教学，因为这种理论在职业物理学家的概念和实验性的调研中有用的同时，其反直觉特征却阻滞了工程师、手艺人，以及其他非专家人士对物理知识的理解和掌握。马赫认为，原子论与日常经验的疏离所反映出的问题是，就像在其他领域一样，人们对自然科学历史的癖好，已经诱发出在特殊场景下效果不错、但在别的场合却不尽如人意的探索法（Fuller, 2000b, 第二章）。因而，教育的任务在于释放这些专家们的智慧，将其投放到更大的社会环境中去，而不是通过把学生当成未来专家来培养的方式，强化他们原初的理论包装。

上面提到的教学法上的张力，在社会科学课程中表现得尤为明显。这些课程一直都在试图接近像心理学和经济学所采用的自然科学方法。在这些领域内，学生们经常需要面对的，是一种类似精神分裂症的课程。基础课程把学科分成理论上相关的种类，如"感觉"、"知觉"、"认知"（心理学上）或"市场"、"家户"和"公司"（经济学上）。然而，所有专业都要学"历史和体系"之外的课程，这恰恰颠覆了理性重构主义者的表现：他们从学生的真正兴趣出发，引向学科的起源。这些领域在现代学术价值体系中占不了多大比例。因此，像新古典经济学或认知心理学在理论驱使下所取得的成功，和它们对与日常生活中的经济和心理分析层面相关联的事情蓄意保持沉默相抵消，结果使得制度主义[23]（经济学中）和行为主义（心理学中）在其学科中占据优势。除此之外，课程的不协调很容易恶化，无法保证可以获得大规模的科研基金则增加了学术院系的教学负担，因为其兴趣和练习都偏离了"前沿"。

毫无疑问，一个过分乐观的教育理论家，会对这一情形大加赞许，因为它可以使心理学和经济学充分利用这个被切割的市场，在未来从事教学和科研：乐于从事科研活动的教工就可以远离学生，只要他们那些不乐于搞科研的同事们还在教室上课，即使这意味着学生将会在学科中地位低的科研

---

[23] institutionalism，制度学派认为，经济制度及历史发展取决于社会制度。

中得到最大的激励。当这一策略能够帮助学术院系在我们当下的审查文化中共存下来时，它就最终证实了利奥塔的观点：大学已经变成各种不相容活动的物质容器，而每种活动如果能够按照自己的意愿行事，它可能会在其他地方表现得更好。处于学术前沿的科研工作者们，在科学公园或智囊团中可以不受约束；受欢迎的老师们同样能够从事自己的职业，不用受假期培训活动或开放大学的纷扰。

科研与教学不同的制度化奖励机制，应该是平等的。但是，假定可以做到平等，大学的作用又体现在哪里呢？按照后现代主义的逻辑，大学没有什么作用。但在这里我想推荐一种较为激进的办法，这一方法可以把大学重新定位成担负起调控社会知识流通责任的机构。简言之，它会修正知识生产大于知识分配这一"不平衡发展"问题。

作为一种修正科研与教学之间平衡的策略的平权法案

富勒和科利尔（Fuller & Collier, 2004）把公民科学（plebiscience）和穷人科学（prolescience）当做基本的知识政策方向，进行了辨别。简单来说，公民科学是学术界把教育视为科研附属品的"自然态度"；穷人科学则持相反的态度，主张在评判教学能力时引入对科研的评判。从历史上课程的作用来看，前者接近自然科学和"硬"社会科学，后者则更接近人文学科和"软"社会科学。

公民科学取义于政治科学中的"公民投票"（plebiscite）一词，认为民主制中民众的选举权（mass democracies）缩微为一种形式，以用来认可当局政府的倡议，或是在多个选项中提供一个选择，其中没有一个选择会偏离既定政策方针太远。这是学界对教育所持的"自然态度"，将其视为对科研不会造成实质影响的公民投票功能意义上的对等物。它假设科研前沿永远也不会发展太快，教育必须要么把学生提升到那种高度，要么灌输给学生一种顺从最新动态的思想。公民科学通常是通过科学史来得到强化，科学史省略了任何传播新知识的机制，并贸然臆断：知识传播过程中发生的任何冲突，毫无疑问都源于教师的无能或是学生的落伍。公民科学的态度，在我们关于知识的思想中根深蒂固。学术管理者或科研基金委员会,很少会冒昧地将科研前沿的高精尖研究视为嗜好而非标准。(通常情况下,首先需要防止预算危机。)这样一来,实验性的自然科学在教学法上的"领航"能力,在价值上就高于其他学科,即,其课程设置是在科研新领域的驱使下进行的,这一点我们在上一节里已经有所涉及。

从高等教育的历史来看,把自然科学(尤其是以实验室为基础的学科)视为一基本模式的问题在于,它们是大学使命中最后一个被合并进来的(或许从来都没有被完全吸纳)。在大多数国家,大学里建立科研实验室,可以追溯到 19 世纪 60 年代前后。与此同时,这在很大程度上是对由制造业资助、位于理工学院的实验室环境所表现出的、已证实的科研财政利益的防御性回应。大学尽管不受任何管束,但仍受贵族偏见思想的把持,回溯到希腊时期,就是把通过手工劳作所获得的知识,与苦力乃至奴隶制联系在一起。

为了接纳这些在企业激励下的知识形式,我们不得不坚守浮士德式的交易。资本主义的道德规范,明确提出了无限止的生产力范围,以弥补自然资源相对于人类欲望的匮乏。人们的创新永无止境,因为总会有新的市场领域需要去把控,或者说得更精确些,总会有重新改造过的旧市场,以满足人们的竞争优势。最终,这变成了大学自身的道德。其后遗症则是,盲目关注作品的数量,以及作品被引用率的高低——全然不顾这些数据的质量(Fuller,1997,第四章)。这一荒谬逻辑的缩影就是:大学不断地鼓励员工尽量保证专利申请成功,尽管与此同时极为缺乏这一过程所产生的大量商业价值的凭证(Hinder, 1999)。

与其相反,穷人科学这一观点,则是来源于人们的这样一种意识:公民科学是一种历史偏差,它是在大学意识到需要模仿资本主义的价值体系,进而把知识的公众价值减少为(相对而言)生产的私有化状态时才出现的。从经济层面来说,赢回知识的共有特质,就是恢复分配作为一种生产模式的思想。换句话说,教室里的经验,必须在"调研"的掩盖下与研究相结合。在上一节中,我是把这一策略当做课程历史化问题来讨论的。顾名思义,"公民科学"来自于社会大众,即"下层阶级"(proletariat),也就是说,社会上的知识状况,是根据一般平民而不是专业调研人员的知识来评估的。公民科学中的公民科学对策,涉及知识生产概念的转化问题。如果说公民科学的科学家,在某一特定时间内设想出一个明确的研究领域,就像支流最终汇入主干道那样,穷人科学家则是把这一意象装入脑中(放在心里),把这一明确的研究领域的存在视为垄断而去消解,更像一条河流主干道流入河口的三角洲。而使这两条河流流动变换的工具,当然非教育莫属(Fuller, 2000a,第六章;Fuller, 2000b,结论)。

穷人科学的科研任务是,提出尽可能多的、与不同背景的设想不相抵触的新的知识主张。要想完成这一任务,需要勾销目前教学和科研之间存在的严重差别,尤其是针对目前这些活动的不同的评估体系。用社会学术语来说,它涉及两个过程:去神秘化(demystification)和去传统化(detraditionalization)(Beck et al., 1994)。人们需要展示具体的历史原因,即某一特殊研究课题,首先要获得知识的基本价值形式。这就是去神秘化。人们会说,这种知识可以被理解并用于各种各样的研究课题,以达到与发明者的目标不同的目标。这就是去传统化。

长远来看,穷人科学观的成功,意味着将会把所有学术科目的教学法,都转变为人文学和软科学所尊崇的模式。正如马赫和创世学所倡导的那样,这将会在更大的人群中,使新知识的传播变成任何认识发展需求的前提。教育不再只是研究的侍从,它在监督科研发展方向上起着积极作用,以防科研活动太过专业化,或是在牺牲别人利益的情况下太专注于某一领域的研究。

我提议把平权法案[24]落实到合乎其逻辑的结论上去,把学者们普遍主义的抱负志向,从包含在知识追求内的领域,延伸到他们在追求过程中可以合法拥有的观念上。目前的平权法案,在与大学招生和学术就业相关的方面,主要是想把比如白人中产阶级所享有的优势,在其他人群中进行重新分配(Cahn, 1995)。重新分配政策成功与否,是依据传统意义上的劣势群体所拥有的理想职位的提升比例来衡量的。然而,实际上,不仅是个体,就连各种思想流派也都会因持续处于劣势中而受到伤害。

现行的平权法案机制,在促进非白人、工人阶级和女性从事相当有价值

---

[24] 平权运动是20世纪60年代伴随黑人运动、妇女解放运动等民权运动兴起的一项政策与运动,1965年由约翰逊发起,主张在大学招生、政府招标等情况下照顾少数民族、女性等弱势群体。具体到教育上来说就是,少数族裔的高中生,比如黑人学生,能以比白人低的分数进入同一所大学和专业。

的学术职位方面,还有很多工作可做,但相对而言,它在给予不同流派的大学老师的价值再定位方面,做得很少,至少也是直接做得很少。不足为奇,平权法案的最大受益者,正是那些教学和科研兴趣都符合主流范式的人。

当然,某些身份政治势力会争辩道,一味地扩大传统上没有代表性的团体,最终会改变知识探究的主流方向,因为这些团体所持有的意识形态,不会完全被主流文化所吸收。然而,这一假设并没有足够明确的经验主义证据。相反,人们只需看看传统弱势群体的人数就会明白,他们所取得的成功,一旦与其种族、性别和阶级身份联系起来,就会止步不前。这些人一般会认为,"制度"取胜比对他们的改变要实惠得多。文化批评家们可能会嘲笑这样的态度,视其为无视同一阶层兴趣的同化。不过,或许这些文化批评家们想要表达的是他们自己强加于打破旧习行为的价值,但这样做对于他们所批评的人来说,既不容易,也不可取。

在思想流派层面,更直接地走向平权法案的方法,将会为穷人科学的追求提供某些激励,这样一来,人人都有责任创造新知识,为尽可能多的人群服务。因此,大学在认可所有知识形式的社会历史性特征的同时,也就不必放弃启蒙意图而专注于普教说。这一扭转意味着,这一特征将会作为一个问题,而不是赤裸裸的事实,被提出来。这一政策带来的明显结果,就是模糊了教学与科研的界限。如今在课堂上,用学生喜闻乐见的方式解决难题的"教学法",已经变得相当普遍。但在穷人科学学术领域内,这一活动却同样被划归到科研行列,因为大学教师必须知道某一思想原有的表达模式,尤其是其理论语言,必须在多大程度上保留下来,以便向未来的受众传授相关的深刻见解。

我认为,工业技术中的"逆向工程"[25],与这一任务好有一比。评判一项工业创新,要具体到它的每个零件,以便搞清其工作原理,重点关注对目标市场来说既便宜又经过改良的新产品的设计。当逆向工程被扩充成一项基本的经济政策时,工业技术的历史学家们提到了"日本效应"。几个世纪来,这一效应不断提醒人们,世界贸易的平衡,一直被那些充分利用(非计划)

---

[25] reverse engineering,又译反求工程,根据已有的东西和结果,通过分析来推导出具体的实现方法。

利益的国家所修正，而这些利益往往并不是因为它们优先获得了某一思想、发现或发明（Fuller，1997，第5章）。

学术研究一直迷信于优先权问题，尽管这种情有可原的对待新知识的态度的物质条件已经发生了根本性变化。当对知识的探索追寻成为一种休闲活动，尽由那些没有生存压力的人去追求，它就变成一种游戏，首先得出某一结论的人，将会获得奖励，但不会有太多，更不会有现代专利权和版权意义上的知识产权。大家会认为，这一游戏玩家的能力其实相差无几，因而，赢家和输家之间的差别，最终变成机遇问题，而不是个人能力或特殊的科研传统义务等深层问题。

学界优先权成为宿命的、固有的历史，就是严肃对待科研观念从休闲到劳作的转变，具体来说就是人类必须以此谋生的问题。因此，对新知识的追求，也就变得更像经济活动中的初级"萃取"（extractive）部分，如矿业、渔业、农业，当然，原初的努力和最终的重要性之间存在不确定性（如果是这样的话，使用"勘探"一词会显得更贴切）。事实上，对待任何已知知识的态度，都已变成私有/专利的（proprietary）。另外，把过去两个世纪的学术研究过程，描述为一系列对生命世界的"殖民化"的努力，一点也不为过，这一成功可以由课程设置必须赶上科研议事日程的必要性来判断。然而，这一趋势会得到逆转吗？

本节首先考察了广义的后现代主义，它源于大学在政府驱使的控制社会方面所起的作用的幻灭。利奥塔预见到了教学功能会阻碍科研领域内的自然繁殖。或许他正确地看到了他那个年代大学的反社会功能，但运用课程设置来限制、定位和引导科研的行为，本身并不是反社会的。事实上，它以阻滞新知识为基础，以杰出人物统治论的方式，在促使社会生活民主化方面，一直扮演着一个强有力的工具角色。我通过考察历史在学术课程设置中所起的作用，挑选出人文学科和"软"社会科学，它们的教学法关注研究发展的团体特征，阐述了这一观点。如果说当下学术生活中那些批判知识分子还能起什么作用的话，那就是：在他们实践的任意一门课程中传播"穷人科学"思想，抵御一切试图切断科研价值与教学价值的企图。这意味着"平等法案"原则从劣势群体向思想流派方面的延伸。

我曾说过，大学是当代最伟大的社会学创新（2007年4月30日《卫报》

访谈）。大学这一机构最大限度地促成了大家齐心协力地追求知识，并将其对社会的作用最大化："科研和教学相结合"，这是现代大学的使命。这一使命由法堡提出，并由他于1810年最早应用于柏林大学中。

用现代术语来说，洪堡把大学重新改造为献身于对"社会资本的创造性破坏"的机构。一方面，科研在一些特殊的科学家、发明家和其他参与者群体中显现出来，目的在于限制利益流向他人。另一方面，大学的教育义务，又把知识传授给那些远离这一社会资本基础的人们，他们会用自己学来的知识去削弱原初拥有那些知识的人群所享有的一切优势。所有这一切的优点在于：刺激形成新的创新系统，同时也有利于全方位地启迪社会文明。不幸的是，这一高尚的循环，却因大学教师们不断受到鼓动，把教学和科研当成相互挤兑的东西，而被打断。

大学教师重新找回自己的灵魂："学术自由"的重生

2006年年底，英国学界建立了"学术自由学会"（AFAF），明确倡导学术自由；该学会以世界上最大的后义务教育联合会主席丹尼斯·海斯（Dennis Hayes）为首。该组织的成立，是为了回应下面两种限定了大学教师的教学和科研任务的新事态。第一，考虑到交付更高学费的学生越来越把自己当成学术知识的"顾客"（顾客总是没有错的）这一事实，担心冒犯学生；第二，担心大学里的科研，会通过批评像政府或社团政策的方式，疏离实际或潜在的外部客户。结果有几千人签署了下面这项声明：

学术自由声明

我们相信：下面这两大原则是学术自由的基础：

（1）大学教师在课堂内外都拥有无限制地质疑和检验已知知识并提出有争议和不受欢迎的意见的自由，不管这些意见是否带有攻击性。

（2）学术机构没有任何权利阻止其成员行使这项自由，或是以此为借口对相关人员进行纪律处罚或予以辞退。

媒体随即把这项运动炒作成旨在保护"犯规权利"，把重点放在自我表达而非寻求真理上。这一转变并不足为奇，因为在讲英语的国家，表达自由历来都被视作公民的一项基本权利。这样一来，论证的负担就落在那些对其进行限制并代表更大利益的人，尤其是国家政府机构身上。我们来看一下大法官霍姆斯[26]判决的一个经典例子：拥挤的剧院里有人随意喊了声"起火了"，这一例子取自他的《申克诉美国案》[27]。它提出的问题，只不过是有关自由社会中的特许问题，其解决办法取决于社会的忍耐度有多大，以及谁有权对此进行评判。霍姆斯的例子，当然涉及说话方式问题，与知识毫无关联。（不过，申克一案的真正本质，以一种我们不便提及的方式，使问题变得复杂化，因为它关系到一位社会主义者，他的"呐喊"遍布于四处散发的传单中，他认为美国参与一战的必要性是一种捏造的假警报。）事实上，"言论自由"可能最好被理解成公共媒体所表述的一系列独特自由：学术自由、信仰自由、出版自由、集会自由。而每种自由的范围，都需要单独作出解释。

在19世纪德国的背景下，学术自由更像是较晚时候较为宽泛的知识自由概念的蓝本，而非某些永恒的原型特例。在这方面，学术自由追随的是新普教说者的计划（universalist project），把由少数人所有的东西扩展到由多

---

[26] Oliver Wendell Holmes，1841—1935，1902—1932年担任美国联邦最高法院大法官，被公认为美国实用主义法学、社会法学和现实主义法学的奠基人。他在《普通法》一书中针对法律形式主义倾向，提出了著名的"法律的生命在于经验而非逻辑"的法律经验论和"法律是对法院将要做什么的预测"的法律预测论，阐述了有限遵循先例原则，为法官自由裁量权和判例法提供了法理支持，揭示了美国普通法的精神，吹响了美国法哲学的号角。霍姆斯在漫长的司法生涯中，提出过许多与大多数法官不同的意见，被誉为"伟大的异议者"。

[27] *Schenck v. the United States*（1919），本案发生在美国参加第一次世界大战期间，被告社会党书记申克及其友人为抵制战争和征兵制度向应征男丁寄发传单，呼吁他们依宪法第13修正案所宣称的权利反抗在军队中服役，批评征兵制度为违法宪法的暴政。传单举例说可用和平手段，如以请愿方法要求国会废除征兵法。申克等人被控违反了1917年的联邦《反间谍法》。申克辩称，对本案适用《反间谍法》抵触了宪法第一修正案言论出版自由条款，并上诉至联邦最高法院。最高法院大法官一致确认其有罪，霍姆斯主笔的法院判决意见如下："我们承认，被告传单所说的一切，若在平时的许多场合，都属宪法保障的权利。但一切行为的性质应由行为时的环境来确定，对言论自由作最严格的保护，也不会容忍一个人在戏院中妄呼起火，引起恐慌。禁令所禁止的一切可能造成暴力后果的言论不受保护。一切有关言论的案件，其问题在于所发表的言论在当时所处的环境及其性质下，是否造成明显且即刻的危险。"

数人所有。当然，因为黑格尔特别擅长观察，所以他在翻译的过程中可能会遗漏或加上各种不同的内容。但意识不到这一过程的存在，就很容易陷入对由不真实的直觉与不成熟的人性观相结合而产生的"知识自由"的形而上学式的诉求中。

原初德国的政治无疑是专制的，没人享有自由言论的权利，除非得到他人授权。大学教师对真理的原则性追求，受到一项狭隘的行业权利的保护，他们必须确保在理性和证据的原则内维护这一权利，这种维护通常被视为他们的工作。因而，英国学者联合会的声明，并没有声称大学教师就因他们是教师就可以随心所欲地言说。因为有了这些行业权利，这个问题就变成了正确使用其行业工具，第(1)条里提到的"质疑和检验"，对于受保护的自由的范围至关重要。

应该允许大学教师在课堂上或电视上，就诸如从未发生过大屠杀、黑人的智商低于白人、热力学会阻碍进化是不可能的等这样的问题进行辩论，但有一个重要条件：他们必须向公众提供批评监督式的论据，而不能只说这是自己的意见或信仰而了之。事实上，在那些有争议的教师中，很少会有人对自己的理由保持沉默。但那些拒绝提供理由的人，则贬低了学术生活的行情，哪怕他们坚持的是不伤人的态度。

毫无疑问，当大学教师本能地坚信他们不能用自己的行业工具做辩护时，他们与普通人没什么两样。这样一来，学术自由的有关条款就需要他们紧闭嘴巴，保持沉默。但保持沉默的重要性却被严正地包含在政治正确性的风气下，部分是因为受到越来越多的大学评估的影响。如今的大学教师可能不情愿调动自己所需的知识资源（比如申请补助金），给自己的奇思妙想一个公平的公开听证，就是因为发出这种声音会给他们带来责难。

对于那些无所顾忌地公开为自己的立场进行辩护的大学教师来说，至少，他们会逼迫他们的反对者陈述让其发怒的真正原因，这在自以为理性的社会中，算不上什么坏事。反复公开发起进攻或许会为那些讨厌的政治派别带来些许安慰，但这对于一个文明的社会来说，却不失为一种不错的冒险。如果一个有争议的学者的言词被拿来支持这样的派别，那么这一学者必须阐明自己对此事所持的态度。只是简单地将其总结为某人的话被机会主义者利用，显然是不够的。这一观点直接指向保护知识行业协会的基本原则。

简言之，要实施知识自由，用波普尔[28]的话来说，就是要能够让我们的思想代我们去死。这就是"犯错误的权利"，一种坚持现在拥有但不保证未来必定也是这样的能力，即使人们的坚持最后被证明是错误的(Fuller, 2000a)。知识自由的这一意义，也意味着某种制度化的二元论思想：知识层面上的投机和金融意义上的投机截然不同。一个真正信仰知识自由的人，会希望自己处在这样的环境中：在那里，人们可以犯一些统计学上所说的"Ⅰ类错误"(Type Ⅰ errors, 即那些因冒失所犯的错误)而不会受到惩罚。

这一环境的现代模式，就是终身聘任制(academic tenure)，它原是用来模拟雅典市民的财产所有权要求的。这一历史纽带被现代大学的建立者洪堡所仿效，穆勒把自己的《论自由》一书题献给了洪堡。一方面，在公共讲坛上被投票否决的雅典公民可以回到他的庄园，不用担心他的物质安全问题；另一方面，他在城市里经济上的重要性，又迫使他一旦再有机会，还会走上论坛去发表自己的意见。那些不愿发表自己意见的市民，一般被视为胆小懦弱的人。

相比而言，如果终身聘任制能从更严格的意义上修正自己的责任和义务，人们就不会容忍当前在其周围腐蚀着它的各种条件。对于越来越多只了解当下新自由主义知识生产环境的大学教师来说，终身聘任制看起来就像一种永不离开自己知识安乐窝的借口。但是，即使有很多(如果不是大多数的话)终身聘任制大学教师符合这一固定模式类型，那也是完全有悖于终身聘任制的精神而真的应该受到谴责。

与此同时，人们应该对那些被称为"有名望的研究人员"的终身聘任制学者，持更友善的态度。他们有意识、常常也是虔诚地在讲台上推进着一些非同寻常的观念。这些人通常会让自己暴露在别人的批评视野中，作为对"思想生命大多是为了社会而运转"这一思想的回应。他们在这些斗争中是赢是输，都比不上他们为人们提供的思考机会更重要，这是一个随后还会有人继续为之作贡献的过程，其结果，社会知识的全方位水平将会随之提升。此时

---

[28] Karl Popper, 1902—1994, 英国哲学家, 批判理性主义的创始人, 代表作：《猜想与反驳》和《开放社会及其敌人》。他认为, 可证伪性是科学不可缺少的特征, 科学的增长是通过猜想和反驳发展的, 理论不能被证实, 只能被证伪, 因而其理论又被称为证伪主义。

我想到了这样一群人：德肖微茨[29]，隆伯格[30]，道金斯[31]，他们最能真实地体现出知识责任的精髓。在这份名单上，我还要增加一些备受辱骂的人的名字，包括纳粹党修正主义者、提倡人种改良者、种族主义者和创世说者。如果我们相信社会因为有了这些人的观点而需要保护，就等于承认社会还没有为知识自由赢得权利。

让我们来看看所谓的"否认大屠杀"[32]，这是一种假定纳粹在二战中没有对犹太人赶尽杀绝的假说。这种假说很可能是错误的，但它却值得人们用类似批判探究的方法来对待。就像很多其他假说一样，当我们能像它的倡导者希望的那样真正去对待它时，它的虚伪性就会昭然若揭。不过，我们花费在证明这些假说的错误性上的努力，也迫使我们把评判的眼光投注到

---

[29] Alan M. Dershowitz, 1938— ，美国当代著名律师，以为不受欢迎的当事人和不利的案件进行辩护而享有盛誉，如曾为辛普森杀妻案、克林顿绯闻案及弹劾案、泰森案等一系列轰动全球的大案担任辩护律师。

[30] Bjorn Lomborg, 1956— ，丹麦政治经济学家，曾是丹麦"绿色和平"组织成员，曾质疑气候变暖问题。这位"怀疑论环保主义者"认为，全球变暖导致海平面上升 6 米纯属危言耸听，到本世纪末海平面只会上升 0.6 米，不可能造成"陆沉"。

[31] Richard Dawkins, 1941— ，英国皇家科学院院士，牛津大学教授，著名科普作家，动物学家，演化生物学家，无神论者/反宗教者。2006 年 9 月，道金斯出版了他的无神论著作《神惑》，用科学和理性对各种超自然信仰和宗教思想进行猛烈抨击，在西方媒体上引起巨大反响。代表作《自私的基因》。

[32] Holocaust Denial，反犹主义的一种新形式，20 世纪七八十年代开始出现一股为纳粹法西斯分子洗脱罪名的修正主义和否定大屠杀之风。1979 年，欧洲自由演讲协会在德国卡塞尔市召开第一次"大屠杀修正"会议，此后这一反犹主义新形式即在世界各地广为蔓延。修正派分子通常以学术的名义，给他们的出版物披上严肃的外装，宣称他们和新纳粹集团毫无瓜葛，其惯用手法还有：伪造历史资料，装成权威或者躲在权威后面，以学术争鸣为由抛售相关论调，利用公众对自然科学的信仰，运用假设性的研究以试图证明纳粹集中营毒气室的不可信性等。其主要观点有：希特勒当时并未下达大屠杀命令，也不知道针对犹太人的灭绝性屠杀，火葬场不可能得出有关屠杀者尸体的确切数字；只有数万犹太人在二战中死于非命，而且这些人大都死于饥饿和疾病；六百万的数字是一个虚构；纽伦堡审判是一个骗局；幸存者的回忆不足为信；奥斯维辛并非死亡之营；丘吉尔和艾森豪威尔在他们的备忘录中均未提及毒气室和种族灭绝项目；安妮·弗兰克的日记同样是一个骗局，其中有许多不可信之处；对犹太人的暴政是战争时期的一种非常状态下的产物，只有叛国者、间谍、罪犯等才会受到迫害等等。其目的是否认纳粹分子的罪行，力图使纳粹战犯罪恶最小化，来复兴传统的纳粹意识形态；质疑以色列存在的合法性。

实际存在的界限上，我们曾打着"政治正确性"的旗号把这些界限强加于"自由科研"之上。毕竟，"六百万"这一数据是在1946年纽伦堡审判中被简易快速地计算出来的。正常情况下，如果不是遇到彻底怀疑主义者的质疑，这种政治性环境下计算出的数据会引发激烈争论。不管怎样，人们期望那些头脑冷静的研究者们，在以后的岁月里，随着他们掌握更多的证据，能对这一数据进行增减。

否认大屠杀的人认为这些标准比较可疑，至少也是比较弱，这引起了人们的热议。即使他们的看法是错误的，甚或是恶毒的，但弄清楚他们为什么在这一点上可能是正确的尤为重要。这涉及为什么"知识自由"只不过是学术自由的一种概括。真正享有我们在学界所保护的自由的社会，会公开区分各种纳粹活动，然后再按照其具体情况对每种活动作出判决，进而质疑是否需要把他们与历史上与其相关的一些邪恶活动联系到一起（Fuller, 2006a，第14章）。据此，我们应该可以作出这样的结论——若不考虑纳粹同情者不可告人的目的的话，他们还是值得肯定的，比如他们让我们敏感地意识到，我们对明确的道德基准的绝望，是如何危害到我们的批评能力的。

如果我们知道纳粹只屠杀了六千人而不是六百万人的话，我们的道德愤慨会因此而减少吗？或许会，尤其是在我们不相信我们共同的道德判断时。据说，人们因为习惯性地担心小孩子和原始人会做错事，因而会去夸张地讲述那些无法用言语表述的恶事。启蒙教育就是让他们脱离这种"蒙昧"状态，就像康德针对这一运动在他的署名文章中所说的那样。他想把人们合法地当成成年人，有权利通过公开商议，讨论并决定自己的问题。然而，康德政治上强有力的跟从者洪堡则意识到，这一启蒙思想需要一个机构性的手段，在整个社会中缓慢而稳妥地去完成。他正是带着这样的思想，发明了现代大学。

不过，到目前为止，我只是专注于"学术自由"的讨论，好像它单纯是指大学教师所享有的自由。其实那只是这一概念的一半，而且还不一定是历史上起作用的那一半（Metzger, 1955, p.123）。洪堡关于现代大学的构想，包含着中世纪初期的思想，师生员工都是大学的成员，有着必须共同维持的互补的权利和责任。德国人所讲的研究自由全然不同于教学自由，这一认识使得大学具有的重大历史意义在行业思想界根深蒂固：传播一种具有内在价值的知识形式，再加上对更为现代的教养的关注，为个体的成熟和腾达提供空间。因而，所有的学习者事实上都是见习教师，他们作为时下社会心理学家所说的"合法的边缘参与者"(legitimate peripheral participants) 理应受到尊重 (Lave & Wenger, 1991；Fuller, 2000b, p.130)。

韦伯 (Weber, 1958) 给学生所做的"以学术为业"(Science as a Vocation) 这一演讲，对这一问题有极大启迪作用。韦伯认为，学术的完善性，要求教师应该受到管制，这样他的权利才不会附加在学习者的权利上，这标志着科学朝向政治的不合理的滑落。在韦伯看来，学生实践其学习自由的一个重要方法就是自主选课，这意味着有的教师的学生要多于其他教师。这尤其适用于明确地划分了授课者和主考者作用（比如牛津、剑桥大学）这样的学术体系。这样一来，学生原则上就可以结业一门课程，而不用去听其他相应的课程。尽管韦伯认为这种刚刚兴起的学术消费主义不怎么讨人喜欢，但他仍将其作为一种学生学习自由的隐语来接受。不过，他不接受的是教师迎合这种趋向的思想。因而，他反对把注册的学生数作为聘用和升职的标准。换句话说，他想给予学习自由一定的空间，同时授课自由的空间又不受侵染，反之亦然，这是韦伯演讲中最有名的论断（即，教师应该在衡量其证据时表明自己的偏见，并公正公平地提出相反的意见）。

如果韦伯现在还在世的话，他很可能会辩论道，如果有足够的学生兴趣和大学资源，学生们应该有权选修一些不规范甚至反文化主题的课程，比如酒店管理、体育与休闲研究、占星术和创世说。毕竟，一些异端邪说的课程，在历史上是通过自主组建的学习小组形式，出现在大学的课程设置中的，学院的资助可有可无，学生然后再挣到正式学分。如果其他团体的学生也有兴趣，他们就有理由向学校请愿，要求学校定期设立有关这一主题的专业方向。然而，这一前景绝不应该影响到目前学术人员的聘任及升职，因为评判他们的依据是其专业学术水平。当然，任何一所希望维持自由学习和自由授课之间这种微妙平衡的大学，都需要一个商业计划（如果不是一个更为正式的合法机制的话），以确保学生的要求不会超越教师的供给或者相反。

下面我们走近自封为美国学术自由推行者的霍洛维茨[33],他通过有名的《学术权利法案》(Academic Bill of Rights)的宣传,改变了"学生的权利"。当霍洛维茨因为他的"101个最危险的教授"名单[34]而备受美国大学教授的痛斥时(Horowitz, 2006),他在德国却备受推崇(Schreiterer, 2008)。霍洛维茨主张"教化大学"(indoctrination U),目的在于改变学生的心智、改变为学生付学费的家长的心智,改变校友们的心智,而非改变教师的心智。霍洛维茨经常和学生会及校友会一起工作,他鼓励学生对课程作出不像平常那样以聘任和升职为目的的更详尽、有内容的评估。针对教师们提出的他们已经在课堂上保护学生的学习自由的说法,霍洛维茨争辩道,应该就像对待企业公共关系的要求那样,去严肃对待这一权利要求,大企业在生产商品的同时,心里装着的是顾客的最大兴趣。因此,如今的学生应该像60年代的顾客那样,站起来争取自己的权利,以免让那些没有道德原则的教师们,给自己传授一些劣等知识产品——霍洛维茨善意地做了一回未来学界的拉尔夫·纳德。[35]

美国学界发现自己处在一种尴尬的境地,他们必须采取措施对付霍洛维茨,因为美国大学教授协会(AAUP)作为最受尊敬的美国职业学术组织,自1915年由哲学家约翰·杜威(John Dewey)和阿瑟·洛夫乔伊(Arthur Lovejoy)创建以来,一直致力于保护教学和研究的自由,而不是学习的自由。美国大学教授协会,在诸如大学里高层管理者、董事会、政府立法机关,当

---

[33] David Horowitz, 1939— ,美国右翼作家,保守派活动家,20世纪60年代的学生激进分子。2003年9月,基于所谓院校政治势力均衡的考虑,他发起了一项旨在劝说各学院和大学采纳《学术权利法案》的全国性运动。法案提出八点主张,旨在"消除学术与价值偏见",消灭自由左派在美国学术界一统天下的局面,达到象牙塔内之文化、价值多样性,达到"真正"的学术自由。

[34] 指他2006年出版的 *The Professors: The 101 Most Dangerous Academics in America* 一书,书中列举了美国大学中几乎所有人文社会科学和部分自然科学学科的一百零一位著名教授,如乔姆斯基、杰姆逊等,斥之为反美国主义、反犹主义和反和平主义等的典型,是美国最危险的教授。

[35] 拉尔夫·纳德(Ralph Nader, 1934—),汽车安全的倡导者,绿党成员,以主张维护消费者权益而著称,律师兼作家。在整个20世纪70—90年代,一直在收集证据,并告诫公众、国会和媒体,注意与健康、安全、经济、环境污染、工人权利和公司影响过大等有关的问题。

然还有学生和家长（大部分都是校友团成员）的要求下，采纳了德国学术自由概念的某些要素，以阻止随意解雇有争议的或非正统的教师。不足为奇的是，这一协会已经有了工会的自我保护特质，努力想把学术自由思想与学科知识联系起来。用严格的行业术语来说，成熟的从业者有资格在合法而固定的试用期结束后，获得就业机会。特别是在大学不得不提高学费以免入不敷出时，这一把学术自由严格地阐释为终身聘任的做法，像"额外雇工"[36]或"寻租"[37]那样，被罩上了一抹消极、负面的色彩。

从社会学观点来看，在美国的语境下，不管是霍洛维茨这样的学生权利活动家，还是美国大学教授协会这样的自由主义者，都没有能力论述学生的自由[38]的主导精神。美国大学教授协会没有把大学当做有其自身目标（比如提供自由教育）的机构组织，而只是将其当做各种技能再生产场所。他们认为，设立大学就是为那些具有一定资质的学术从业者提供足够的工作条件。对大学教师之外的任何人来说，这样解读大学，无疑是一种令人难以置信的自私的提法。然而，霍洛维茨把学习自由当成一个在教室里通过改变教学实践就可以解决的简单问题，也是错误的。刚好相反，正如霍洛维茨的批评者所指出的那样，那将意味着对授课自由的干涉。然而，大学教师确实有责任保证学生有渠道安排组织自己的课程，并可提出设置新课程的请求。这样做会对学习自由说继续提出挑战，但在培养学生自己的知识兴趣方面，要比表面上接纳自由实则以施恩态度对待学生这一行为，更易让人接受。

---

[36] featherbedding，指人为地增加雇员人数的做法。

[37] rent-seeking，又称竞租，指为获得和维持垄断地位从而得到垄断利润（即垄断租金）所从事的一种非生产性寻利活动。

[38] lernfreiheit，德语词，19世纪德国大学既承认学生的自由，也承认教师的自由（Lehrfreiheit）。前者表示学习中没有强制，学生在学科领域内有自由探究的权利；后者表示教师有自由研究和通过出版或教学自由发表研究成果的权利。

第二章

智识生活的内容——哲学

认识论"始终是"社会认识论

从 19 世纪中叶起,认识论就被哲学家用来研究知识的理论基础,并经常与本体论这一存在理论一道,被视为形而上学的两大分支。苏格兰哲学家詹姆斯·费里尔(James Ferrier, 1854),首次使用认识论一词,来指代我们现在所说的认知科学,比如对思维的科学研究(Passmore, 1966, pp.52—52; Fuller, 2007b, pp.31—36)。然而到了 20 世纪,认识论的另两种意义开始在英语中凸显出来,一种起源于德国,另一种起源于奥地利。

认识论的德语意义,回到了康德的思想,认为现实本身是无法认知的,我们必须通过各种"认知兴趣"才能理解现实。在德国理想主义者看来,认识论的这一意义,变成了大学的哲学,知识的联合体是其目标,开放的通识教育课程是它的成就。然而,对于 1900 年已经变成德国学界支柱的新康德学派哲学家来说,认识论使得分歧日益发散的学科性世界观的存在得以合理化,这一世界观与硕士学位的发展相一致(Schnädelbach, 1984)。韦伯终其一生都在社会科学中努力调和阐释主义者和实证主义者的方法规则,他的努力恰好反映了这一认识论观点,哈贝马斯(Habermas, 1971)则可能是最后一位对此阐发自己观点的人。在这种传统下,认识论成为科学哲学基础的同义词。

奥地利意义上的认识论，可以追溯到 19 世纪后期哲学心理学家布伦塔诺[1]，一开始它是作为理论上对康德思想的强烈反抗而产生的 (Smith, 1994)。布伦塔诺追溯到亚里士多德的思想，认为知觉是我们生存在世的表征。如果说康德认为我们对知识的无休止追求意味着与世界的根本性不同，布伦塔诺则注重我们在世界上最根本的根深蒂固性 (rootedness)。这种识别力，极大地鼓励着后来的现象主义传统，特别是胡塞尔的后期作品 (Husserl, 1954) 和他的学生海德格尔的全部作品。海德格尔把认识论视为一种存在主义异化的症候，会在互相之间无法比较的学术课程的繁衍中变得陈腐过时。

由于所谓的认识的过程和产物的原因，在英语中，认识论中的"认识"(know) 和"知识"(knowledge) 这两种意义很容易被混淆。而在法语和德语哲学话语中，两者的区别则比较清楚。我们可以把前者译为"认知"(cognition)，把后者译为"学科"(discipline)。比如，培根的名言"知识就是力量"，在孔德那里就变成了"savoir est pourvoir"。

认知论方面英语表述的缺点所引发的直接后果是，讲英语的哲学家们，趋向于把社会认可的知识，简单地视为个体知识的总和。这样一来，他们就模糊了知识的真实性，即知识作为集体行为的产物，是一种与个人信仰相违背的标准规范。相比之下，倒是福柯和哈贝马斯这些法国、德国的知识理论家们，把知识的真实性视为理所当然的事。这一起点上的不同，形成了当代分析哲学家和欧陆哲学家之间误解的主要根源，并引发了近些年来人们对"社会认识论"的诉求 (Fuller, 1998)，社会认识论不仅能够克服这一不可通约性，还可以将历史和社会科学的经验主义发现结合起来，以帮助制订更博深的知识政策。这就是科学技术研究 (STS)[2] (Fuller & Collier, 2004;

---

[1] Franz Brentano, 1838—1917，德国哲学家、心理学家、意动心理学派的创始人；福柯的老师之一。

[2] Science and Technology Studies，简称 STS，是上世纪八九十年代以来在西方兴起的一种以科学、技术及其同社会的关系为主要研究对象的研究纲领，是一个能够更广泛吸引科学家和人文社会学者进行对话的开放的学术平台，是科学哲学、科学技术史、科学社会学等成熟学科实现自身建制化之后试图走向更广义综合的逻辑结果，是上述领域的学者同科学技术政策学、科学技术传播学等邻近领域的学者在出于政治和经济的变化而面临的新形势下发展出来的一种开拓生存空间的学术策略。

Fuller, 2006b)。

在严格意义上的社会学内部,尽管围绕认识论特质的论战近年来有所转移,但在它的生命过程中,却是好运厄运交替登场。对孔德来说,社会学主要是应用认识论,这是一种他从启蒙思想那里继承来的观点,该观点认为:社会是由其合法性思想来界定的。不过在马克思的影响下,知识的合法形式被当做借助社会学知识为去神秘化做准备的意识形态。然而,曼海姆(Mannheim, 1936)差一点阻止了科学认识论的去神秘化,他像孔德一样认为社会学本身需要依附于认识论。

但到20世纪70年代,人们对科学的社会学批判的反身含义的关注,造成了社会学内部的分裂,并一直延续至今。一方面,科学社会学家们公开勾销了科学认识论的神秘性,布卢尔(Bloor, 1976)明确表示,要完成始于曼海姆的普遍知识社会学的任务。另一方面,更多的主流社会学家则否定认识论,他们趋向于把本体论当做首选的社会知识的哲学基础。因而,吉登斯(Giddens, 1976)把社会代理人(social agents)归于"一直总是"式的社会理论家,其进入社会世界的途径和社会科学家们研究它们的途径一样有效。这一看法显然要归功于舒茨(Alfred Schutz)与罗蒂(Rorty, 1979)不谋而合的思想:对认识论所进行的以哲学为基础的批评,在后现代主义者中一直颇具影响力,它对"我们平等地居住在同一个世界中"这一观点的认同,胜过"面对同一个世界我们有不同的认识途径"。

鉴于从社会学和哲学这两个学科中心出发,提出了一个基本的社会认识论问题的示范性尝试,如柯林斯的《哲学社会学》(Collins, 1999)和戈德曼[3]的《社会世界里的知识》,在此我有必要界定一下我的立场。与社会本体论家不同的是,柯林斯和戈德曼都是社会知识论家(social epistemologist)。换种说法,他俩都未曾假设知识生产的实际状况表明了其潜力的最终界限。相反,他们认为,这一实际状况提供了可改变的——可改正的——状况记录,知识可以在这一状况下繁荣和衰颓。他们假定,知识者还需要搞懂他们是怎么知道的,所以他们共同努力所追求的并不构成所有需要认识的东西。因此,

---

[3] Alvin Goldman, 1938— ,美国当代著名哲学家,当前心理理论研究中模仿论的著名代表人物之一,在知识论的研究领域,提出了过程可靠论,成为20世纪八九十年代外在主义的主流研究范式。

有必要对此事做一专门探讨；所以才有了社会认识论。柯林斯是通过对比两千五百年来哲学文化的历史社会学在欧洲、亚洲的影响，继续着这一方面的研究，戈德曼则主要是用演绎法，就有关鼓励和抑制可信知识生产的权威机构和交际网络的种类进行辩驳。

对于非正式或非官方的知识，柯林斯和戈德曼都没有表现出足够的信任度。就其课题的广泛的经验特质而言，柯林斯的表现尤为突出。当人们声称要提出一种"知识变化的全球性理论"（柯林斯1998年著作的副标题）时，却发现标准的哲学史是以分析内容为基础，并趋向于认定哲学是由一些哲学家为另一些哲学家而写的。结果，这一课程传统意义上的分支形式——逻辑、玄学和认识论——影响柯林斯的叙述达到如此程度，以至于他竟连从事法律、政治和伦理道德实践研究的马基雅维利都未曾提及。我将在下一节就此展开详细讨论。戈德曼则想当然地以为，在这个复杂的世界上，知识需要相对来说不相关联的专门技能。他认为，主要问题在于，特定情况下专家该如何认定知识、人们对其判断的信任度到底有多大。有趣的是，戈德曼更愿意把知识的"边缘"和"新颖"形式的思想合并起来，他似乎想要否认一些相当合理的知识方法长期以来滞留在主流之外这一事实。

当我们强调柯林斯和戈德曼都是社会认识论家时，我们开始看到了这些分歧的至关重要性。与其分析哲学根基相吻合，戈德曼假设了一个把"社会性"看成由个体组合起来的前社会学（pre-sociological）。社会生活只在个体之间的互动中才看得见。成长、培训，更不用说时空意义上分散的结构控制模式等，都不包括在戈德曼的理论中。这样，认识团体内所有有趣的性能，都变成了这一互动有意或无意的结果。人们对个体和社会之间关系的描述并不陌生，从苏格兰的启蒙运动，经过最微观的社会学，直到当下的理性选择理论，它预想出没有个体证实的社会的不确定性。人们假定个体在还没有与他人交往之前，就具有明显的心理和生理功能，而社会则没有任何明确的身份，只是由一些具体的个体组合而成罢了。

刚好相反，我对社会认识论最初的构想，引起了人们对两个逻辑错误的关注，即合成推断与分离推断（composition and division）[4]，这两个逻辑错误

---

[4] composition：把个体特征不恰当地移植到整体上；division：把群体特征简单地移植到个体上。

都否定了用部分（比如社会成员）来竭力解释全体（比如社会本身），或用全体来解释部分的可能性（Fuller，1998，pp.xii—xiii）。另外，以个体知识者概念为基础的社会认识论，完全不同于起源自社会范围内的概念。柯林斯针对这一反向性，提出了一个基本的"建构主义者"的抉择，即，个人和集体的知识条件互为界定。这一针对社会认识论的较为灵活的方法，是柯林斯在区分哲学史中"组织"领导者和"知识"领导者时得到的。比如，费希特[5]作为一个组织领导者，界定了19世纪初这一领域的研究前沿，从而给他的老师康德以后的所有辩论提供了知识中心。事实上，费希特通过重新界定哲学与其过去的关系，给了哲学一个创新性的目的，成为德国大学体制的支柱。

戈德曼和柯林斯的另一个不同之处在于：知识体系的重点或"功能"是什么。戈德曼态度鲜明：唯一的目的就是，通过行之有效的方法，生产有关社会事宜的可信赖的真理。在戈德曼自己发起的一个分析层面上，这是有关知识体系的唯一观点。当然，科学、法律、新闻业、教育和其他以知识为导向的机构，都有多元化的社会功能。但戈德曼认为，它们都会干预到具体的认知目的。这一观点假定，对于知识来说，目的永远都在为方法辩护。戈德曼认为，最好的知识生产体系可能是这样的：将资料（resources）聚集到少数几位精英研究者那里，他们通过对大部分人大部分时间的操纵，以为社会谋取最大利益为目的，相互交流和补充彼此的发现。或许这是因为（正如柏拉图所说的那样）人们发现，不管是从认知上还是情感上，真理都让人难以接受。这可以用来解释戈德曼关于"认识论上的家长式作风"（epistemic paternalism）（Goldman，1992）这一明确论断，如果一种真理的传播可能导致社会骚乱的话，这一论断就可以为审查与欺骗提供证据。

戈德曼认为，最终的标准问题是：由某一既定团体生产出来的知识，能否博得所有虔诚的知识者的同意，这一目标对于哈贝马斯以后的社会学家们来说并不陌生，戈德曼就是用知识主张（knowledge claims，指尚未被经验证实的假设，但却可以作为真实的东西而相信）的能力来阐释这一术语的，

---

[5] Johann Gottlib vot Fichte，1762—1814，德国哲学家，柏林大学首任校长。康德之后德国唯心主义哲学的主要奠基人之一。其哲学思想中的辩证法因素，曾对黑格尔产生了一定影响。著有《知识学基础》、《论学者的使命》、《人的使命》等。

从而避免了起初那个团体之外大范围内的有效性检验(validity checks)。戈德曼并未假定知识生产者是一些纯洁的知识分子；相反，某种程度上，有效性检测还会设法剔除腐败影响。戈德曼的知识生产的目标，让人想起了发达资本主义社会中的财富生产，人们很少关心谁真正参与其中，以及他们是怎么组织起来的。相反，人们认为，最大的生产力本身（就真命题或正确的解决方法而言）有益于任何人，与生产的知识在某种情况下能够渗透到那些最需要它的人这一道理相同。事实上，戈德曼(Goldman, 1986)把"认知权力"界定为可以完全信赖的解决问题的效力。

然而，柯林斯认为，团体表征或规定着它们生产的知识。在这里，他延伸了戈夫曼[6]的"互动仪式"，提出了互动仪式链(interaction ritual chains)这一概念，以捕捉像哲学这种活动相互强化的特点，活动的参与者会关心真理、尊严、影响和友谊。柯林斯在此把这种辩论的方式（即哲学的特征）——不管是公共场所的针锋相对还是演讲大厅里更注重方法的学者式辩论——视作很大程度上以加强团队团结的情感事件（如"调研团队"），即使团队成员之间也会产生冲突和矛盾。柯林斯在此把互动仪式链这一与众不同的思想，等同于涂尔干(Emile Durkheim)的社会生活和宗教范式的微型结构，同样展现出了一系列从非正式的"低教会派"[7]到正式的"高教会派"[8]的强化实践(Collins, 2004)。

不管怎么说，与戈德曼相反，这一对知识独立的有效性检验的观点，与

---

[6] Erving Goffman, 1922—1982，美国社会学家，符号互动论的代表人物，拟剧论的倡导者。他以个人经验观察的结果为主要资料来源，对社会互动、邂逅、聚集、小群体和异常行为进行了大量研究。他认为，人赋予社会秩序或特定行为以意义，社会行为就是社会表演，社会成员在社会舞台上扮演多种角色，使自己的形象服务于欲达目的。代表作《日常生活中的自我表现》(1956)、《互动仪式》(1967)等。

[7] 低教会派(low church)，新圣公会一派，与"高教会派"对立。始于18世纪早期，用以把较自由派的一群信徒与保守的高教会派区分开来。其观点倾向于清教徒而反对倾向于天主教，反对过高强调教会的权威地位，不赞成高教会派恢复旧制的倡导，认为主教制度、神职圣品与圣事礼仪相对而言并不重要；反对繁文缛节的祷文和仪式；强调基督徒应提高对现实世界的责任心，并联合起来；改善并提高英国工人的生活状况与水平；反对奴隶制度，应给殖民地的奴隶以自由；主张基督徒的生活应励行节约，不应无限制地享乐；在神学上，强调以圣经为最高准则，严格按照《公祷书》简化礼仪。

[8] 高教会派(high church)：新圣公会的一派，强调教会的权威和统治，主张在教义和仪式上保持天主教传统。

柯林斯的思想有着本质上的不同。柯林斯的主要问题在于：这些自我认可的知识生产者，能否支配自己的科研活动，以及这些科研产品又是如何被后来的知识生产者进行传播和改变的。尽管柯林斯偶尔也会提到，较大的社会和物质环境会严重影响知识世界或是被知识世界所影响，但他仍然趋向于认为，智识生活是自我组织和自我导向的（self-organizing self-oriented）。相对于知识特质的变化问题，他很少去关注知识纯粹的生产力。具体来说，哲学对其议事日程的控制越多，就会变得越发抽象和越发具有反身性。但这却可以反映出这一领域具有相当高或相当低的社会地位。这个有趣的解释性问题（interpretive question），关系到人们是如何知道哪个是哪个的问题。

比如，柯林斯把17世纪科技革命之后西方哲学抽象概念的普遍增加，视为哲学避开认知权威的一种证据，视为实体的、以经验为依据的领域让位给了特殊科学。有趣的是，科林斯用表面上更接近哲学和科学都试图理解的与科研相关的特殊科学术语来描述这一改变。但柯林斯比较强调科学家就解决争端的决策过程保持一致意见的能力——通常是通过一些特别设计的实验活动——从而使他们可以顺利进行下一个科研项目计划。这是一种"快速发现的科学"（rapid-discovery science）（Collins，1998，第10章）。那些不愿接受这一官方/正式（official）步骤的人，成了有时会建构自己科目的不法之徒或流亡者。在此，有趣的认识论教训是，那些在科学哲学家们那里仍被称作"经验主义/实证论"（empiricism）的东西出现了身份异化，摇身变为"反现实主义"或"建构主义"，即，经验为基本的知识要求提供证据，只涉及某种被实验室证实的社会技巧（social artifice），这博得了专业知识者群体的好评。

戈德曼和柯林斯对库恩（Kuhn，1977a）提出的传统与创新之间"必要的张力"（essential tension），显然有不同看法：戈德曼界定了前者，柯林斯则界定了后者。戈德曼更像是库恩本人，他认为，社会认识论需要解释的，不是知识体系如何产生出新思想和新发现，而是它们如何为整个社会提供一个可信的通往现实各主要方面的路径，比如"常规科学"（normal science）的条件。戈德曼并没有做任何被社会学家们认可的实证研究，他的相关参照反倒和近来科学的社会研究领域对世俗实验室实践（mundane laboratory practices）中的"还原能力"（resilience）和"耐久性"（durability）的强调是一致的（Fuller, 2006b, 第三章）。

不过，我更喜欢柯林斯对这一问题非传统的构想。即使哲学不是一种"快速发现的"实践，它也能通过允许实习人员召集工作中的数名观众在系统地解决一组问题的过程中，为创造力领域提供一定机会。诚然，正如柯林斯指出的那样，这一创造力时常会遗失在哲学的教授过程中，从而减少了每个主要人物在某方面对某一位置的贡献。在这种情势下，柯林斯具有鼓动性地提出了这样一个建议：有关哲学问题中的"深度"，基本的社会学解释（比如他们拒斥明确的解决办法）可能会是，学科集体关注的范围很有限，致使一些细微的陈述容易丢失，因而需要不断地再创新。

如果说宗教社会学旨在祛除"神圣者"的神秘化，科学社会学旨在祛除所谓的"客观性"，那么，哲学社会学就是以祛除"深度"为目的。过去两千五百年间，众多的哲学家及其各种辩论，最终怎么会简约成几个"持久的"、似乎从未有结果的、而且单在几个方面进行的重复探究呢？哲学家们自己也宣称，哲学问题的难度标志着它的深度。然而，这并不是问题的全部，甚至也不是问题的大部分，因为我们可以清楚地看到，用相似的术语提出问题，并不一定意味着为同一问题寻找答案，尤其是当研究人员受到空间、时间和语言的阻隔时（Fuller, 1998, pp.117—62）。从柯林斯所用的术语来看，哲学深度是社会学所有方法中的一种速记法。哲学家通过它来维持自己在社会上的存在。从字面上来说，这更像是一个神话，无异于相信和一般人类大众相比，牧师更圣洁，科学家更聪明。柯林斯用非常多的跨文化细节告诉我们：深度是一种网络功能，支撑着一定时空中的哲学团体。这些互动仪式链，为一定时间内解决某一问题的好的方法设定了标准。这一链条的形成和衰竭，可以用来解读历史上的深度观念为什么会如此大相径庭。

我们来探讨一个柯林斯从未涉及的我们这一时代哲学的深度"在加深"的事例。意识的本质再次被当成哲学上的一个深层次问题，这一点可能在科普文学中表现得最为明显。然而，大约一个多世纪以前——在赖尔[9]和维特

---

[9] Gilbert Ryle, 1900—1976, 英国哲学家, 分析哲学牛津学派的创始人, 代表作《心的概念》(1949)。

根斯坦[10]的影响下——意识是一种假命题的认识颇为流行。检验好方法的标准，在过渡期间发生了变化。一方面，哲学家们更有责任对科学实验的结果加以说明，另一方面，他们又有着不同文化背景下的经历。柯林斯的社会学立场是，很难找到解决意识问题的方法，因为哲学在经历了一段认知权力被贬低的时期之后，必须和与之在兴趣和标准上分歧颇大的其他领域和解，这些领域的自然学术发源地，就是现在的心理学和人类学学科。

然而，哲学深度远非人们可能预料到的争论的长期累积效应的复杂性。与其他学科相比，哲学教学法的一个显著特点是，它当前问题的深度，经常在导论课程中有所涉及，这些导论往往会援引柏拉图、亚里士多德、笛卡尔、休谟和康德等人的文本（在西方传统中）。柯林斯在此用的是认知心理学的工作记忆（working memory）概念，为有限的关注空间来导出"少数人法规"，这是黑格尔世界历史精神的社会学形式。这里的"少数"是指三到六个职务，由一个哲学团队在固定时间、固定的辩论中所能接受的数字。哲学家们因支持这些职位并凭借重组本已存在的关系网利益的能力而变得杰出。典型的做法是，他们从参与这一圈子的行为中吸收文化资本。这一点通常被掩盖在哲学经典的历史中，就如同其他对"天才"的合法性记述（legitimatory accounts）一样，忽略了具有创造性的知识分子的特殊背景，以及他们自己强加给自己的、据称在他们那个年代"遭受"到的边缘化特点。这一概念同样适合伽利略、斯宾诺莎、叔本华、皮尔斯[11]和维特根斯坦，只不过这些人的"边缘性"姿态各不相同。

最后，戈德曼和柯林斯对社会认识论的方向性所持有的不同看法，解释了他们之间其他所有的分歧。戈德曼认为，认识的美德，"真理"，不管是在分析上还是实质上，都不同于正常的美德，如"善良"、"公平"、"美丽"、"效能"和"权力"。因此，他把社会认识论专家视为，为可靠的知识生产制定规则

---

[10] Ludwig Wittgenstein，1889—1951，英国哲学家、逻辑学家、分析哲学创始人和主要代表人物之一。代表作《逻辑哲学论》、《哲学研究》。
[11] Charles Sanders Peirce，1839—1914，美国哲学家，逻辑学家，自然科学家。实用主义的创始人。

的人,并认为每项规则都会对促进其他美德的发展起到撞击作用[12]。事实上,他把有组织的科研的"自治"性,提升到了极其重要的方针政策高度。但柯林斯则认为,戈德曼只是简单地把认识论和伦理学的不同给具体化了,这些不同是19世纪后期当哲学成为一种特殊的专业领域之后才出现的。然而,戈德曼的行动,并不仅仅涉及对过去的遗忘,而是还预示着系统性知识和构成它的社会实践活动之间的关系等一系列可能的未来。

如前所述,柯林斯似乎愿意用保留自主科研的必要性,来论证对不能以正确、"理性"的方式吸取新知识的较大社会中的成员持家长式态度的合理性。然而,随着新自由主义时期单一民族国家力量的衰弱,可信赖的知识进程,很可能会被编入计算机程序,受到专利法的管制并在股票市场上交易。毕竟,投资商在某些特殊股票上的投标价值,最终依赖的是卖给他们股票的公司的业绩。事实上,这是对戈德曼自己倾向于就理性选择理论和认知科学而言重建经典的认识论问题一种合理的拓展。

然而,柯林斯的社会认识论中,同样存在一个错位的未来,其原因是,知识体系正在沦为自身成功的牺牲品。随着参与有组织的科研活动的人数不断增多,以及他们所创造的知识在更大的社会再生产中表现得越来越显著,知识创新的可能性被挤到了边缘。那些在激烈的竞争和专制制度的知识体系下不能创新的人,不得不在非官方的比如自由职业者的写作、商业和政治行动主义中找寻援助。因此,柯林斯详细论述了欧洲原初的"知识社会",即16世纪后期的西班牙,那里有可供百分之三的男性公民上的三十二所大学(美国直到20世纪初才有这么多大学)。西班牙当时正处于其帝国的顶点,并孕育出了文学上以剧作家德·维加(Lope de Vega)、卡尔德隆(Calderon)和小说家塞万提斯为代表的"黄金时代"。然而,这一文学活动是在学界之外进行的,并在很大程度上与学界为敌。事实上,当培根、笛卡尔和其他科学革命的领军人物,希望求助于正统的经院派观念时,他们通常都会转向西

---

[12] knock-on effect,柴油机的一种机械效应。汽油机的气缸里每次加入燃料都需要点火,否则就会停止转动。而柴油机只要第一下点火,后续的燃料就会由于气缸的压缩生热而自动点燃,不再需要点火,可以持续转动。这就叫 knock-on effect。日常生活中,这个词指的是类似的连锁反应状况,通常指意料之外的。比如你第一个路口遇上红灯,结果由于时间差的关系,后边所有路口都遇上红灯。

班牙。柯林斯多次提出，我们西方人当下就生活在这样的社会里；因此，创新在像计算机程序和科幻小说写作这样一些学术边缘地带异常繁荣。如果人们相信历史的话，那么这些异常的学术（para-academic）追求，正在为下一场知识革命播撒着种子。

戈德曼和科林斯的方向截然不同，其中哲学和社会学家已经从事着社会认识论的研究项目。戈德曼在质疑谁参与了这一过程、某一个团体在多大程度上代表着支持它的社会的利益的情况下，强调知识的有效生产。柯林斯在贬低这一体系的产品在较大的社会中的效力的同时，阐述了界定知识体系中的参与条件这一互补性的情势。既然戈德曼和柯林斯基本上都认定，知识生产者团队是任一特定社会中清晰可辨的子集，那么，如果有更多不同的人正式介入知识生产，他们就没有能力分析知识的本性会如何变化。这两种情形，很大程度上，是把他们曾经设想过且使其英雄般的课题取得成果的假想简单化的结果。然而，只有当理论家有能力把知识系统中的参与和生产联系起来，且不用考虑这一联系的最优性（optimality）时，社会认识论的承诺才能实现。

从社会认识论到哲学社会学：职业偏见的编纂？

《哲学社会学》（Collins, 1998）不仅是社会认识论方面的一本专著，也是哲学知识社会学方面的一本专著。但它主要关注的是，对讲英语的哲学世界里的主流分析学派的职业化自我理解（professional self-understanding）。这最终削弱了传统上知识社会学在揭露信仰体系中的反身含义时所起的关键作用。说到柯林斯的作品在哲学知识社会学方面那些给人留下深刻印象的实践，他绝对算不上是第一个。在英语世界里，至少有三位先驱值得我们注意，这三位都深谙分析哲学的职业化自我理解。然而，他们却彼此都很隔膜，并对曼海姆（而非柯林斯）意义上的自我理解，持典型的批评态度。他们在各自的国度都有着受人尊敬的教授头衔，都写有在他们所在时期影响力颇大的著作，但却都在离世后立即被人遗忘，没有一个出现在声称已把"哲学知识社会学"尊崇为一个严肃的研究领域的书籍的索引中（Kusch,

2000)。这三位先驱就是美国的怀特（Morton White, 1957）、英国的盖尔纳（Ernest Gellner, 1992）和澳大利亚的帕斯莫尔（John Passmore, 1966）。

柯林斯的《哲学社会学》（Collins, 1998）的巨大威力在于，它在历史叙述中含蓄地阐发了社会学，让哲学在学生和哲学信徒面前呈现出其正式面孔。这一叙述更为周到的说法，为叙写哲学史的哲学家们，提供了基本的参考术语。当然，职业哲学家们正在寻求不同的先驱，以便使自己目前的追求合法化。简言之，柯林斯为哲学竖起了一面社会学的镜子。如果哲学家们不喜欢这面镜子，那只能是他们的不对。但不足为奇的是，哲学家们却发现，这个意象颇有谄媚的意思（比如 Quinton, 1999）。这意味着柯林斯的方法有很大缺陷。用他提出的视觉比喻来说，他所偏爱的理论视觉仪器，只不过是一面镜子，而不是更具穿透力的 X 光射线。因此，柯林斯的研究课题，在知识社会学方面，只是一个没有什么特色的练习，其结果会让读者深感不安，（因为）这一领域的领军人物，除了垄断了力量和其他一些珍贵资源外，没有得到什么益处。但在柯林斯眼里，一切似乎都与哲学很合拍。"好人"正在赢取胜利，西方哲学成为世人见过的最先进的哲学文化；逻辑、认识论和形而上学，一直是其先锋领域；分析哲学则是当代学派中最成功的一支。如果你质疑这三个论点中的任意一点，在柯林斯那里你是找不到什么慰藉的。冒着犯下欧洲中心主义这一可怕的罪名，我从一开始就想承认，我接受第一个论点，但不接受其他两个。

柯林斯没有对哲学的自我表现提出挑战，他这一举动的主要意义在于，他承认哲学活动和其他学院派知识分子的作品有着天然的联系。事实上，这使得柯林斯勾销了许多（尽管不是全部）自然和社会科学、宗教、文学方面的新事态。但是，这一方法所代表的生活道路，仍比考察过宗教改革运动、启蒙运动和社会主义如何从两败俱伤的哲学辩论变质为羽毛丰满的社会运动的伍斯诺（Wuthnow, 1989）所说的要促狭不少。仅凭柯林斯的叙述，我们难以看清学术生活之外的人，像职业作家、记者、律师、企业家、牧师和意识形态的拥护者，如何成为智识变化的中坚力量，除非我们能对他们所坚守的、接受过培训的纽带有所了解。否则，他们注定要么在哲学话语的内部发展中提供外在刺激，要么为这一发展提供一些不成熟的表达方式。

大学教师是智识历史上最重要的生产者，也就是说，知识社会学需要特别注意保证非学界知识分子的贡献不被低估。柯林斯把知识创造力和长期的学术声望如此紧密地联系起来，构成我们在此需要关注他的原因。他可能还没有远离这样的目的，即从被历史学家们视为自己祖先的人的思想史（intellectual history）这一事实出发，对哲学知识分子是如何获得他们现今的重要性进行解读。这将会出现一些明显的遗漏，比如缺少对伊斯兰教为13世纪欧洲哲学所作贡献的讨论，尽管它依然是哲学意义上的一种重要话语，就连当代西方"世界哲学"的历史学家们也这样认为（Cooper，1996a，pp.386—396）。因此，那些从传统学科资源中去理解哲学历史的人，只会对哲学思想的发展与人际网联系的脱落有如此紧密的联系感到震惊，但却对实际的人际网成员，以及柯林斯赋予他们的重要性并不感到震惊。

这确实很奇怪。如果说社会学的分类乍看起来不同于哲学的主题的话，那么如果需要从社会学角度去解释，人们就有理由期待对哲学话语的情节结构作出修正主义的描述。如果没有一些别有用心的人认为，柯林斯的小数定律[13]，只是在世界史舞台上再现了一个过程，通过这一过程，知识历史学家为了确保将来对自己领域的关注而去精简过去。让柯林斯感到欣慰的是，他意识到了这一过程本身正是进行着的知识辩论的一部分，他还不时地表明前行运动（forward movement）是怎样涉及重新解读过往的人和事。然而，因为柯林斯的阐述并不系统，所以人们还是不清楚哲学和其他学术门类、智识生活的非学术形式，是如何随着时间的推移，由历史的行动者反身性地建构起来的。

下面我们再来分析一下科技革命。柯林斯颠倒了已为人知的哲学智慧，即人们开始通过技术手段从事着并决定着各学科。（自然）科学蜕变为哲学的特殊分支，通过展现哲学自身，被迫成为更抽象、更特殊的陈述方式，正

---

[13] law of small numbers，在统计学和经济学中，最重要的一条规律是"大数定律"，即随机变量在大量重复实验中呈现出几乎必然的规律，样本越大，对样本期望值的偏离就越小。但是由于人类行为本身并不总是理性的，在不确定性情况下，人的思维过程会系统性地偏离理性法则而走捷径，人的思维定势、表象思维、外界环境等因素，会使人出现系统性偏见，采取并不理性的行为。大多数人在判断不确定事件发生的概率时，通常会忽视样本大小的影响，认为小样本和大样本具有同样的期望值，即滥用"典型事件"，忘记"基本概率"，这就是小数定律。

如自然知识所表明的那样（甚至在全球范围内都是如此），需要通过技术手段才能解决。柯林斯将这一发展追溯到了17世纪欧洲的科学革命时期，对此当今的人们不应感到奇怪。我们不明白的是，对于柯林斯的这一说法，我们为什么会有如此反应。毕竟，这次所谓的科技革命之后，至少过了两个世纪的时间，人们才开始意识到，哲学和科学原来有着不同的历史。事实上，包括从哥白尼到牛顿之间所有知识分子在内的"科技革命"这一说法，始于20世纪40年代（Cohen, 1985）。如果是这样的话，17世纪之后的那些历史的行动者——哲学家、科学家等——是如何、在什么时候、为什么会逐渐意识到哲学和科学有着截然不同的历史的？还有，人们在努力区分它们的历史时，会遇到什么样的危险？随着这一区分的制度化，人们得到了什么？又失去了什么？柯林斯并没有回答以上这些问题，他只是简单地提供了一些维持科学和哲学之间分界线的社会学合法化问题。我是用"科学哲学"这一不同于科学的元术语来称呼这些主题的，尽管至少到20世纪初这两种概念都有人用过（Fuller, 2003，第9章）。

　　下面我将指出柯林斯只看到哲学史的表面价值的两个重要含义。首先，柯林斯的标准立场是模糊不清的，他对那些自卫哲学家们不怀好意的解读更是如此。有人会说，它只是用了社会学的术语重写了传统的历史，也有人怀疑这一术语是对历史的亵渎。即使柯林斯没能展现出所有可能优秀的、实际上被历史抢先使用过的哲学路径，他或许应该做一些社会学意义上有新意的论证，以重估各种不同的人物、运动或辩论的重要性。那样的话，柯林斯课题的批评的一面，就会变得更清楚。比如，柯林斯认为（因篇幅原因，我在这里尊重他的方法），康德的学生费希特，说得更广泛些，还有理想主义的前途，似乎都值得吹捧，是它们把哲学变成现代大学里的知识港湾。一些有关具体什么时候、怎么样、为什么哲学的专门史低估了这一观点的价值——以及带来了什么样的损失——本都可以成为与20世纪一直努力不以返祖面孔出现的哲学团队进行有意义辩论的基础。

　　柯林斯策略的第二个含义是，形而上学和认识论，而非价值论，充当了基础哲学学科。这一点，与下面这一学术假设：哲学独立于对具体的宗教和政治关注时才能得到最好的发展，（从追求更高层次的抽象和自反性意义上来说）颇为一致。根据柯林斯自己的实践活动，它特指马基雅维利在本书中只被讨论过一次还是为了解读一位日本哲学家才被提及。柯林斯似乎没有特别在意，形而上学话语构成了一种在政治危机时刻曾掩盖了令人不愉快的真理的修辞学。这一经常与柏拉图的《共和国》的起源相关联的主题，在列奥·施特劳斯（Leo Strauss）和昆廷·斯金纳（Quentin Skinner）手里，早已成了富有成效的历史编纂工具。俩人来自相反的政治氛围，都没有成为思想守旧的马克思主义意识形态理论家。事实上，这一思想中的重要之处，在现代科学哲学史中坚持存在了下来，特别是当对科学的支持与国家安全挂起钩之后（Fuller，2000b，第 1—2 章）。

当然，我们不会责怪柯林斯只专注于自己而没有追求别人的假想，尤其是考虑到这些假想具有明显的多产性这一事实。不过，这里我想较为详细地讨论一下这一对立假设——哲学从本质上来说就是流放中的政治——的潜在好处。第一，有些人物和辩论的重要性，可能会呈现出不同态势，特别是当"关注空间"（attention space）这一概念被调整成更广博的修辞空间时。第二，这一叙述将会回避科学史中常见的"内外"有别的意义，这意味着社会因素只不过约束或扭曲了思想的自由发挥罢了。第三，人们很容易看到，有着内部冲突的哲学辩论，何时成了用权力把哲学家的言论变成行动来支配旁观者的工具。事实上，哲学家们自己或许想通过与物质实践相类似的、期望能把自然哲学转化成自然科学的"政治技术"手段，来贯彻自己的思想——但是一个重要的预备阶段，可能就是柯林斯记入史册的大学马上枪术比赛（collegial jousting matches）。

我们来关注一下，柯林斯看重形而上学和认识论在推动哲学史发展方面胜过价值理论的事实——这篇论文（Collins，2000）写于他的代表作之后。我这里用的"价值论"，是指哲学学科的范围，包括审美学、伦理学、经济学、政治学和法律，它们把理性界定为规训人的欲望，而非信仰。19 世纪德国出身的医生、颇具影响力的哲学家鲁道夫·赫尔曼·洛采（Rudolf Hermann Lotze），把价值理论这一领域通称为价值论（axiology），认为知识是以世界的基本目标为基础的，被新康德学派称为"知识兴趣"（直到哈贝马斯早期都是如此）（Schnädelbach，1984，第六章）。我们这一代从价值论立场通观学科历史的模范哲学家，非福柯莫属。我没有把价值论当成形而上学和认识论的实际运用，我认为一个更为主要的观点会把形而上学和认识论当成价值观的一种代码形式，可以或者已经严重影响到那些严肃对待哲学，即把哲学当成生活指南的人们。

柯林斯的哲学社会学强化了哲学家们的职业偏见，最明显地表现在他关于认识论和形而上学相对于价值论的认知优势的讨论上。因此，柯林斯(Collins, 2000)强调，价值论相对来说缺少智识上的冒险性(intellectual adventurousness)。但他也同样可以提到二元论的性别特点，因为女性在价值论方面要比在认识论和形而上学方面表现得更为突出。在其他行业，这将会被理解为本领域相对而言地位的低下。这一点或许与下面这种论调不无关联，即，价值论更庸俗，不太真实（比如"伦理只不过是对民俗态度的汇编，并非逻辑上引人注目的论证结果"），更易受其他学科影响，更不用说周围的政治压力了。

柯林斯有意无意地编造了价值论的历史，而让这些偏见浮于水面。例如，他说过，"伟大的哲学家们"一般都将价值论看成形而上学和认识论精心伪造出来的论点的实际应用。但他却忽略了这样一个事实：他们中的许多人，如果不是大多数的话，都把自己的伦理哲学当成最终的优秀成果——这恰似一种营养性论证，打个比方，形而上这一布丁还是值得烤的。同时，如果列奥·施特劳斯和昆廷·斯金纳的有些说法还算正确的话，那么，形而上学和认识论，完全可以提供一个政治上较为安全的基地，去实现既严肃但却隐含的价值含义的论证。换句话说，形而上学和认识论本身可能就是表达我们应该过什么样的生活、如何分配我们的忠诚的一种加了密的说法，说得更直白些（比如作为一种明确的道德处方），这已经危及作者的自我生存。

当科学哲学家以科学"定义"为由，试图排除上帝论者与科学的"定义"相关的教义，表达自己不满于对敌对的听众进行宗教教育时，就出现了如今这一伪装的实践的无力形式。这一科学"定义"，与预期的反科学或反自由的态度截然对立，很可能由此培养起了对神创世说的揭露(Fuller, 2007c, 第五章；Fuller, 2008, 第四章）。因而，本质上是一种道德反对，结果却促成一种认知判断问题。可以肯定的是，这两点缺一不可，正如形而上学对生活的"定义"，促使天主教徒坚决反对堕胎这种道德上的可恶行为一样。

实际上，考虑到把这一认识上的争论用于道德目的这一问题的广泛性，我认为，形而上学和认识论通常诉诸基本原理、假设和定义的惯用手段，只不过是冲突决议的一种高级形式（或升华？），一种在截然不同的论证之间做抉择的方法，这些论证关涉坚持某种信仰而没必要公开反对这些判断所隐含的价值取向的问题。那么，这些带有很强的结果论（经常是目的论）观点的多用途哲学——亚里士多德哲学、黑格尔哲学、实用主义——把价值放在形而上学的中心，并因此混淆了柯林斯希望划清的哲学各分支之间的区别，难道只是一种巧合吗？

应该指出的是，上面这三段所谈到的"反身性"的意义，并不是柯林斯的观点。柯林斯对我先前指出的反身性的"狭隘"意义颇感兴趣，这一狭隘意义接近于逻辑学家或语言学家对自我应用陈述（self-applied statements）一致性的关注。相反，我所指的"宽泛"含义，传统上与知识社会学对根据陈述人在较大的文化中的地位为其做陈述这一存在主义含义的兴趣有关。我所理解的反身意义是，其实并不存在什么特别让人"迷惑"的东西，公开表达自己的道德哲学的哲学家们，趋向于与其时代的标准界限步调一致。

这一相对抽象的、表达了形而上学和认识论论点的术语的一个副产品是，它们被许多不同的团体以许多不同的价值取向服务于许多不同的目的。从被柯林斯否认的给予价值论以特权的哲学社会学这一立场来看，这一话语的明显特征，很可能从属于批评的监视，或许还被标上乐观的标签。然而，考虑到柯林斯自己对形而上学主义者和知识学家的同情，这一对占用/盗用（appropriation）的解除，似乎是有利的，而非不利的。

到现在为止，我一直从表面价值上解读柯林斯关于形而上学和认识论的表述，因为，毕竟在哲学课程中人们还能看见它的影子。然而，当我们想到英语为母语的人的背景时，他归于这些哲学分支上的大部分内容，尤其是在与价值论做对比之后，只不过是一种怀旧思想，（因为）那里的形而上学和认识论已经变成至少像价值论的各种分支那样的专业化和受到约束。比如，试想一下当代认识论学科中的一些"大人物"：戈德曼、基斯·莱勒（Keith Lehrer）、约翰·波洛克（John Pollock）、艾萨克·列维（Issac Levi）、亨利·凯伯格（Henry Kyburg）。他们中有哪一个能达到柯林斯的第二等级？说真的，如今的英语课堂上所讲的"形而上学和认识论"（除了那些专门研究伟大哲学家的人），无非都是在赴塞拉斯[14]和在二战中代表美国在奥地利服兵役时发现了布伦塔诺作品的齐索姆[15]的后尘（Chisholm & Sellars, 1957）。

或许逻辑实证主义留给哲学的最具影响力的遗产，就是把"勇敢的"哲学场所，从形而上学和认识论，分别转移到语言哲学和科学哲学。那里才是20世纪后半叶英语国家里人们所发现的柯林斯所谓的智识冒险性的地方。同样也是在这里，如果不是牛津剑桥的各种强制令的话，人们会发现价值论的标准风格仍然悬而未决，这些强制令主要是针对语言运用或对科学理性所做的、把最"正常的科学"划归为非理性的波普尔式的指责。

价值理论家之所以没有醒目地出现在柯林斯的伟大哲学家名单上，有一个可能性是，他们不仅仅是科学家——至少在现在的我们看来是这样。在我们眼中，科技学科急剧上升到哲学中的一门学科，看起来越像哲学家的人，其实越不是哲学家。无可否认，这是一个复杂的历史编纂问题：与我们所理解的他们对当下智识追求所做（或没做）的贡献相反，我们对这些人物身份的直觉判断，在多大程度上能反映出他们是如何生活的呢？

这个问题的一种特殊方式，可以从远离价值论中心的地方，即在现代科学哲学的源头处找出来。实际上，19世纪有的先驱者，像威廉·休厄尔（William Whewell）、皮埃尔·迪昂[16]、马赫等，都出人意料地是他们那个

---

[14] Wilfrid Sellars, 1912—1989，美国分析哲学家，科学实在论的主要倡导者之一。持科学实在论观点，强调理论实体的存在，理论框架优越于观察框架；认为日常知识的对象仅存在于观察框架或日常知识框架之内，只是康德所说的"现象"，其实并非真正存在着。科学理论中假设的理论实体才真正存在着，并随科学的发展，将被证明是世界的最终成分。在认识论上，试图把基础论和贯通论的合理成分结合起来，排除它们的不合理因素；在整体论的意义理论上，倾向于贯通论的观点；在符号论的真理理论上，倾向于基础论的基点；在辩护问题上的立场，则介乎这两者之间。著有《经验主义及心灵哲学》(1956)、《科学、知觉和实在》(1963)、《哲学的视野》(1967) 等。

[15] Roderick Chisholm, 1916—1999，美国哲学家，曾任美国哲学协会东部分会主席、美国形而上学学会主席。其哲学观点与牛津日常语言学派很接近，重视分析某些与认识有关的词，如"感知"、"相信"、"显现"等。他认为，人所拥有的知识是一个结构，它的各个部分相互连接、相互支持，但整个结构都建立在它的基础上，而人们对"所与"的领悟，便是知识大厦的基础。著有《感知：哲学研究》、《第一人称：试论指称和意向》等。

[16] Pierre Duhem, 1861—1916，法国物理学家、科学史和科学哲学家，1884—1900年间研究热力学和电磁学，1900—1906年间研究流体力学，1892—1906年间研究科学哲学，1904—1916年间研究科学史，开创了把科学史研究建立在严格的文献考证基础上的风气。

代科学辩论中的失败者；然而，我们却趋于把主要的科学家们视为平庸而有瑕疵的哲学家。（我们追溯得越远，差异便越明显，比如说霍布斯和博伊尔的科学价值与哲学价值，或是笛卡尔和牛顿。）如果一切果真如此，那么当事人之所以没有发现我们如今所看到的科学与哲学间的明显差异，到底是因为他们搞不清自己能干什么（不加区分地混淆了科学和哲学的界限），还是回顾性地应用类别粉饰了我们关于历史是如何发生的这一问题的判断？事实上，我曾考察过马赫和普兰克（Mark Plank）在 1908—1913 年间的公开辩论，以期找到解决这一问题的答案（Fuller，2000b，第二章）。

柯林斯的辩论，主要是以 20 世纪一系列出发点各异的哲学的专业史为基础。在这一阶段，哲学和其他学科间的关系不仅发生了改变，更重要的是，它门之间还存在巨大的分歧和变数。或许是柯林斯对这些哲学文本中所传达的相对粉饰过的历史印象太过深刻，所以才太过仓促地得出了结论，比如哲学结束的时刻就是别的什么开始之时。因为，20 世纪一个有趣的特征是学术思想家的数量问题，这些思想家要么有意、要么含糊地向哲学中越来越职业化现象提出质疑：波普尔、海克、库恩和乔姆斯基，各自都在自己熟悉的领域提出了挑战。（当然，马克思主义思想家们也属于这一类。）无需赘言，他们都曾被其他学术哲学家们谴责为次哲学的表演者。遗憾的是，柯林斯的社会学方法，恰好可以用来支持这种"确立"判断，因为他对其用以对付哲学家的哲学史而提供的证据，相对来说没有做任何批判。

柯林斯对哲学变化的阐述，和库恩对科学变化的叙述，有着惊人的相似性。因为在常规科学中，哲学要应对的永远都是高层次的抽象和反身性问题，除了在某一固定时间段内受"外界"事物干扰，才会在下一轮的抽象和反身的运作中，从改革过的历史记录中清除掉。柯林斯赋予价值论发展过程中理性生活方式高度受限的作用，给我留下了深刻印象。但我想知道，如果他没有如此专注于道德，而是延伸到政治理论，特别是法学和美学——哲学话语在这两个领域内的律师和艺术家的活动中或许已经起了更为本质的作用——那么，事情会不会变得如此简洁？

柯林斯哲学进步的隐含意义中，有一个令人不安的特征，它和库恩的思想一样，似乎钟情于真诚地追求谱系的不相关性。这样，伦理学史只有在 20 世纪元伦理学兴起后才具有某种意义上的进步。除了听起来像分析哲学家的故事一样外,它还与当代科学哲学(特别是分析哲学家)的某些说法,有着令人不安的相似性。因此,当哲学家就科学家们专长的事情进行争论时,科学哲学就略显尴尬(比如,波普尔就量子机械、进化论和他一贯鄙视的"正常科学"进行辩论时,就会陷入尴尬)。当70年代库恩和波普尔之间的辩论的云团散去,哲学家们终于在现实主义和工具主义第二轮(second-order)辩论的针锋相对中,找到了自己合法的地位(Fuller, 2003)。

尽管据说他们正在努力地解释"科学的成功",但辩论双方在很大程度上都给出了同科学史相同的、极不情愿的第一位叙述(first-order narrative),但就为什么这一叙述就该如此的问题,却提出了截然不同的第二位叙述(second-order)。双方都没有对实践中的科学提出批评;事实上,科学家们很容易一意孤行,而全然不顾其他团队。值得肯定的是,有关哲学的辩论变得越来越复杂,就连阐述主要主张时对历史的运用也变得越来越精准。然而,这最终听起来,与元伦理学和生活行为间的关系颇为相似。因此,它和我对知识上努力进步的直觉是不一致的,这显然是反身的"宽泛"意义影响的结果。

或许柯林斯的一次具有误导性的非正式谈话,与最后这一点不无关联,他认为,开始于普理查德(Prichard)和尼采的元伦理学,构成了智识的"突围"。这似乎意味着,价值理论家们一直努力想取得一个语义上的提升,但却因为什么原因——缺乏动机?缺少智力?——而失败了。事实正好相反,这里缺少的,仅仅是一些少得可怜的诱导性的东西。道德哲学家们可能会在整个20世纪不断地发现,他们只是互相之间在谈话,因为他们逐渐失去了传统的教育责任,失去了那些传统的志向高远的牧师和文职人员。现时代有关理性生活方式的智识上富有挑战性的话语,已从神学转化到自由职业,很大程度上干脆绕开了专业哲学范畴。

从某种程度上来说,柯林斯说得对:哲学本身并没有多少东西可以用来叙说第一位的道德问题。但这并不是因为这些问题没有能力促发智识发展的兴趣。(柯林斯曾谈到伦理学"保守"的本质,表明他也思考过这一点。)不过,这一发展却在不知不觉间进行着。我认为,柯林斯在这里低估了商业、医学、法学机械、科研,以及兴起于上一代的"职业伦理学"等所有其他种类的重要性。尽管这些领域开始时还在努力应用现成的规范道德哲学(即"应用哲学"),但人们可以清楚地看到,用这一方式得出的判断,并没有对案例的独特性和复杂性作出合理判断，这其实需要一个"彻底"的概念化。

实际上，图尔明(Toulmin,2001)在这方面走得如此之远，以至于他认为，这一实现标志着价值论史上的一种逆流：历史上与修辞学教化息息相关的诡辩传统的复苏；还标志着，相关专家在受到质疑时，有必要为某些行为提供明确的正当理由。换句话说，哲学伦理学的进步，并不意味着不断地超越它所存在的社会，而在于它缝合破损的社会机制的能力。然而，正如专业伦理学课题中极为不同的制度范式所显示的那样，对这一传统做柯林斯式的流线型的哲学社会学研究，是有困难的。但是，作为一项对哲学进步进行广泛的反身性叙述的实验，这一探索还是值得一试。

插曲：一种替代性的哲学社会学的根源

人们是怎样为批判哲学社会学奠定基础的呢？我们可以通过提出一系列问题并提供多元答案的形式来回答，并为如何继续下去提供一组可能性：

第一，哲学是如何依照社会学的目的进行界定的？
  1. 公众定义（通过对知识分子、市民等进行调查）
  2. 代表性定义（通过参照一些哲学作品）
  3. 自我定义（通过在哲学学派中溯源）
  4. 官方定义（通过学科史）

第二，需要进行社会学解释的哲学是什么样的？
  1. 它在时空中作为一种行为的断裂性/连续性
  2. 它对/受社会的影响
  3. 它对社会的非依赖性/依赖性
  4. 它作为一种行为的非进步性/进步性

第三，哲学中"反身性"作为一种进步的方法
  1. 狭义反身性：哲学对其主张的逻辑预设的反映
    a. 进步：哲学上升到超越其社会背景要求的普遍性、清晰性和连贯性
    b. 倒退：哲学要么疏离于社会，变成不相干的事；要么对

各种社会利益都有益,而变得"相关性太大"
2. 广义反身性:哲学对其实践的社会条件的思考
   a. 进步:哲学通过实现(或解决)潜在的矛盾去挑战承载它的社会
   b. 倒退:哲学通过拒绝探究潜在的矛盾来再现承载它的社会

可以看出,柯林斯的预测在上面的列表中变得明朗起来。他选择了第一项中的第四点,作为达到第三点或间接达到第二点的途径,但第一点则几乎被忽略了。他对第二项中的第四点颇感兴趣,第三点则只被用来作为主要的间接指示物。柯林斯在第三项中选择了第一点,但就像我所说的那样,他或许根本就没有认真考虑过方程式中的另一端,结果把哲学当成一种自主的、利己的事业。

波普尔(Popper, 1972)有关客观知识起源的叙述,留给我们的一个重要教训是,自主调查上升为实践活动的副产品。因而,数学作为一种知识体,产生于从事会计和管理程序的人群中,而不是仅仅作为一种税收计算、建筑学基础和占星术方法。这样一来,对于工具作为一种自足物体的看法,可能会为 Ur- 意义上的反身性,提供进化基础,作为二阶思想的基本能力。这一原理,可以很容易地被概括为哲学关注的起源,即,当用以影响公众辩论的特殊论证,被当成属于某一具体阶级的论证,而这一论证本身在当时被当成讨论的焦点时,才开始有了哲学。

这一点可以用来解释,为什么最初选定哲学知识的社会学,相对来说要容易一些,因为几乎所有的典型状况(canonical positions),都起源于社会合法化的较为平常的形式。我们来看下面这个表,这是一组标准的哲学态度,旨在使论证的种类普遍化,这些事例都可以在公众辩论中找到。

现代哲学的一个最大特点是,哲学家们很少尝试将这些哲学推断引入实际判断中。不过,西奇威克(Henry Sidgwick)在他的《伦理学方法》(*The Methods of Ethics*)一书中,则在这方面做了尝试。他通过强调两种态度之间必须进行权衡(物物交换)这一情势,而把康德哲学和实用主义哲学间的分歧予以神圣化。当然,大多数情况下,这两种态度都证实了同样的判断。或许这是因为哲学在边缘地带和某些特例中较为繁荣,而在这些特例中,推

表2 社会合法化方案中哲学态度的起源

哲学态度	合法化起源
康德哲学（伦理学中）	如何立法以尊重每个个体的完整性
实用主义哲学（伦理学中）	如何立法以促进作为整体的社会发展
理性主义（认识论中）	如何取代无法解决的宗教争端
经验主义（自然科学哲学中）	如何在无法解决的宗教争端中达到最小的一致性
现实主义（自然科学哲学中）	用什么来替代现实社会中的宗教
工具主义（科学哲学中）	为什么现实社会不需要取代宗教
客观主义（社会科学哲学中）	什么能最终实现帝国主义目标
相对主义（社会科学哲学中）	什么能阻止实现帝国主义目标

理中的分歧，最终为行为造设了一个明显的差异。这些假定事例的构建，由此构成一门清楚的哲学艺术。

这一方法的唯一问题在于，柯林斯以狭义反身性为名所规定的所谓哲学态度，在中心是一致的，在边缘上却不同：它们甚至可以用来直接支持与其原有思想精神相悖的政策。这样一来，一种颇具独创力的冲动和居心叵测，就使康德哲学能让对专制者的盲从合法化，使实用主义者站起来为许多国家中多数人的贫穷进行辩护。这说明，努力追求远离现实关怀的哲学研究，可以为最高的投标者提供意识形态通配符的位置。既然柯林斯如此寄厚望于西方哲学有能力相对而言不再担心周围社会而独自发展，对这一计划外重要的结果作出解释，也就成为他义不容辞的责任。

最后，即使像我这样的广义反身主义者（reflexivist），也必须解释那些追求狭义反身主义路径的目的，因为这确实是把哲学和其他有组织的知识追求区分开的原因。简言之，我受益于柏拉图遭到公众腐败的侵染但却努力保护理性：从诡辩者开始，到苏格拉底的审判，最后到雅典在斯巴达手里败落（Fuller，2000b，第一章）。相应的情感在这里表现为失望、挫败感和某种程度上的愤恨。失败的一个决定性体验，既可以扩大理想和现实之间的距离感，也可能会降低这样的距离感：这一区别，随后会因认知顺应的专长（feats of cognitive accommodation），或者社会心理学家所说的"适应性偏好形成"（adaptive preference formation）（Elster，1983），而变得模糊。我把哲学社会学这一替代性观点，视作一种后尼采态度，至少在尼采看来，来生的超验权力，最终根基于奴隶们意识到，通过现世中普通的方法是无法如愿地改善自己的命运的。因此，哲学在知识与权力之间进行协调这一说法，多少还是有些道理的。

20世纪英语国家哲学中的批判社会学绪论

哲学在20世纪开始被英语世界所操控，先是英国，然后是美国。伴随这些发展而来的是，前所未有的学科职业化及专业化。最根本的后果是，哲学常规使命衰微，这大致是因为，人们对哲学的追求越来越远离公众生活，尤其是远离其他一些探索形式，最后则是远离了自己的历史。我正是这样解释这一上升趋势在过去四分之一世纪里让哲学为了一些特殊科学而承担起"小工"的作用的。标示出这一态度的，是长期以来颇为流行的《科学革命的结构》一书。这本书认为，当学科忘记了自己的历史而专注于一些高度的专业问题时，它就趋于成熟。本章通过回顾哲学史，最后总结道：一味尊崇库恩的建议，会使我们忘记20世纪初新康德哲学的命运。

20世纪哲学的一些特质，会让未来的知识社会学家们变成这个时代的另类。第一，英语成为学术哲学不可辩驳的通用语。第二，哲学变得比以往任何时候都要专业化和职业化，尤其是在上一世纪的美国，哲学几乎开始主宰每个学科领域。第三，大致说来，哲学职业化和专业化的标志是，它回避公共事务和作出规范性声明（normative pronouncements）。

可以肯定，并不是所有哲学家都会回避规范（prescriptions），然而，和世纪初的情形相比，到了20世纪末他们变得更加离奇甚至令人生厌。这一时期颇具争议且与柯林斯（Collins, 1998）有关的一个看法是，大多数原创见解都出现在上世纪前二十五年，剩余时间都被用来对这些见解进行扩展和实验。因此，这一常常和当代的后现代思想相关的"衰落"，便可被读作一种厌世的崇高形式。接下来，读者会感觉到，我和柯林斯在这一点上的意见基本一致。不过，我的目的是想展示，发展是怎样在很多方面论证哲学在20世纪英语国家里取得的成功和其适应力，并同时揭示出我们在21世纪或许能够克服的事业的盲点的。

20世纪初，在英语国家里，哲学是一门完全规范的学科。我指的不是主宰这一学科的哲学分支，如完全致力于价值论研究的伦理学、政治学、法学和美学。相反，哲学的传统骨干学科：逻辑、形而上学和认识论，本身已经属于常规的工作。在罗素和怀特海（Whitehead）的《数学原理》（*Principa Mathematica*）一书出版之前，逻辑常被视为精神生活行为的规律，一种规范的心理学，聚焦于具体的判断，而不是抽象的假想。形而上学主要关注生命的意义，有时也会关注一些神圣意图。就连最近哲学园地中最专业的认识论辩论，也是围绕人们对待人和非人的科研领域应该持有的正确"态度"进行的。

要想很好地了解我们距离原初的常规情感有多远，让我们来看一看如今英语国家里关于"真理理论"的辩论。如果我们排除跟从杜威和罗蒂的沉默的大多数哲学家，认为"真理"只不过是授予我们愿意，或是预测我们最终会坚持的某一立场的令人充满敬意的标题而已，那么，真理的融贯论和符合论坚定的支持者们，似乎已经达成塞拉斯所说的共识（Delaney, 1977）。然而，真理是被当做陈述（statement）和现实之间的相关性来界定的，判断某一与现实相对应的陈述的标准是，它与其他有着相似导向的陈述相一致。这一把相关性指向本体论、把连贯性指向认识论的简洁的解决办法，可以满足职业形而上学家和语言哲学家；但对旨在促进相关性和连贯性为目的、作为相反的确认意象的直觉来说，却并不公平。正如我们将要看到的那样，在这一妥协中，一直受到排斥的，就是这两种态度清晰、规范的目标。

相关的有效性意象（the correspondence image of validation），为各种哲学家所共有，包括经验主义者、归纳法优越论者和一些实证主义者。他们当中有很多人，比如约翰·斯图尔特（John Stuart）和罗素，对许多实质性哲学主题的真实性，都有不同看法。然而，从传统上来说，这一意象来源于这样的思想：我们的信仰和期望，最终会受到任何想逃避它们的东西，以及所谓"外部世界"的规训。20世纪哲学还俗化的最后一步，一直以来都包括，现实超越了我们对（玄学的）超验和（语言学的）参照的理解这一感觉的重述。[这里我们或许应该关注一下胡塞尔和弗雷格思想中的神学残余，杜梅特（Michael Dummett）多多少少受到过影响。]这样一来，陈述与现实的相关性，就与下面这一事实联系到了一起：人们在巨大的时空范围内继续坚持自己的主张，不管他们的其他陈述有多么自相矛盾或不一致。据说这论证了独立于各种不同话语的陈述的生存价值。在这方面，任何聚焦于陈述与其他事物之相关性的做法，对任意一种真正的"现实检验"来说，都显得既多余又有误导性。

相反，有效性意象认为，是我们，而不是外部世界，提供了探究的要点。这一观念，把理想主义者和实用主义者，以及其他过程哲学家们连接在了一起，否则他们便会在许多哲学思想上持有不同看法。对于主张有效性的理论家来说，"追求真理"是一种不安全、不确定的行为，缺乏任何意义上的全盘目的，基于此，追寻某一特殊真理，是可以有动机的。因此，"生存"只不过是探索者们在失去其方向感后，需要某事或某人给予帮助的一种弃权态度。

因而，融贯性和有效性思想之间相应的对立，并不是人们描述的原子论和整体论（atomism vs holism）之间的对立（比如，某一特殊陈述和一些现实的相关性，与一组陈述的总体连贯性/一致性和所有现实之间的对立），而是被动主义和激进主义之间的对立（试比较一下，想要看清现实是否与他们的论述相符合的探索者的被动态度，与组织自己的环境让现实符合他们的思想的探索者的积极态度）。20 世纪初，后面这一二分法，经常被描述为决定论（determinism）和唯意志论（voluntarism），尽管它把基本生活态度上完全不同的事情给具体化引起诸多争议。

哲学以其原初强硬的规范形式，在英美大学课程中有着相当安全的地位，而且都受有效性操控（Hylton, 1990）。它关注的是，与个人和公民的生活息息相关的事。从 19 世纪 80 年代到 20 世纪 30 年代，影响了整个英国的一部作品是布拉德利（F. H. Bradley）的《伦理研究》(*Ethical Studies*)，里面就包含了那篇有名的论文"我的身份及职责"(My Station and Its Duties)。与这本书题目不太符的是，里面不只有针对哲学伦理反面的讨论，还有作者对有关生活方式的绝对理想主义形而上学的隐含意义的探究。与之相对应的，还有一部以美国为背景的詹姆斯的《实用主义论文集》(*Essays on Pragmatism*, 1910)。这本书在玄学论证的伪装下，呈现了一个普遍的世界观，被詹姆斯的一个崇拜者，罗斯福总统，称为"强烈/不加掩饰的个人主义"(rugged individualism)。这一哲学概念，在很大程度上为学生市场提供了一个话题，只不过学哲学的学生只占很小一部分（White, 1957）。

在英国，牛津和剑桥的"道德科学"课程，原本主要是为牧师而开，直到 19 世纪末才对公务员而设。这门课主要教授"异教徒"(Pagan)(希腊罗马)和基督教经典作品，同时也教授马基雅维利、霍布斯和洛克的"现代"经典政治哲学作品。这些课程的官方目的，是给学生灌输一些他们管理这个越来越复杂的社会所需要的价值观，同时扩大公众参与范围。然而，就像几乎用同样的方法培养了官僚的中国和日本那样，这门课程的内容，远没有它所给予的写作和讨论技巧重要，结果使得现存的社会等级制度延续了下来。到了 20 世纪，这种作用是通过普通语言哲学来完成的。

在美国，至少到一战前，一些主要私立大学的任务，就是培养律师和神职人员（政治和学术带头人的主要来源），与中世纪大学很是相似。中世纪的这一残余，至今仍能在美国"文理学院"的体制中看到，它们认为自己是在为国家的未来培养领导人，而不是为了推动专业领域内的前沿知识。因此，这些机构很少把资源投到大学发展规划上，职业培训计划除外。尽管过去二十年中，随着理工学院以闪电般的速度合并到大学体系中，这种思想有所削弱，但是，文理思想依然是整个英国学术体系的特点。如今在英国，我们常说这一体系已经"美国化"，尽管我们实际上指的是，美国对始于 1900 年 (Metzger, 1955) 的德国科研驱动模式大学的接纳和完善。

英美学术生活发展的不同之处表现为，美国哲学史被作为一学术主题，带有倾向性地解读为制度化的故事（如 Kuklick, 2001）。因此，鲜明的"美国式"哲学的起源，可以追溯到哈佛大学的詹姆斯发起的实用主义运动，其中不乏他童年朋友皮尔斯的思想精神。根据这一说法，马萨诸塞在校外工作的早期居民，如爱德华兹 (Jonathan Edwards)、爱默生 (Ralph Emerson) 和梭罗 (Henry David Thoreau)，都可视为派生的（或殖民的）人物，他们真正的知识来源都在英国和德国。当我们带着一种并不浪漫的种族优越感的眼光来看这一问题时，美国文化的独特性，有时会被描述成从神学中剥离出来的、达尔文为推进者的哲学的产物 (Menand, 2001)。

对美国哲学传统的这一看法，近年来受到两种对抗性群体的创新性的挑战：一方旨在复兴美国的前实用主义来张扬美国的独特性，另一方旨在促进跨国知识联系，进而赋予实用主义以美国全球霸权主义的人性化面孔。一边是哈佛大学的美学家斯坦利·卡维尔 (Stanley Cavell)，他的个人兴趣已经转移到传统上已超出学术哲学范畴的电影和其他流行门类批评。在卡维尔（Cavell, 1992）看来，爱德华兹、艾默生和梭罗通过讲道和诗歌进行交流及协商这一事实，表明了一种幼稚的多媒体情感，很好地说明了美国人把哲学纳入生活本质的自发性倾向。另一边是近来誉满全球的"美国哲学"标准的持有者理查德·罗蒂（Rorty, 1982），他的故事仍然始于詹姆斯，在杜威的作品中达到顶峰。罗蒂的美国是一个鲍德里亚式的超现实主义实体，符合这个国家20世纪后期超级大国的身份。因此，罗蒂并不急于解释詹姆斯或杜威，而是努力阐明：前期的海德格尔和后期的维特根斯坦，事实上"一直总是"实用主义者。

与这一寻找学术合法性相反的是，19世纪英国哲学思想中最鲜明的流派的非学术起源，可谓是有目共睹。当然，18世纪中后期，包括休谟、斯密（Adam Smith）和弗格森（Adam Ferguson）在内的著名的苏格兰启蒙时代，是一项以爱丁堡和格拉斯哥为中心、以大学为基地的运动。尽管他们接受的是苏格兰教会掌控的教育体系的影响，但他们仍然大都是亲英派人士（Anglophiles）。（例如，斯密就曾鼓励受过教育的苏格兰人接受"英国"口音。）以托马斯·里德（Thomas Reid）和早期对康德的接受为代表，这一建立在教会基础上的独特哲学，把常识的心理官能（mental faculty of common sense）和对信仰的自然习性之间的关系，紧紧地联系在了一起。因此，苏格兰启蒙时代的人物，在19世纪前半叶几乎没有什么学术影响。休谟作为一个原初的达尔文主义者，是在达尔文的《物种起源》（Passmore, 1966, p.40）发表之后的反教权主义浪潮中，才被赫胥黎（T. H. Huxley）重新发现的。

斯密和弗格森很快就被19世纪英国伴随出现的运动（最终变成政治经济和社会学运动）而来的公共知识景象所吸引。我称其为"运动"，是因为这些领域不是通过学术主动性而产生的，而是经由"哲学激进主义"这一政治平台，尤其是功利主义平台而产生的。我这里所说的从事新闻业和小册子写作的知识分子，主要是指住在伦敦附近的边沁（Jeremy Bentham）、斯图尔特和斯宾塞（Mill Herbert Spencer），当然还有德国侨民马克思。然而，这些贡献者遭遇到来自牛津和剑桥的强力抵抗。事实上，穆尔（G. E. Moor, 1903）的《美学原理》，造就了分析传统在所有英语世界中的哲学优势，它所引发的"革命"，被英国学界视为一种反动行动，（因为）他们感到自己的权威受到了这些通常代表"激进"观点并危及他们生计的"外来者"的挑战，这些"外来者"不仅是他们哲学同行的代表，还是下一代精英的老师。这些担心在制度中被具体化，并针对20世纪牛津剑桥的霸权主义统治提出了明确挑战——韦布夫妇（Sidney & Beatrice Webb）创建于1895年的伦敦经济学派（LSE），是为了给牛津剑桥保守的价值论教学提供费边社会主义选择（Dahrendorf, 1995）。宗教和美学退了下来，取而代之的是成为相对常规学科的政治和经济，还有颇具争议的优生学。伦敦经济学派一经形成，就结束了伦敦与牛津剑桥教权主义之间的长期抗衡——这一行动计划始于边沁对伦敦大学学院的资助，紧接着是赫胥黎把皇家学院从理工学院提升成大学。伦敦经济学派在20世纪一直是一些还没有很好地适应分析哲学的重要社会理论家的大本营，他们中有霍布豪斯（L. T. Hobhouse）、托尼（R. H. Tawney）、拉斯基（Harold Laski）、曼海姆、奥克肖特（Michael Oakeshott）、哈耶克（Friedrich von Hayek）、波普尔和盖尔纳。可以肯定地说，上面提到的这些思想家，很少有人称得上是真正的社会主义者。他们许多人都是自由主义者，有些甚至是保守主义者。但他们对哲学大致上都采用的是结果论方法，从而为决定贯穿学科界限的价值问题的经验主义思考打开了大门。

概括牛津剑桥与伦敦经济学派之间分歧的一个好办法，就是去考察两个学派哲学的带头人，维特根斯坦和波普尔，对待知识生产共同体（producing communities）的经验主义和规范性因素之间关系的不同态度。值得肯定的是，他们也有一些共同点。比如，两者都坚决反对那种诉诸历史法则、功能主义社会学或人性论，来为这种共同体提供一种先验标准的封闭性的企图；两者在对社会生活的理解上，大致都是"建构主义"式的，由此看来，过去总不足以说明未来的实践。然而，波普尔几乎完全是以常规哲学为根据而提出了这一观点，他不得不把"开放社会"的价值，当做最大限度地探究人类潜能的工具，进而陷入了无止境的实验思想：因此才有了波普尔对伪证主义者方法的价值论之根源和以市场化方式解决社会问题的偏好。这通常意味着，在不断变化的环境下工作（操作）的个体具有无限可塑性。没有什么比维特根斯坦更敏感的了：如果说波普尔学派把自己的观点看成是对某一特殊"封闭社会"的批判力量的话，维特根斯坦学派则认为，除了有人情愿玩一玩波普尔的语言游戏之外，这一观点毫无价值。

如果说波普尔的思想得到了自然和社会科学界的支持的话,那么维特根斯坦的观点则在哲学和社会科学的相对论,诸如文化人类学、知识社会学方面略胜一筹。彼得·文奇(Peter Winch)、约翰·瑟尔(John Searle)和戴维·布卢尔(David Bloor),都让人想到了维特根斯坦派思想的广泛影响。这些思想家们一致认为,从某种重要的意义上来说,"应该"(ought)起源于"是"(is),即:一旦一个团体的规范在经验上被确立,那么所有评估知识主张的相关准则就都会变得明朗化。然而,20世纪英语世界里的绝大部分哲学家,历来都相信,他们的领域更多的得益于坚守穆尔引入的自然主义谬误——这将会切断"应该"和"是"之间的一切关联——而不是得益于接受维特根斯坦构想中已经自然化的常规性的影响。接下来,我们把目光转向有意回避经验主义辩论的哲学这一问题上来。

分析哲学对经验主义科学的矛盾心理

了解20世纪分析哲学发展的关键在于,它有意背离了经验主义基础上的辩论,通常不用担心哲学会被纳入逐渐显现出其社会总价值的自然和社会科学学科中去,因为功利主义与经济学之间,实用主义与心理学和社会学之间,自然主义的其他普遍形式与物理学和生物学之间,都有紧密联系。所有这些运动都受制于学术性哲学的确立所带来的抵抗,尤其是在英国,科学与人文这"两种文化"间的区分,表现得尤为明显。

哲学和历史无疑成了20世纪英国学界人文主义思想的堡垒。例如,分析伦理学的历史,与为科学辩论打开大门的功利主义相比,更有利于情感主义或对道德义务做义务论式的解读。一个更鲜明的事例是,认识论已经转向知识的常识性概念而非科学概念的分析。这样一来,知识学家们便开始担心,我们是怎样知道这间屋子里有把椅子,而不说空间里到处都有夸克[17],关于后者,人们需要诉诸与英语世界里的哲学传统认识论截然不同的科学哲学(这里不包括欧陆哲学传统)。

---

[17] quarks,一种假设的基本粒子。

理解分析哲学史的一个有趣的方法是，人们特别意识到，如果在整个19世纪人文学没有放弃它们作为科学研究的模范身份或者科学[18]而转向自然科学的话，结果会是什么样的。这一转化的明显特质是，自然科学（和大部分基于这一理由而偏离人文学的社会科学），并没有把它们的证据基础局限于文献上；它们的数据大部分依赖的是非文字记载的资源（例如，即时的演讲或行为）。事实上，自然和社会科学研究的一项重要功能就是，记录那些没有文献就无法存在的情景，因为岩石、植物、动物，当然还有大多数人类，通常情况下都不会记录自己的历史。因此，自然和社会科学把它们认知的抱负，从解读已经书写下来的文本，扩展到了把这些不会被记录下来的文本记录下来。最近的科学知识社会学把这一区别归于"转向实践"，从而引起人们对维特根斯坦及其竞争者在"刻记"现实的各种特征时所从事的工作的关注。

这一点同时还可以用来解释，为什么奥地利裔哲学家维特根斯坦，会在20世纪把持着英国学界的哲学。维特根斯坦认为哲学研究"遗弃了世界"，他明确地钟情于人文主义研究的认识论。像古典人文主义者一样，维特根斯坦式的哲学家们，对他人已经谈论过的东西并没有什么实质性贡献，但却为人们提供了能够用更清楚的声音言说的空间。因此，虽然维特根斯坦身在剑桥，但最认同他思想的牛津哲学家们受的则是最古老的人文主义思想（希腊古典主义）的影响：赖尔（Gilbert Ryle）精通柏拉图，奥斯汀（J. L. Austin）精通亚里士多德。他们共同培养出"普通语言"的风格，鼓励哲学家们把古典哲学对事物的关注问题，缩减成词汇运用这样的语义学问题，期望有人能从关注语言学上转化为关注哲学。

英语取代德语，强化了语言研究沙文主义在英国的发展，英语之所以一跃而成为20世纪全球化的学术语言，主要是因为政治原因，而非严格意义上的科学原因，也即德国在两次世界大战中的失败。用修辞中一种比较令人不快的方式来说，英语中对熟练技巧的迷恋，与一个多世纪以来在德国更为浮夸地散发出来的东西，好有一比，盖尔纳（Gellner, 1959）曾就此做过评论。从黑格尔和浪漫主义者开始，到叛逆的语言学者尼采那里达到高潮，德国思

---

[18] Wissenschaft,德语中意指一切有系统的学问,不仅仅包括自然科学。

想家习惯性地认为他们的语言是唯一一种现代语言,真正有助于建构忠实于希腊思想源头的哲学思想。事实上,20世纪后半叶,法国人在这一点上比德国人自己还要重视——就连法国哲学的原则在黑格尔、胡塞尔和海德格尔之间变换的时候也是如此(Descombes,1980)。

考虑到他们共同具有的古典哲学背景,赖尔在海德格尔的《存在与时间》(1927)出版后很短一段时间内写就一篇赞赏性书评发表在《思想》杂志上(Murray,1973),也就不足为奇了。受古典思想影响的20世纪英国哲学家和德国哲学家的主要区别在于如何解答下面这一问题:语言何以能够解开哲学之谜?英国哲学家相信,答案就在已经生存了几个世纪的话语运用方面;德国哲学家则坚持认为,答案肯定藏在已经失去的话语的意义和用途上。这进而反映了识别力方面的一个很大不同:到底什么才需要哲学解释?英国人认为,是我们交际和表达能力持续的乃至越来越多的成功;德国人则认定,这方面能力的断裂性和衰微性才需要哲学解释。对于希腊人提出的问题,究竟是哲学已经找出了答案,还是我们已经忘记了他们的问题是什么?这个问题概括了英国人、德国人针对哲学所运用的以语言为基础的研究方法上的差异。

分析哲学家保护他们的学科免受科学侵染的根本策略是,他们认为哲学用先验的方法来捕捉对一切理性存在来说普遍的直觉。这显然是穆尔最先提出来的,科恩(L. Jonathan Cohen)针对罗蒂在《哲学和自然的镜子》(1979)一书中的指控,在他的《理性的对话》(1986)一书中再次重申:分析哲学已经丧失了其所有主题而变成特殊学科。

但很少有人注意到,穆尔的策略其实应归功于柏拉图,然后才是伟大的现代理性主义者笛卡尔,笛卡尔对经验主义的推理要比穆尔许可的走得更远。穆尔基本上赞同古希腊人把哲学生活当做一种闲适的思想活动追求。深受古典哲学影响的穆尔,称得上是他那个时代典型的牛津剑桥人文主义者。穆尔的道德观,体现在由知识分子和唯美主义者组成的"布鲁姆斯伯利圈"[19]中,这些圈子里的学者,在20世纪前十年里跟从的就是他的著作思想。

穆尔把分析哲学与经验主义的科学思维模式之间的不兼容性,称为"自

---

[19] Bloomsbury Circle,1904年至第二次世界大战期间,以英国伦敦布卢姆斯伯利地区为活动中心的一个文人团体。

然主义谬误"(naturalistic fallacy)，即由"实然"命题（"is-statement"）推导出"应然"命题（ought-statement）的逻辑弊端。穆尔原初批评的对象是穆勒和斯宾塞，因为他们认为"善"要么是人们自由决定的（穆勒语），要么是执意强加上去的（斯宾塞语）一种结果。尽管穆尔是想用自己的论点为道德知识建构起一个截然不同的现实范围，但如今却被理解为他证实了一个负面观点，即，"是什么"未必就一定是"应该是什么"。直到最近，20世纪伦理学中那些非认知主义学者们依然坚持认为，在开启理想主义的主观性方面，穆尔的观点要胜过柏拉图的理念论。

柏拉图作为英语国家理性主义标准的承载者这一身份，随着德国纳粹党迫使逻辑实证主义者逃离德国和奥地利，而开始发生了变化。扩充了的奥地利—德国派系，不仅包括逻辑实证主义者，还包括波普尔和海克这些在德语世界里一直保持英国激情的人。这种激情随着穆尔于19世纪中叶把Geisteswissenschaften[20]译成"道德科学"而首次被点燃（Kolakowski, 1972）。然而，"英式"态度的实证主义者的教化作用，远远超出对休谟和穆尔实证论的吸收，及对后来罗素和怀特海逻辑的采纳，它同时还与英国政体中拒绝视暴力为巨大社会变革工具的自由党的欣赏有关。从伯恩斯坦（Eduard Bernstein）的进化社会主义（改良社会主义），到马赫的议会自由主义，"社会民主"一词经常被用在这样的语境中。

逻辑实证主义者及其追随者，对于从经历中获取而非从上到下传承下来的、不断加大的价值，表现得相当敏感。这一敏感的后遗症，就是卡尔·亨佩尔（Carl Hempel）所尊崇的科学推理中解释和预测之间的"对称性"（symmetry）现象，这意味着一个理论框架与它所描述的经验主义的情形范围同样有用。这一点可被视作民主原则的认识论的对应物，即一名代表与他所代表的支持者给予他的支持一样强大。换种说法，某种程度上，代表和被代表者之间必定会有一种相互校准，并不涉及互相附属问题。

当逻辑实证主义者变成20世纪50年代美国哲学的权威人士时，笛卡尔替代了柏拉图，成为分析学观点的创立者，他这一创始人的地位，在英语国家里一直被视为"现代"哲学课程的基石。鉴于逻辑实证主义者对实证论

---

[20] 德语，精神科学。

的喜好,选择笛卡尔似乎很不寻常。当然,像实证主义者一样,笛卡尔专注于物理学基本原理。他曾主张,正确的经验主义探究,其起点离不开牢固的概念。但是,逻辑实证主义取得支配地位之前,笛卡尔并不是17世纪科学态度中最明显的典型。最典型的应该是比他更经验主义、更实用的人,像伽利略、培根或牛顿,而穆尔则是本本主义直觉主义者的敌对者而已。

这里我们需要解释一下,笛卡尔作为分析哲学先验论和穆尔所鄙视的科学自然主义之间逻辑实证主义这一历史桥梁的善变性。最接近制度外表或最具恒久重要性的是美国哲学的教育背景。从20世纪初开始,人们一致认为,笛卡尔是向经验主义者、实用主义者、理想主义者和现实主义者提出挑战的人,后者均以为自己只是在回应:知识的叙述(account)并不全然诉诸无条件恪守某些命题的真实性(Kuklick, 1984)。实证主义者从罗素在《哲学问题》(1912)中构想出的"知识问题"开始,已熟知这一挑战。而罗素本人则深受胡塞尔、迈农(Meinong)和布伦塔诺的影响,他们针对笛卡尔式的挑战,都进行过广泛的心理分析学解读(Kusch, 1995)。

罗素的创新之处,部分受到穆尔和怀特海作品中逻辑论的影响,旨在把这一问题描述为关注命题,而不是关注命题的态度。这简化了需要进行认识论调查的人类思想的叙述——从根本上把认知减缩到命题的肯定和否定(又名"信仰")——从而把哲学从实验心理学的侵染中隔离开来。这些界限操纵的后遗症,就是齐索姆把知识问题重新界定为我们真实信仰的正当理由。

在实证主义者自己的生活中,两个颇具影响力的事件浮出水面,他们不得不把笛卡尔哲学的起点接纳到现代哲学中去。两个事件都发生在20世纪前二十年:爱因斯坦的革命和德国在一战中的失败。实证主义者普遍信任爱因斯坦,认为他通过重新解读一些有疑问的实验,而不是通过进行一些新实验或者生产一些新数据的方式,重新界定了科学的基础性。因而人们认为,爱因斯坦所从事的一直是可以认得出来的哲学活动。然而,与此同时,德国科学界却远远落后于一战中德国皇帝的要求,只是在最后快要战败时,才开发出一些新的大规模杀伤性武器。受到这一失败的刺激,随后的魏玛共和国强烈反对自然科学。根据这两个事件,逻辑实证主义者希望培养一种在概念上较为基础、在技术上较为中立的科学概念。最后,笛卡尔独特的先验论标牌终于应运而生。

简言之，科学哲学家关于经验主义辩论的公开性，可以用侨居美英两国的德国和奥地利哲学家的掌控来给予充分阐释。这些哲学家认为，两种文化的不同，可被视作狭隘的英语问题。诚然，几百年来德国哲学想象中表达的关于精神（Geistes-）与自然（Natur-）科学的辩论，用的是穆勒《逻辑体系》中的译文，并在英德两国有关社会科学的哲学原理讨论中延续下来。然而，德国人论辩的是两种文化之间的关系，而不是人们需要在其间作出选择（Schnädelbach，1984，第1—4章）。处于这些分歧之外的，是德国（而非英国）学术界迅速接受达尔文主义，从而反映了19世纪更大的科学影响的范式：发轫于英国的思想却在德国开花结果。（可以肯定的是，哲学趋于展示影响的反向流动：用像莱布尼茨、黑格尔和弗雷格等几乎每一种德国唯心主义思想，见证对罗素的挑衅。）讲德语的哲学家们争辩道，通过假设智人（homo sapiens）有着极为相似的生理性，不管其文化差异有多大，我们都能很容易认同人类所面临的所有生存问题。因而，在达尔文主义世界观中，狄尔泰（Wilhelm Dilthey）和韦伯的心灵体验式的理解（Verstehen）与德国精神科学的精髓方法没什么两样。[21]

不足为奇的是，后二战时期，唯一推进了旨在联结政治和认识论的规范性关注（normative concerns）哲学研究中颇具影响力的讲英语的人，都是移民来的科学哲学家，像波普尔和费耶阿本德（Paul Feyerabend）。波普尔和费耶阿本德与逻辑实证主义者的不同点在于，他俩都使用"科学"这一规范的概念，将其视为一切集体理性形式规范的承载者，尽管通过现代科学实践，（费耶阿本德认为，如果真有的话）也只是承载了一部分（Notturno，2000）。

---

[21] Verstehen，该词主要为韦伯和狄尔泰所用，为新康德主义的重要产物之一，是该主义对科学研究方式蔓延到人文学科里的泛滥局面的一种抵制，认为不应该用科学、价值中立、局外人式的像观察研究物理化学一般的手段去研究人类社会。对人的行为应当使用 verstehen 的办法来研究和解释，verstehen 是一种人类特有的能力，即能通过想象的办法了解他人的想法和行为意义。比如你可以想象你是另一个人，面对某种情况可能会作出什么反应，对此人因某种原因作出"设身处地"的想象。设身处地的想象是 verstehen 的核心之一。人的主观猜想和发挥占据绝对重要的地位，而非所谓的旁观者价值中立的客观分析。韦伯等人认为，研究人类行为应该用 verstehen 办法，通过此法对研究对象的行为赋予意义。这一观点是诠释主义社会学的奠基式观点，后来在很大程度上影响到了符号互动主义和民族方法学等。

考虑到越来越复杂的跨学科环境，我的"社会认识论"课题一直跟从的就是其创始人。在这种复杂的环境下，一种普遍的哲学观，必须在英语世界里得到加强。

区分英美哲学的职业化

美国哲学不同于英国哲学最明显的特点就是，美国哲学的"职业化"，这一职业化既有其有利的一面，也有不利的一面。如前所述，德国的科研大学观念对美国产生了巨大影响，尤其是把博士学位当做最终学术荣耀的尺度。这种观念直到20世纪80年代才受到英国人的青睐，当时在撒切尔夫人的影响下，英国人口中大学毕业生的比例相对较低，使得英国在国际舞台上的经济地位日显衰退。由此引发了英国学术生活中前所未有的时而表现为妨碍市场效力的集体防御、时而又表现为迎合市场效力方式的职业化。

德国模式在美国最初表现为实用主义的兴起。虽然詹姆斯公然尝试在他所认为的德国唯心（理想）主义和实证主义之间找到一种截然不同的方式（路径），但他学医的背景让他有了与赫尔姆霍茨（Hermann von Helmholtz）及冯特（Wilhelm Wundt）这两位德国了不起的科研教授一样的精神，他们在19世纪后期试图用实验方式解决身心问题。因此，当詹姆斯自己还是个"公共哲学家"时，他在哈佛资助了很多颇具技术性乃至机密性的研究，想通过实验方式得出一些纯哲学观点。美国早期的实验心理学，就是在此基础上形成的。后来其他高校一些早期哲学研究生项目，包括约翰·霍普金斯（Johns Hopkins）大学、克拉克（Clark）大学和芝加哥大学（杜威是最后一位追随者），仿效的都是这种模式。

然而，事实上是来自欧陆的逻辑实证主义和纳粹主义的兴起，使得美国哲学的现行职业道德观得以具体化。那时，具有实用主义和其他土生土长美国运动特征的哲学的公共性特征正在消失。实证主义和实用主义之间侧重点的最大不同，正是这一变化引起的，尽管很大程度上这两者间的不同并不明显。如果说实用主义者把科学仅仅视为常识促成的自我意识的话，那么实证主义者则把常识当成一种未完成、因而也是不完美的科学观念模式的表达。人们通常认为，是美国的奎因，首次在维也纳学派会议上，缓和了实证主义和实用主义间的不同。值得一提的是，奎因通过有效的证据，将实用主义开放式的探索观，转化为理论选择的不确定性（underdetermination）逻辑原则（Thayer, 1968）。然而，这里至少同样重要的还有一个人，他就是奎因学生时代哈佛大学哲学系主任 C. I. 刘易斯。刘易斯是美国符号逻辑最早的发明者之一詹姆斯的学生，是他让哈佛怪才皮尔斯的文集得到了复活。皮尔斯在形式科学方面的兴趣和能力，弥补了实用主义和逻辑实证主义之间的"空缺"。

  逻辑实证主义出现之前，将美国哲学的公众面孔与基督徒历史性地联系在一起的，通常是构成大多数美国学院和大学基础的自由新教徒（liberal Protestant）。美国哲学是牧师神职的现世版本。即使像杜威这样突出的俗世人物，在其公共活动中依然带有新教牧师的风范。这里显现出的与德国现代大学体系之间的对比，值得我们关注。从文艺复兴早期开始，德国学界对神学中的牧师和批评做了严格区分，前者被视为对作为一种探究形式的后者的知识诚信的妥协。[22]可以肯定的是，这一区分在理论上要比在实践中更容易看清楚，19世纪40年代像费尔巴哈[23]和大卫·斯特劳斯[24]这样的激进神学家被驱逐出境、马克思被禁止从事任何学术活动等，都证明了这

---

[22]　波兰尼（Polanyi, 1957）在20世纪的自然科学中用空想家的"神父"（priestly attitude of the ideologue）态度和真正科学家的"修道士"态度刷新了这一区别。

[23]　Ludwig Feuerbach, 1804—1872，德国唯物主义哲学家，无神论者。中学时期曾立志做神学家，后到海德堡大学学习神学，但很快因为理性与信仰的冲突而抛弃了神学，随后转入柏林大学学习哲学，受到黑格尔的影响，但对黑格尔哲学的前提和抽象性质产生怀疑；以后转入爱兰根大学学习自然科学，大学毕业后留校任教，不久（1830年）匿名发表《论死与不死》，揭露了基督教教义的虚伪性，遭到宗教人士的攻击和反动当局的迫害，从此离开大学讲坛。1837年迁居布鲁克堡村，后又迁居更偏远的小镇雷享堡村；远离社会的孤独生活，对费尔巴哈的世界观造成严重影响。主要著作有《黑格尔哲学批判》（1839），标志着他同黑格尔哲学的彻底决裂；《基督教的本质》（1841）、《关于哲学改造的临时纲要》（1842）、《未来哲学原理》（1843）等，对他的唯物主义和无神论思想进行了系统的论证和发挥；《宗教的本质》（1846）和《宗教本质讲演录》（1851）在更广泛的意义上批判了宗教神学；《论幸福》（1867—1869）是关于伦理学的主要著作。

[24]　David Friedrich Strauss, 1808—1874，德国神学家、哲学家，青年黑格尔派主要成员，杜宾根学派的主要代表，因为质疑耶稣存在而被杜宾根大学开除职务。他认为圣经是一本哲学书而非历史书，是向黑格尔哲学前进的一个中间站。代表作《耶稣传》。

一点（Toews, 1985）。

　　随着希特勒崛起，排斥教育界牧师事务，德国学界彻底走向极致。德国人在一战中的惨败，被广泛地理解为科学唯物主义自大的结果，这种科学唯物主义容许在政界实行没有合理道德指引的自由掌控（Herf, 1984）。海德格尔等人想要回归到马丁·路德那种圣职使命。一时间，纳粹违背了新路德派复兴的诺言，特别是路德的以知识仲裁（intellectual mediation）为代价的直接经验维护（valorization）。虔诚的路德派人士朋霍费尔[25]，因为看穿了这一点而命丧黄泉。部分原因是纳粹操控了宗教观，更多原因则是实证主义学者变成军事无神论者，他们大都怀疑情感诉求的认知内容。一旦这些实证主义者舒服地立足在美国的地盘上，他们的反纳粹思潮，便有效地把传统美国人关注道德和"美好生活"的哲学化思想，剔除得一干二净。

　　诚实是德国大学体制中知识分子的传统标志，它表现为（像弗雷格那样）对技术语言和象征符号的运用。正如逻辑实证主义者所强调的那样，如果人们非常严谨地界定术语，孤立的语义联想就会被降至最低，从而也就不会招来对所谓的"生活方式"的讨论，这一关注不仅能折中对真理一心一意的追求，还能引导学生从自由讨论转化到如何才能安排好自身的生活（Dumment, 1993）。事实上，20世纪伊始，德国国内许多拥护学术自由这一观念的人，像马赫、韦伯等人，就曾发表过自己的观点来强调后者，即把探究转变为技能性因而也是自给自足性的方式，学生就不会被迫承认科学已经"证实"了他们的基本价值观到底是真相还是假象（Proctor, 1991, 第10章）。费耶阿本德所谓的"万物皆有理"哲学，就是对这一思想有趣的再创新，它似乎是为20世纪后期多元化的美国量身定做的。费耶阿本德是最终定居在加利福尼亚的波普尔和维特根斯坦的奥地利籍学生。如果说马赫和韦伯提倡的是价值方面的自我克制的话，费耶阿本德则主张"百花齐放"，不过两者的目

---

[25] Dietrich Bonhoeffer, 1906—1945，德国基督教神学家，青年时在杜宾根大学和柏林大学攻读神学，后在柏林大学任教，积极从事普世主义和德国教会的反纳粹活动。1943年被捕，1945年解放前夕遇害。其思想核心在于认为人类已经成熟，在现在世俗的时代不再需要假定一个神灵来解释世上发生的事，基督教信仰必须用一种非宗教的或世俗的方式来传达，基督徒应效法基督为他人生活，其神学思想成为当代世俗神学（又称上帝之死派神学）的理论渊源。

的大同小异。

英国的哲学家们大都不熟悉德国学术界对美国的影响，尽管他们并不缺乏发觉这一影响的能力。美国的哲学著作，充斥着一些没有必要的技术用语、过于专业化的行业术语。从哲学上来看，这种过度专业化最有趣的表现是：最新的科研成果给美国人留下的印象是如此之深，以至于他们会把康德的行为转变成一种人造的先验的真理。因为，正如康德试图让我们了解到牛顿发现了基本分类，由此我们才认识了世界一样，美国的心理学、生物学哲学家，比如丹尼尔·丹尼特（Daniel Dennett）和丘奇兰德夫妇（Paul & Patricia Churchland），也试图创建自己的理论以提供一些相关的科学成就，作为对世界的运作作出大致合理的假说式、貌似演绎的结果。用马克思一个友好一点的词汇，我们将其称为"意识形态"；逻辑学家们仍称其为"后设理性"[26]。当然，哲学家们已经学会把这一行为夸大为"自然主义"（Callebaut, 1993）。

当艾耶尔（A. J. Ayer）和韦尔登（T. D. Weldon）这些本土的牛津大学的逻辑实证主义者，在20世纪40年代宣称道德及政治话语包含着赤裸裸的情感时，讲英语的哲学家们也开始宣布政治死亡是一个有趣的哲学主题。这些死亡的丧钟在英美二战后二十年内受到高度重视，就是一个鲜明的例子。逻辑实证主义者们，已经把政治话语降格为意识形态上的不同，这些不同仅凭严格的经验方法是无法解决的，因为它们涉及相关受众的担忧和希望诉求。从冷战角度来说，这种话语因而最好能"受到限制"。因为唯一可以预见到的选择，只剩下暴力对抗。当人们不再能用推理方法去对待政治时，它便离开了哲学。除此之外，战后许多社会通过改变本国公民的工作需求、通过鼓励那些接受过机械和经济学类"技术"科学培训的人、阻止那些接受过较为传统的人文学科教育的人的办法，将这一去政治化的激情实例化。正是这一改变，才使斯诺（C. P. Snow, 1956）有关"两种文化"的演讲[27]，在

---

[26] post hoc rationalization，即我们相信我们希望相信的事物。
[27] 1959年，英国学者斯诺在剑桥大学作了一个著名演讲，讲题是《两种文化与科学革命》。他在演讲中指出：科技与人文正被割裂为两种文化，科技和人文知识分子正在分化为两个言语不通、社会关怀和价值判断迥异的群体，这必然会妨碍社会和个人的进步和发展。这被称为斯诺命题，由此引发了一场大争论，这场争论的意义远远超出了文化自身，它的政治、经济乃至生态学内蕴在21世纪全球政治经济格局中进一步得到彰显。

过去半个多世纪中获得偶像地位。

麦金泰尔（MacIntyre, 1984[1891]）对这些发展有着自己有趣但可恶的见解，他的这些见解，很大程度上还在当今英语世界中延续。麦金泰尔争辩道，道德话语已经失去了其美好生活具体观念的港湾，因此道义已被简化为话语，变成特许"应该论题"的条件分析。麦金泰尔认为，这一态度颇似火星人考古学家（Martian archaeologist）在核大屠杀后来到地球，把道义当做先前地球人玩的一种复杂但完全陌生的语言游戏。翻译过程中所失去的，是人类在这些语言学行为中所发明的一切文化意义。麦金泰尔对现代道德和政治哲学衰颓状态的陈述，意味着一些有争议的、类似海德格尔关于西方哲学是如何失去其希腊、基督教之根的观点。但要是认为这一道德和政治的无语境含义，终结了英语世界中有关这些论题的哲学思想，则将是错误的。事实上，我们可以在哈佛哲学家罗尔斯（John Rawls）的著作中，找到对这种方法最为巧妙的表述。

罗尔斯的学术生涯，始于20世纪50年代后期对图尔明和古德曼[28]作品的评论。他主张，需要一个决策过程，来确定当下的规范实践是否应该，以及如何被延续到不定的未来中去。在他的早期作品中，我们可以清楚地看到逻辑实证主义者对证实主义（verificationism）原初影响的恪守，后来通过维特根斯坦对生活世界开放性的关注而发生了变化，由此各式各样有兴趣的人可以在其共有的社会实践中解决他们的分歧。但是，罗尔斯的决策过程，并没有模仿实证主义所青睐的"判决性实验"[29]和"可操作性"（operationalization），而是从任意一种直接的经验测试，退回一种反事实情景，这一情景更像罗尔斯在其《公正论》（A Theory of Justice, 1971）中所提

---

[28] Nelson Goodman, 1906—1998, 美国科学哲学家、分析哲学家、美学家, 1955年发表了著名的归纳逻辑著作《事实、虚构和预测》（Fact, Fiction and Forecast），书中提出了一个解决归纳问题的方案，该方案暗示了归纳是人的一种心理性向，由此将归纳问题的哲学讨论引向了心理学研究。

[29] crucial experiments, 能对两种对立的假说起到"肯定"一个和"否定"一个的裁决作用的实验。即设计一个实验，根据对立的假说H1和H2，推出互不相容的实验结果C1和C2；实验所得结果符合C1不符合C2，则认为这一实验肯定了H1，否定了H2。19世纪以前，判决性实验的存在是科学家们公认的；但在进入20世纪以后，是否存在判决性实验成为一个有争议的问题。

到的"原初状态"[30]。在这一状态中,一个人独自决定着自己的公平原则,对自己实际所处的社会经济地位一无所知。

论证罗尔斯在 20 世纪最后十五年中对英语世界里道德及政治哲学的支配地位,反映了西方民主国家政治环境中理论和实践的分离,尤其是在美国这个选民冷漠最出名的国家,将会是件很有吸引力的事。因为即使从理论层面出发,罗尔斯的观点也没有预先假定公平原则决策者之间的互动关系,而正是罗尔斯最清楚地表现出自己对实用主义传统的不满。对于议会背景下的立法委员们就政策的手段和目的而进行的辩论、投票,以及一旦察觉其政策后果便会改变主意等现象,实用主义传统根本不予重视。罗尔斯的一个明显先例,就是康德的定然律令[31],这一律令让人假想大家都会接受约束行为。可以肯定的是,罗尔斯和康德的政治背景并不相同:康德更关注普鲁士国王的审查制度和约束,而非美国全体公民的不满和讥笑。然而,两人基本的哲学思想又是相同的:从不与民众打交道,照样可以从事政治。

在毫无疑问即将出现的未来历史学家的好奇中,罗尔斯的身份被定位为"守约定者"(contractarian)。当这一术语明确地映射到霍布斯社会契约论的最初结构时,我们有必要回顾一下,霍布斯哲学的代理人,在其前社会状态下,对彼此行为进行间接的猜想,比没有面对面的实际交流,比如表现在国家宪法的制定上,更有实效。霍布斯认为,约定俗成的最初群体,在修辞学的民主艺术方面,还不足以相互信任。而在康德看来,这一受惊的、被分裂的个体化,成了一个自信的万能主体,因为每个人都被假定成不用磋商就具有自我决策能力的人。可以肯定的是,霍布斯和康德都主张绝对统治:霍布斯使绝对统治合法化,康德则听从于绝对统治。然而,人们只能把罗尔斯对霍布斯和康德的思想资源的省略,解释成美国人的杰作:他对美国宪法的适应力(resilience)印象深刻,但对日常政治却没有好感。不管怎么说,

---

[30] original position,罗尔斯正义原则的主要论证要素。在这一状态下,人在选择正义原则时所表现出的理性具有三个特点:一是处于"无知之幕"的背后,二是人们之间"相互冷淡的理性",三是对"最大的最小值规则"的确认,用康德的话来说,原初状态是建立在人的意志自由、道德自律和绝对命令基础之上的对正义原则的一种程序性解释。

[31] categorical imperative,又译绝对命令、无上命令、定言令式等,意思就是"绝对职责"或"无条件义务"。

罗尔斯与霍布斯和康德一样,都是在自己的社会政治情景中提炼出某些重要东西,并将其在全球范围内加以推广。

当然,即使在美国,学术界和大众传媒之间,一直以来就有一种较为活跃的政治哲学辩论传统。但是,这一先例会把我们带回20世纪20年代,那时的杜威和李普曼(Walter Lippman),就对复杂社会中的民主统治这一术语提出了异议,并发表在《新共和》和《国家》(Diggins,1994)这两份周刊上。如今的美国哲学家,在政治问题上与以往哲学家的主要差异在于:现在的哲学家在公众对话中不是讨论者,而更像是一种高级别的法官就有关公众意义作出裁决,并且不许有异议。这让我想起了经常出现在《纽约书评》中的当代英裔美国哲学家德沃金(Ronald Dworkin)。很难想像一个记者或其他政策制定者会就他的断言提出挑战。而这不管是出于尊敬,还是不感兴趣,都不再是一个无足轻重的开放性问题。

然而,值得探讨的是,当代美国哲学的公众面孔,在迅疾发展的"职业道德"领域表现得更为清楚,其中包括商业道德、法律道德、机械道德、科研道德,以及最有名的生物医学道德。如果说,如今在英语国家的哲学中,找工作的人还有一种"发展空间"的话,那就是上面提到的那些越来越受到热捧的领域,不是哲学系,而是职业学校。与此同时,这些领域正如在环球快讯和面试中所显现的那样,成了最受媒体关注的专业。然而,为了和美国哲学的职业特征保持一致,那些被吸引到职业道德领域的人所得到的职位相对来说较低,有时只是被当成一些根据需要提供法律援助的诡辩家。颇受媒体关注的亚瑟·卡普兰[32],可能会引起这一领域内人们的热议。

人们或许可以期待的是,英国哲学较低的职业化,为公众影响提供了光明的前景。乔纳森·格洛弗(Jonathan Glover)的《哪一种人应该存在》一书所引发的轰动,就是一个实例。在书中,格洛弗让哲学专业的学生,就目前新出现的基因工程技术和其他领域的生物技术方面展开讨论。讨论的结果,使得英国的生物医学道德,变成从事学术研究的领域而非临床判断。此外,从伟大哲学家罗素身上,我们看到了英国人拥有一个相对悠久的传

---

[32] Arthur Caplan,宾夕法尼亚大学生物伦理学中心主任和生物伦理学教授,主要关注医与生命科学领域的伦理问题。

统，就是让德高望重的哲学家负责制定标准参数，长期的社会政策的制定不得超越这一参数。这些哲学家包括肯尼（Anthony Kenny）、朗西曼（Gary Runciman）、威廉斯（Bernard Williams）和沃诺克（Mary Warnock）。可以肯定的是，这一实践充分利用了牛津剑桥与议会之间不断加深的关系，正好验证了英国民主制度下残留的精英主义。

结语：英语世界中的哲学成了自身成功的受害者

哲学的职业化，显然也有其自身的利与弊，20世纪英美哲学的区别就足以说明问题。用最常规的术语来说，美国哲学在机构环境中得到了繁荣，但相对而言，这一环境对自身之外的政治经济事宜却无动于衷。这一自治的结果是，教学和科研达到了前所未有的技术的熟练化和专业化。但这同时也意味着，美国的哲学家们发现，向预算意识越来越强的立法者和意识形态上有辨识能力的公民作出论证，要难于他们的对手（英国及欧陆各国的哲学家）。事实上，欧陆哲学家在这方面的成功在于，他们在英语国家内寻求哲学指向的非哲学家人眼里（比如文学批评家、社会学家），要比美国和英国的哲学家们更受欢迎。

二战末期到冷战结束这段时间，美国分析哲学的强化（intensification），可能不经意间灌输了一种社会学家凡伯伦所谓的"习得性无能"[33]，来反映哲学知识生产的社会条件。用进化生物学家所崇尚的术语来说，美国分析哲学可能"过于适应"其狭小的生态环境，因而无法对不断变换的政治经济环境作出适当反应。他们发现，在这一环境中，自己正行走在20世纪的末期。就连罗蒂（Rorty, 1982）这样思想深邃的哲学家，最终也诉诸"传统"（作为一个国家的美国的特殊历史），把哲学的义务解读为对自由批评研究的追求。但是，或许更令人不安的是，近年来美国哲学专业的毕业生，不再把追求哲学当成一种内在优势（比如，在他们力所能及的范围内提供包罗万象的世界

---

[33] learned incapacity，指个人经历了失败与挫折后，面临问题时产生的无能为力的心理状态与行为。

观,或是一些枯燥的批评视角,来批评社会秩序),而是将其视为追求其他可能更有价值的课题的工具。

对这一形势一种比较自然的解读是,年轻的哲学家们相信,如果他们不能在其受过正式训练的狭小的技术性难题中追求自己的事业,也就只好在别人的课题中充当一名技术性的解决难题高手。他们极少会在意下面这一可能性,即,非职业的课题哲学,也可能会为自己的自主追求提供辩护。

上一节我已论证过,职业道德的哲学"发展空间",很容易被当成碰巧为发工资给哲学家的人提供合法化的领地。然而,这一相同情境的一个罕见形式,偏偏在20世纪后期英语国家哲学的所有常规分支中出现了。比如,当实用主义者和道义论者分别就其道德理论的价值进行辩论时,他们都诉诸假设为合乎道德的、实例基础上的判断。换句话说,这是一个为什么一种判断是道德的,而不是它是否道德的辩论。同样,当现实主义者和工具主义者就科学哲学展开辩论时,他们想要解决的问题是:为什么选择某一种理论(比如20世纪20年代的人们偏爱相对论胜过万有引力论)是作出了正确选择,而不是它到底是否正确。现实主义者和工具主义者在科学史方面的观点基本一致,即科学史在遵照科学合理性的规范方面,哪些时候是成功的和失败的。而区分它们的,正是这些规范到底是什么这一问题。

由此看来,哲学家的常规视野,从一个立法者的视野缩减成一个评估者的视野,从而降低了自身的身份层次。哲学家不会给掌控着道德生活或科学实践的规范开处方:他们只是就这些规范在某些实例中是否得到遵守作出评判,并就什么促成了这些规范变成与众不同的"规范"提出非传统的说明——这一点与偶然被强化的社会规律截然不同。

英语世界中提升了哲学的常规作用的著作,当属库恩的《科学革命的结构》。不管是从其销量、翻译次数还是引用次数来说,它都称得上是20世纪关于科学性质最具影响力的论著。无论如何,该书一直鼓励哲学家们热衷于接受"小工"(underlabourer)角色,"小工"这一术语是洛克在描述他与牛顿的关系时最先提到的(Locke, 1959, Callebaut, 1993)。洛克缺乏详细理解牛顿的《数学原理》所必需的数学训练。然而,对于牛顿的观点,他在亲自掌握了牛顿定律核心中一些晦涩计算的哲学含义之后,发挥了一个"不含个人偏见"但却颇具能力的宣传员的作用。

哲学家一开始反对哲学的"小工"观念，后来则逐渐开始将其视为自己的观点，正如在从一些特殊科学哲学中衍生出的"物理哲学"或"生物哲学"领域内，哲学家的物理学或生物学知识，可能要大于其哲学知识。哲学家对特殊科学细节投注的心血越多（越来越包括实验室里的见习期），他们对这一科学的评论就越少。

经历过科学见习期的哲学家们常常认为，他们在继续逻辑实证主义及其波普尔派哲学的课题。实证主义者相信，在科学实践中复制哲学实践的方法，其意图是好的，但缺陷在于，他们并不精通除个别的物理知识之外特殊科学的细节。那么，针对他们的专业性缺陷，实证主义者是怎样设法对科学方法论和科学的公众形象施展影响的呢？答案或许是：逻辑实证主义者并没有试图变成小工，而是运用科学来发展某些具有较大社会含义的哲学目的。我们来看一看当代持续发展的、由波普尔促成的"启蒙"课题中自然科学的象征性功能。这一观点，并非某位哲学家为一个处于上升趋势团体提供了一种神秘知识，而是将一种刚开始就激发科学家挑战传统思想的批评态度，扩展到生活的各个层面。因为科学在很大程度上如此专注于某一特殊领域的研究，要想逆转它们需要付出难以估量的代价，因而，维持这一批评精神也就变得越来越难。

有人曾跟从费耶阿本德（Feyerabend，1979）的观点，建议缩减科研项目的数量，以促进批评的繁荣（Fuller，2000a，第二章）。因此，当费耶阿本德提议在美国的公立学校同时开设上帝论和进化论时，他主要是提出了一种意见，关键不是检验上帝创世说本质上的价值，而是决定其检验价值的社会环境，即，这一意见只是诉诸地方教育权威，而非职业科学团体。这一个人判断和检验它们的机制之间的区别，对于理解小工模式所隐含的科学政治，起着微妙而决定性的作用。在上帝论者的论战中，费耶阿本德充当了一位意在力挺科学和民主必要性的角色。这是一个经典的哲学兴趣，它需要对科学进行持续性的思考，但又不必禁锢于某些特殊的科研项目。

相反，小工的哲学身份，以及专业性的科学兴趣，在哲学史上是前所未有的。然而，创造这样一个身份，通常需要遗忘这一段历史。正如库恩（Kuhn，1970）在他的科学文本中所谈到的那样，科学探索领域通过把目前的状态表现为似乎是过去发展的不可避免的结果的方式，来显示自身的进步。建立在

"没人涉足的路径"基础上的非传统的、可能的未来,是官方历史中掩盖过的、且留给历史学家去研究的,他们那些神秘的追求,与讨论中的日常科学实践毫不相干。哲学中也是如此。因此,在20世纪早期的新康德主义中,我们并没有发现关注现代哲学"小工"态度的范例;到了20世纪30年代,逻辑实证主义和存在现象学最终背叛了新康德主义(Fuller, 2000b,第六章)。

新康德主义经由德国的经院哲学,成了质疑黑格尔规范性综合的主要的、适应性回应(Collins, 1998,第三章)。考虑到黑格尔的观念在19世纪40年代被年轻的追随者(如马克思,他对黑格尔哲学史的无神论解读,使得他在学界永远也无法找到工作)用于政治行为中,保护大学免受外界干扰很大程度上算得上是一种防御性姿态。因此,接下来学术界的三代哲学家,才转变为盘踞在越来越复杂的大学机制中各院系新兴的、特殊科学中打小工的人。

正像当今的一些小工,新康德主义者们所承担的哲学任务,包括梳理课程的基本原理、简化它们的历史、裁定边界争端等。这一时期涌现出的著名人物包括文德尔班、狄尔泰、李凯尔特、卡西尔等。而当下普遍存在的现象是,新康德主义者们在使其知识主张传递到政策制定者和广大公众之前(他们不必对这些政策的制定者和广大公众承担责任),通过其"同龄人"的过滤,以嫉妒之心保卫着自己的"学术自由"。甚至在当时,这一对专业化的呼吁,就被当成一种策略,用来疏远学术环境中所产生的有争议的知识主张,与由社会运动引发的相似的知识主张,像社会主义、女性主义、雅利安主义[34]。从"科学大战"中的哲学家和科学社会学家最近的表现中,我们可以看到,这一点似乎并未发生什么改变(试对比Proctor, 1991,第二部分和Fuller, 2000b,第七章)。

综上所述,随着逻辑实证主义的兴起,德国一战中科学的滞后,产生了一种非理性的后坐力(backlash)。斯宾格勒的《西方的没落》(1918—1922)一书的流行,就是一个鲜明的例子。新康德主义者们没有对这一抵制作出有效的回应,因为他们把"理性"和"真理"的效力分割成专业化的"理性群"和"真理群",以至于无法应对斯宾格勒的虚幻问题:具体是什么给予知识

---

[34] Aryanism,一种信奉日尔曼人是"优等民族"并注定统治世界的思想。

追求以意义和导向？尽管他们之间分歧颇深，但是逻辑实证主义和存在现象学的追随者都对这一问题持严肃态度，从而引导他们对哲学史进行拉网式考察，在探索中寻找丢失的智识，即使这样做可能会被视为对当下课程系列常规意义上可以接受的学术的"还原"乃至"反动"（Schnädelbach，1984，第五—八章）。

我们可以从新康德主义者遭遇到斯宾格勒的失败中学到很多东西。新康德主义本身死了，但其精神还存活在哲学和科学社会学中"反统一主义者"（disunificationist）的洪流中（Galison & Stump，1996）。可以肯定，实质发生了某些改变。不是认识论概括了学院的官僚主义，而是当今的本体论概述了实验室科技（关于这一发展的前后关系和评论，参阅 Fuller，2007b，pp.60ff）。尽管如此，反统一主义者仍在大的哲学思想方面跟从了新康德主义，没有什么观点能比科学本身更好地评判科学的价值。哲学的规约功能，很少像今天这样完整和精深，但是，那些有着长期制度性记忆的人，可以在下面这一前景中得到安慰，即，一旦新一轮激进的思想家发出自己的声音，哲学的规约功能最终也将销声匿迹。

第三章

智识生活的人群——知识分子

如果学界不是傻瓜地带,知识分子还能否幸存?

俾斯麦[1]曾以知识分子的社会作用为主题,写过一篇意义精深的小短文,论证了在他任期内德国大学为什么会遭到全球人嫉妒。达伦多夫曾引用过俾斯麦的论点:元首"若不想成为公敌,他就需要批判性的刺痛,以便在他面临权力的丧失时,能够想出对策来"(Dahrendorf, 1970, p.54)。在这一认识中,我们不难看出韦伯有关政治家和科学家的互补世界观的缩影。达伦多夫特意把批评元首的人视为傻瓜,认为傻瓜的率真是可以忍受的,因为他不会对元首的娱乐产生任何影响。傻瓜可以讲出元首的对手们不敢讲的话,因为对手的话可能会引起严肃而强烈的反应。傻瓜间发性的、弱智的烦扰之所以可以容忍,是因为它可以有效地警示元首们提前预防来自对手潜在的、真正严重的威胁。简言之,傻瓜强化了国家元首意识形态方面的免疫功能。

---

[1]　Otto von Bismarck, 1815—1898, 德国政治家, 德意志帝国第一任首相, 人称"铁血首相"。

学者们当然也可以被视为俾斯麦时代的傻瓜,他们的薪水完全由政府支付(或得到政府资助),他们的"学术自由"与其作为学者的工作息息相关,不再属于自由言论的合法权益。学者们的境况(当今更多是指大学里),与傻瓜的境况并不相同。一方面,这似乎表明,在财政上,学术界越来越独立于政府,表征出政府之前在某些情况下履行过的职责。因而,被强化的权利和相关性,并不一定会转化为强化了的自主权。具体而言,因为大学越来越成为社会秩序再生产不可或缺的成分,它已经失去了以自己的名誉说话和行动的自由(那些无权但却受保护的傻瓜们可以享有的奢侈)。正因如此,珍惜知识产权胜过其他一切学术品行的人,如今都期望走出校园,转行到由大众媒介乃至商界提供的更有风险的环境中去试水。

在一些幼稚的观察者眼里,知识分子和大学教师看起来很像。两者都是口若悬河,姿态狂野,穿着随意。然而,他们之间却有着最大的区别:知识分子很关心思想,并明白如何有效地应对这些,在任何容许的时空范围内,都可以经由众多媒介途径向广大受众传播思想。如果你不能用这种方式传递思想,要么你算不上知识分子,要么你想表达的东西根本就不是思想。你可能就是一个宣传员在宣讲某个政策,就是一个企业家在为自己的产品打开市场,就是一名大学教师在拓展自己的事业。

当然,有些大学教师确实称得上知识分子。在展示时间有限、忘带自己的备课本或多媒体课件时也不感到恐慌的大学教师,就是知识分子。他们不担心会出什么岔子,因为他们的思想远远大于他们的备课内容。如果知识分子真的别的什么都不懂(这也很有可能),至少他们还了解自己的思想。他们讲话,看起来并不像如今的大学教师"授课"时那样的手舞足蹈。询问一位知名教授与其研究方向稍有偏离的话题,还不如拿镜头对准一只天真的麋鹿。

该怎样解释这一特殊现状呢?或许是对科研数量的崇拜,使得这些大学老师们把精力时间都投到了其专业方向的方方面面。所以,他们实际掌握的知识,要比他们讲的内容少得多。这也就为知识分子借用、偷窃、利用和滥用自己的思想以达到更广远的目的,提供了足够的空间。当大学教师抱怨有些记者和政治家滥用自己的思想时,他们应该扪心自问:自己为什么没有早点将其公之于世:是因为资助金的申请底线?是因为有太多论文要改?

还是因为有太多会议要参加？知识分子需要理清自己的学业优势。我在第四章讨论"智识生活的即时性"特质时，会重新论述这一点。

有趣的是，那些像知识分子一样努力工作着的大学教师们，都是些自然科学家。很多国家都有一种制度化的"公众理解科学"(public understanding of science)运动，但却没有相应的"公众理解人文学科"或"公众理解社会学科"这样的运动。所以无需大惊小怪：凭借"自私的基因"(Selfish Gene)而出名的道金斯，在2004年《财富》杂志所做的民意调查结果中位居英国杰出知识分子名单之首，在2005年《财富》杂志与美国的《外交政策》杂志的联合调查中位居世界杰出知识分子第三位。美国保守的高级文化类论著《新批评》(*The New Criterion*, Johnson, 2005)，对此进行了热烈的讨论。结果可想而知，只有《时间简史》(*A Brief History of Time*, Hawking, 1988)、《自私的基因》(*The Selfish Gene*, Dawkins, 1976)、《人的误测》(*The Mismeasure of Man*, Gould, 1981)和《白纸一张》(*The Blank Slate*, Pinker, 2002)这四本大西洋两岸的畅销书，可与流行心理学、新时代的神秘主义，以及来自管理部门的最新动态相抗衡。

在高一级的知识层次中，自然科学与一些具体的表达思想的媒介联系最少。杂志论文和畅销书中的内容，都源于实地观察、实验室实验、尤其是计算机模拟后的后知后觉。因此，自然科学家们无需读书就可以随心地发表文章，把大量论文投进媒体的摘要里，再或者就是应用到幻灯片的制作中。此外，自然科学的研究经费远远大于其他学科，所以科学家们早已习惯了为自己的晚餐而高歌。当然，我的概括和我所概括出来的内容，都不是空穴来风。然而，对于多媒体转向，自然科学家们并没有显现出人文和社会学科界的科学家中经常看到的"有原则的犹豫"(principled hesitation)。人们在抱怨后两个领域中的"行话"时，经常会提到它们相对而言拘谨的、受文本限制的行为。在此，我们这些徘徊在自然科学门外的大学教师们不禁要问：我们的犹豫，真是因为害怕自己的知识诉求可能会被扭曲，或者知识含义可能会被彻底挖掘，从而阻碍我们向更广泛的受众去传播吗？

当然，大学教师本身也应该有能力履行这一必不可少的转换，在语言学和技术企业的联合中拓展眼界，这其实是教学法和课程设置应该完成的任务。然而，我们生活在这样一种学术文化中，对所谓"科研"的敬重，要远远高于对教学的敬重，以至于出现了人们需要通过科研才能了解教学的情况，而不是相反。这注定会阻碍任何一种社会的"理智化"，使其无法同时分清"知"与"不知"的人群。我把"科研"一词用引号引起来是想说，创新发现和反直觉知识的生产服从于"同行评审"（peer review）这一趋势，总是包含有其颠覆性的潜能。我无意谴责这一趋势的恣意发展。但是，藉由同行审查的杂志所担保的保单上的所得，必定会对被夸大了的权威部门不利，在这种机制下，出版大有控制同行业团体中上上下下的趋势。

尽管道金斯做了最大的努力，但是当代学术生活中理所当然的特征，惯常性地削弱了我们成为严格意义上的知识分子的能力。定期评估个人科研成果，即人们所指的"学术评监"（Research Assessment Exercise, RAE），发起于英国并推广到了全世界；它意味着我们都在做着"生产知识"的生意。知识分子可能会破坏教义，但他们绝对不是在生产知识。没有进行知识的生产，意味着思想疏离于思想家，成了一种出版和专利"产品"，其价值高低完全取决于市场。而在这个市场中，既有其他与其相似的、孤立的知识生产者，也有越来越多被戏称为"应用者和受益者"的寄生虫们。所以，知识分子其实最应该憎恶那些无度的引用惯例，而这些贻害学术创作且在科研评估考核中越来越受推崇的事实，目前却被当成"影响力"的指标。人们的基本共识是：谁的作品引用率越高，谁的作品就越重要、越优秀（Fuller, 1997, 第四章；Fuller, 2000a, 第五章）。这类知识分子认为，这种实践所带来的问题，不在于少数人狮子大开口，而在于更多的人通过大量引用，助长了这一市场中领头羊的威风；同时还滋生出一种依赖文化：学者们借用权威来说话的能力，也借由这一文化而受到了奖赏，但结果表现出的却是制度的软弱。

与此相反，知识分子们则强烈要求要为自己的思想负责，并更愿与那些情愿在公众场合提出异议的人展开辩论。伟大的学者们，像苏格拉底、耶稣、伽利略、伏尔泰、左拉和罗素，都受过审判的命运，其他人大部分也都被起诉过。知识分子在写作时提到某人，主要是为了赞美或反对他们，而不是用他们的名字来为自己沽名钓誉。后一种情形让人想起了"通行费"、"租金"、"保护费"这类词汇，尤其是当我们想到学术著作在出版前需要进行"同行审评"这样的事的时候。如果果真如此的话，"姓名论证"（argument by name-check），一下子就会变成学术文化界生存的一项审慎策略，这种文化看重的是思想生活中的债务而不是偿付能力。

此时此刻，反感的学者会看到，所有这些姓名论证，确实有一定的学术功能。它可以帮助读者熟悉一个复杂的领域。但不幸的是，一篇学术论文的引用次数，往往远远大于它的本真诉求。好奇而不愿接受错误诱导的读者，可以通过查询网站的引擎查找出他不懂的知识，而不必顺从地去追踪一篇文章后面的参考书目。当然，这些书目可以提供一些可靠的导向，引导作者对其需要严肃对待的观点进行论证。

做一名知识分子，意味着要为你自己而思想，而不是去揣摩谁可能会对你做评判和裁决。学术有时候需要面对难以分辨伯仲的局面。学术生活中的职业培训，就涉及领悟科研前沿，以及如何推动这一前沿，而不是如何在前沿阵地内部提出挑战。因此，大部分学者都肩负着生产更高超的科研种类的重任。在这里，人们很容易忽略重要的知识和社会输入问题的解决办法，因为它们与学者们所受的教育和所得的赞誉内容不符。芝加哥大学图书馆科学家斯旺森[2] 1986年新创了"未被发现的公共知识"（undiscovered public knowledge）一词来描述这一情景。

管理部门可能会把斯旺森的发现叫做"边缘思想"或"局外思想"。它的确算得上是学术领域外的一种思想。他认为，人们更应该去阅读几个不同领域内那些旧的科研成果，而不是去关注那些宣称在某一领域有新突破的新的科研成果。时间证明，重新考察"振聋发聩的雷霆之声"（thundering herd），是一项培养有独立思想的真正知识分子的好策略。遗憾的是，这方面没有学术津贴。然而，如果说有什么偏方的话，不外乎就是下面这些了：

---

[2] Don Swanson,1924— ,美国芝加哥大学研究生学院荣休教授,图书馆学和情报科学方面具有影响力的数学家,因其独特的情报学方法于2000年获美国情报科学与技术学会（ASIST）最高成就奖。他的研究方法是基于非相关文献（互不引用和不共引某一篇文献）的知识发现,并建立了第一个创造性情报工具：Arrowsmith系统,使人们更容易从具有隐含联系的文献中进行知识发现。他的研究工作是从非相关的补充性的文献中挖掘出有价值的情报。他的工作意义在于指明了情报学新的研究方向,他所设计的方法为情报研究和情报检索开辟了新领域。

1. 阅读大量跨越现存思想门类的书籍。
2. 不要把任何一本书当成制胜法宝,而是将其视为试金石。毕竟,你不想变成别人,也不希望别人不尊重你。
3. 用至少未来的历史学家认为陌生或者可以追溯的方法把知识综合起来。
4. 背景条件:确保未来的历史学家们能找到你,确保你有足够的名气在知识竞赛中脱颖而出。
5. 在"无为而从教"这一优良传统中,尼采是无畏的学术知识分子的"道德模范"。不幸的是,真正的尼采在事业刚刚起步时,第一部专著受到毁灭性评论之后,精神失常。成为尼采的秘诀在于:"杀不死我,我就能变得更强。"尼采受到崇敬而非嘲笑这一结果所展示出的,正是学界中一种正常的、隐形的移情能力。
6. 尼采的做法首先意味着把终身职位当成所谓的"探索新知资本主义"(intellectual venture capitalism)的基础,即,冒着损害你的名誉和失去公共机构安全的风险来追求某些思想,很容易使更多错位的灵魂枯竭。

知识分子不同于一般学者。他们认为,获得真理的最好方法不是创造新知识,而是摧毁旧信念。启蒙时代的哲学家们,在翻新旧有的基督教口号"真理让人自由"时,想出了一个打开大门的进程,而不是去设置路障。简言之,知识分子们想要其听众为自己着想,而不是简单地将其从忠于一个专家转向忠于另一个专家。知识分子的伦理道德,既令人振奋,又不失严酷,因为它使思想家担当起了公平公正地进行思考的责任。因而,每种辩护行为,都会使人放弃自我知识的权威性。只有知识分子才会真正理解"知识就是力量"这一格言的真正含义。显然,更多的知识强化了我们行为的能力。但是,一般人不太明了的是,获得这一力量却需要去毁灭被社会认可的知识。只有到了那时,作抉择的社会空间才能打开,其成员也才能在更多方面行动起来,而非局限于先前相信的那些可能性中。

这意味着知识分子身上多年来彰显的一种明显的异常性。让我们想想

12世纪的阿伯拉尔[3]、16世纪的伊拉斯谟、17世纪的伽利略、18世纪的伏尔泰、19世纪的左拉和20世纪的罗素,他们个个都挑战过他们那个时代的虔诚,现在我们把他们的成功视为一件了不起的大好事。但是,作为知识分子,面对他们作品中的模仿、蒙骗和捏造,我们中的大多数人都不禁会后退。下面我们就分别来看看他们的行为:

1. 人们认为是阿伯拉尔把神学变成一门批评基督教的课程。事实上,他是通过把上下文中矛盾的引用并置在一起,由此揭示不管是圣经还是教堂牧师所讲的内容都不肯定,所以读者需要自己作出决定。
2. 伊拉斯谟认为,"真正的虔诚"不必惧怕基督教过去的知识,尽管现实生活中对圣经的批判历史性解读,可以证明天主教和新教分道扬镳的形而上学主张的错误。或许不足为奇的是,当"人文主义"与其意愿相悖地被理解成一个完全世俗的观念时,伊拉斯谟才被彻底恢复名誉。
3. 现在看来,伽利略在其著名的实验中犯了一个"科研欺诈"罪。假定他压根就没做这个实验,人们也就不会得出他过去经常攻击他的对手们这样简单的结论。然而,接下来出现的迫害,为跟从他的同情者赢得了时间。
4. 伏尔泰诉诸夸张和嘲笑,动摇了神职人员的根基,这些神职人员的修辞力量靠的仅仅是对自我表达的严肃节制(Goldgar, 1995)。伏尔泰的中产阶级听众,当时已经开始怀疑神职人员,以为他们是在给君主提供一些应对国内外事务的建议,伏尔泰的言论进一步强化了他们的怀疑。
5. 左拉在反犹太主义的激励下为德雷福斯案做辩护时所写的《我控诉》,很容易被定为诽谤罪,因为他只是询问了证人的动机,

---

[3] Peter Abelard,1079—1142,法国神学家和哲学家。他因用古希腊逻辑原理来阐释中世纪天主教义而被控为异端。在他的学生爱洛伊丝为他生了一个孩子之后,他秘密地和她结了婚,这激怒了爱洛伊丝的家庭。他们让人袭击了阿伯拉尔并阉割了他。阿伯拉尔后来成为一名僧侣并继续从事他的工作。爱洛伊丝则当了修女。

      而没有提供更多新的证据。

6. 罗素在目前以乔姆斯基为首的学界精英激进分子中起的是领航作用,他在自己所受的正规训练之外表现得尤其出众。但罗素缺乏如今所谓的"终身聘任激进派"(Kimball, 1990)这一制度性的安全感,所以他发现,自己在为像性自由和核裁军做辩护时,犯了"公民的不服从"[4]罪。

不过,上面所提到的这些人后来都被平反昭雪了。有的是在其有生之年,有的是在其离世之后。他们所共有的即所有知识分子所共有的,就是矛盾的伦理观:只要最终可以得到真理,什么手段都可以采用。这是因为,并不是所有的真理在任何时候都是真理。这一道德规范与当今世界是相抵触的,在当今世界,知识就像不动产一样被分配到一些学术学科中。对学者来说,知识分子就像漫游者,自由地出入于他人的庄园,采摘水果,抢夺土地。对知识分子来说,学者们往往看起来更像是一些通过错误途径寻求目标的人。

      五年前我写过一本书,用的就是这一最宽泛、最反学术、最不受欢迎的方式,为在福柯影响下依然受嘲笑的"普世知识分子"(universal intellectual)进行辩护。《知识分子》一书(Fuller, 2005)有点像马基雅维利的《君主论》。我假设知识分子,尤其是在学者中,履行职责是件如此偶然的事情,因而提供这方面的手册指南,不会出什么差错。但与此同时,马基雅维利还启发我关注自己的目标。马基雅维利的"目标"是指治理国家的本领。君主可以向所有相关的虔敬物屈膝,但若他无法掌控他的宫廷或搞清平息内乱的起因,他就不该统治:仅此而已。我的"目标"则是指管理思想的本领。知识分子主要从事推进思想的事业。这首先意味着,他们必须假设有思想存在。我们将会在下一节中看到,在后现代学术界,这个要求有些高。在后现代语境下,思想往往被视为可怕而令人生厌的"(精神)存在的玄学"的残留物。无需否定学者们对证书、成果和论文的再生产,以及在较宽泛的社会中对"知识"权威技能的青睐,这本身只不过是一项"知识工作"而已。没有像学者

---

[4] civil disobedience,语出梭罗的名篇《论公民的不服从》,意思是:人们可以不聪明,可以不优雅,可以不无私奉献,可以不深明大义,但却不可以不保护自己的权益,不可以对侵权行为无动于衷,不可以放任政府为所欲为,要反对,要质疑,要对权威说"不"。

们常做的那样对思想做本体论意义上额外的承诺，这一知识工作就算不上知识活动，更不用说古尔德纳（Gouldner, 1979）提出的一厢情愿的"批判话语文化"（culture of critical discourse）思想了。

　　我坚持认为，学者与知识分子截然不同的原因，与马基雅维利想要政治的合法性基础向前看——而非向后看——颇为相似。用马基雅维利的话说，评价君王永远不能以他所获取的权力来判断（不管是来自其尊贵的祖先，还是来自便利的教皇恩典），而是要依据他的权力是否适用于他的全体臣民来评判，这同他与自己的同伴和平幸福地相处一样重要（这也是霍布斯后来坚持的一点）。对这一任务还有一种较为强势的解读，标识出马基雅维利不同于墨索里尼那可怕的行为方式，即，统治者必须让被统治者看清自己的行动目标。不管人们把这视为一种什么样的政治观点，它都表明，权力的执行是一个创造性过程，统治者不得不将其臣民的希望和担忧，不断地化解成一个更大的综合体，而不是部分间的整合。可以肯定，它将会使人轻视法律条文，就像施密特（Carl Schmitt）和魏玛的法理学家竭力使纳粹政权合法化一样。尽管我们还不能说马基雅维利提出了一种相当正规的政治理论，但不管怎样，他可以为我们所称的智识生活的政治生存的前形式、首形式、元形式、隐形式、假形式（如果有假形式的话）(pre-, proto-, meta-, crypto-, pseudo-) 提供足够的元素。

　　那样的话，用自己学科基础上的权威做交易的学者们，就像马基雅维利所嘲笑的向后看的统治者一样。他们通过提醒受众自己凭借特殊的传承和与受众的不同，依靠自己的学位而非遗传，试图强迫他人顺从。公共选择派经济学家（public-choice economist）用"寻租行为"这一概念，把这一类比双方放置在一起，得出了生产资料比如土地的单独拥有权，是一种不顾其实际生产力的价值源泉的说法。我们不奢望为时常诉诸经济学的犬儒主义做什么贡献，但不能否认的是，知识分子和其他知识工作者的"思想"，与他们的话语提供给行动领域受限的途径，没什么两样，假定较大的关联性可以通过其他方法来实现——如果不是用简单的语词，就是用某种形式的非言语意象。在这方面，用来见证逻辑实证主义知性论者远大抱负的方法是，20世纪二三十年代当他们充当"红色"维也纳学派的化身时，他们试图设计出可在全世界通用的思想符号语言——纽拉特[5]称其为"图像符号"[6]——来描述服务于政治辩论的公众公告牌中复杂的社会经济数据。

世界上适合思想和知识分子生存所必需的基本条件是:

1. 必须有多种实现思想的形式,比如他们必须适合多媒体传播。值得言说的一切,总可以用其他语言乃至其他媒体来表达。
2. 思想必须能打开一个潜在的行动空间,否则这个行动就会不存在。比如,它们必须能够拓展集体在某些方面的想象力(即使那样做意味着可能与他人相悖)。
3. 必须具备实现某一"集体思想"(如今成为去本体论的、民主化的"公共空间")的物质条件,在这一公共空间里,人们可以理性地讲出自己的观点,比如可以被介绍、受质疑、有多样的影响力。
4. 严格说来,思想是要和他人分享的。比如,思想不是由一位有独创性的天才想出来并公之于众,思想是随着越来越多的人参与生产而逐渐实现的。

从历史角度来看,要满足这些条件,需要发生两个转变。一是,思想来源应该从柏拉图的天堂中剥离出来,重新置于人类的心理学范畴。二是,人类心理学必须被当成共有的知识财富,而不是一个不能减少的私有财富。随着1870年第三共和国的建立,法国成为知识分子的精神家园,因为那里很自觉地满足了这两个条件。教育制度明确地世俗化,之前对于教堂的情感性附属,转化成法国公民共有的遗产"共和",他们是受到邀请(如果不是强

---

[5] Otto Neurath,1882—1945,奥地利人,科学家、哲学家、社会学家及经济学家。作为逻辑实证主义维也纳学派的创始人之一,他组织了多次国际讨论会,使该学派的逻辑实证主义迅速成为一种国际性哲学思潮。主要著作有《假设系统的分类》(1916)、《经验社会学:历史和政治经济学中的科学内容》(1931)、《哲学论文》(1923)等。

[6] Isotype,图像符号,纽拉特1925年发表经过系统化设计的图画文字ISOTYPE(International System of Typographic Picture Education),希望透过系统文的图像来取代文字,形成一种世界共通的语言,其本质类似于现在网上流行的MSN表情符号等。纽拉特试图用这种图画文字来取代沟通,虽然最后失败了,但是这种Isotype的概念后来在ICON、标示等设计领域产生了深远影响。

迫的话）通过某一言论而加入这一共和中去的。这一遗产，象征性地表现为新古典主义结构的十字形的先贤祠。先贤祠里尊列了一些法国伟人的遗体，他们大都属于知识分子。尽管这些人物多是普教论者，但都与国家的头等大事相关。因此，法国知识分子的谱系（其他国家的知识分子也一样），与国家历史中的核心政治趋向相比，只是一个较为离心式的反对者系统，没办法组成一个有条理的、自足的教师和学生系统（比如像1998年柯林斯为哲学史所做的那样）。单是这一点，仍然足以让期望就现代社会中知识分子的地位写出一个连贯故事的人，望而生畏。

知识分子如何变成我们时代的濒危物种：心理主义追踪

本节我将通过考察曾经繁荣一时的历史和观念条件来探究21世纪知识分子的生存问题，首先会考察现代哲学和社会思想的几个方面，这些思想表面上不乏进步的虚饰，但却削弱了知识分子作用的合法性。这一去合法性，可以追溯到有关思想存在的既规范又有操作性的怀疑论思想。然后，我会就20世纪哲学和心理学中反智主义[7]思潮兴起的问题，探讨相关的"心理主义"（psychologism）主题。随后我要探究的是，是什么让反智主义表现得最具魅力，即，看不见的思想及这一思想在19世纪末的统计学、进化论和流行病学的影响下发生的转变。在结论中，我将通过重新阐释目前流行的"启示法"（heuristics）概念，提出一个阻止目前反智主义潮流的策略。

公正地评判21世纪知识分子的生存状况并非易事。因为思想不是按照知识分子的需求而存在的。我们来思考一下人们对待现代哲学中普遍盛行的某些思想的基本态度。总的来看，思想中仍有人们所谓的"柏拉图式残余"。思想不同于信仰；思想拥有一种像构架一样的二级身份，在此构架下才会有信仰的生成。这一意识构架通常被称为"概念图式"（conceptual scheme）。如今，它主要是为我们的信仰提供理所当然或先验的条件，因而不容易操作。

---

[7] anti-intellectualism，又译反智论，文化或思想中存在的一种态度，而非一套思想理论。反智主义可以分为两大类：一是反对或怀疑智性（intellect）与知识，认为智性或知识对人生有害无益；另一种则是怀疑和鄙视知识分子。

值得肯定的是，最初的实用主义者和逻辑实证主义者（包括波普尔的激进信徒们），把概念体系当做一种纯粹的常规，其命运是由因常规所引发的任意一件事情的结果所决定的。然而，在像海德格尔、库恩、福柯和戴维森（Donald Davidson）这些思想家的影响下，关于概念图式的最新讨论，却强调我们的思想受前辈思想的禁锢（经常用偶发事故来搪塞），我们的概念图式表现为一种更持久的继承物，就是因为传播的媒介是文化媒介，而不是生物学上的媒介。因而，不是我们在利用思想，而是思想在利用我们。尽管知识分子的意义远远大于自己拥有使用思想的能力，但思想的可操作度（manipulability）仍是智识生活的一个基本组成部分。就此而言，目前分析哲学和欧陆哲学中颇为流行的"历史化的柏拉图主义"（Hacking，2002），确实削弱了知识分子的合法性。

其他两种使智识生活陷入困境的哲学态度，就是哲学内部"进步"乃至"激进"的态度。第一种态度，把思想压缩为语言学或更广泛意义上的行为表达的趋势。赖尔（Ryle，1949）提出了著名的"推论票"（inference-ticket）概念，用来特指容许一系列响应的一组条件。[8] 这一点在社会科学的哲学反现实主义者和话语分析中都产生了广泛影响，它一直拥有一个令人羡慕的目标：公开促成一组实体（思想）具有解释义务，否则就会被淹没在人们的头脑中，或是柏拉图的天堂中的神秘性里。然而，如果思想存在于表达它们的句子之外，人们如何才能获得知识分子向着权力谈真理的经典的、经常要求人们"说出一些不可言说的东西"的使命？特别是在阿多诺[9]和德里达[10]之后，这一问题往往是通过强调"费力的写作"（difficult writing）的战略重

---

[8] 他将因果律比方为"推论票"，只属于定律陈说范畴，不涉及事实陈说问题。

[9] Theodor Adorno，1903—1969，德国哲学家、社会学家、音乐理论家，法兰克福学派第一代的主要代表人物，社会批判理论的理论奠基者。著有《启蒙辩证法》（1947）、《新音乐哲学》（1949）、《多棱镜：文化批判与社会》（1955）、《否定的辩证法》（1966）、《美学理论》（1970）等。

[10] Jacques Derrida，1930—2004，法国哲学家、符号学家、文艺理论家和美学家，解构主义思潮创始人。著有《人文科学话语中的结构、符号和游戏》、《论文字学》、《言语和现象》、《文字与差异》等。德里达以其"去中心"观念反对西方哲学史上自柏拉图以来的"逻各斯中心主义"传统，认为文本（作品）是分延的，永远在撒播。德里达的批判矛头直指结构主义语言学理论。

要性来应对的，利用反语和矛盾修辞这样一些间接的表达模式，部分地颠覆或者至少是对抗长期以来的交流常规。但是，正如这一策略的拥护者所承认的那样，它把至关重要的知识分子丢弃在话语的边缘，疯狂地去找寻促使严格意义上说没有意义的东西变得有意义的受众。

第二种哲学态度，在拉图尔[11]作为科学和技术研究正确议题的"技术科学"（technoscience）这一概念（Latour, 1987）中得到了验证。技术科学是一系列趋势的顶点，可以追溯到海德格尔、维特根斯坦和巴什拉[12]。广义上说，它是指把一些规范的思想植入生活世界里的建筑中。实际上，技术科学把一种相对主义和唯物主义的方法，引向了这一讨论刚开始时富有历史意义的柏拉图主义。可以肯定，技术科学并不像表面上看起来那样具有不变的、全部特质的某一概念体系，它诉诸相当多的建构、重构和解构，就像存在于信息生态学内外的媒介物（或"行为体"）一样。然而，所有这些行为皆被描述成与行为者网络生态学息息相关的行为；因此，才有了拉图尔方法论意义上的格言："永远跟从行为者！"哲学家可以从这一立场出发，为一个还未被真正的科学家们所实现的科学的理想进行辩护，但其实根本不存在这样一个合法的立场。事实上，再仔细想想，我们就会发现，哲学家的标准科学理想，最终会变成科学实践已过时的、过于简单化或者干脆不正确的叙述——遗憾的是，它有时仍会影响到科学家的自我理解。因而，知识分子拥有哲学家们身上一些令人不快的特质：他们会对自己并未参与其中的实践活动指手画脚。这样一来，技术科学的学生们，便组成了一支与知识分子相反的（如果不是反知识分子的）方阵，他们的职责就是，削弱那些自认为自己从来不做但却可以教授他人的知识分子的合法性。不足为奇，拉图尔（Latour, 1997）自己就曾把"批判"作为一种不必要的行动目标，就像两代人之前的维特根斯坦的追随者们，强烈要求把"语言疗法"应用到哲学冲动中，以建立"学说"那样。

因而，知识分子的生存，似乎不仅需要某些适当的社会条件，而且需要

---

[11] Bruno Latour, 1947— ，法国社会学家和人类学家，科学知识社会学（SSK）"巴黎学派"的领军人物之一。著有《我们从未现代过》等。

[12] Gaston Bachelard, 1884—1962，法国哲学家、文学批评家，法国新认识论奠基人，著有《梦想的诗学》等。

某些思想条件。思想需要以某种特殊方式存在。比如，柏拉图的思想存在于一个独立的王国，我们从中可以受到影响，但它们却不屈服于我们的意图。这些思想，表现为去人格化的上帝。所以不足为奇，令柏拉图郁闷的是，与现代知识分子有很多相似处的苏菲主义者们，并不认为自己是在思想中行事。他们声称自己是为达到某一特殊目的的工具供应商。柏拉图把哲学工具魔化为"修辞"。尽管知识分子通常表现出相当有修辞技巧，但要是没有一个可靠的主张可以支持他们所认为的正确思想，他们就无法达到他们所渴望的道德高地。

早期基督教对人类心灵特质（意志）的贡献，成为联系柏拉图的超然思想和知识分子的可操作性思想的桥梁。这一意志是用来捕获人类能力抵御心灵物质化身的惯性趋势。随后，哲学家们一直把合理性等同于最大抵抗力的运用。然而，随着基督上帝从公共舞台上隐退，想要合法化如此多的抵抗力变得越来越难。康德的方法（绝对命令的自我立法意志）在学术哲学界最具影响，从而使道德成为一种强烈的秘密斗争。在康德所处的那个时代，人们提出了一种非同寻常、较为公开、具有导向性的解决办法。这一方法在学术圈外一直占有优势，并确实为知识分子的工作提供了足够的形而上学基础。这里我是指19世纪初法国哲学家德·比朗（Maine de Biran）把思想转化为意识形态这一事实。

贵族德·比朗经历过法国大革命前的社会及政治制度、法国大革命、拿破仑和波旁王朝复辟。他认为，意识形态产生于心理学分析中的哲学思想，以更好地为政治目的服务。这听起来颇像苏菲主义方法，而且它甚至可以为当今推进来自于"智囊团"的建议的思想抢取市场。然而，德·比朗道德心理学中意志所占的支配地位，在把靠小聪明出卖思想的人转化为一名合适的知识分子方面，带来了很大的不同。这一意志使柏拉图的思想"人格化"，以至于思想不仅立身于和物质不同的现实层面，而且还会努力保证自身不受物质性的侵扰，即，置身于一个特殊的空想家群体中。知识分子的工作由此也就变成公开实施这一个性化的斗争。

青年黑格尔学派，特别是马克思意识到，德·比朗不仅使基督教中善与恶的斗争世俗化，而且使其如此相对化，以至于对处于竞争中的意识形态的恒久性冲突持欢迎态度。这让人想起了摩尼教的二元学说："左倾"思想的物质反抗的实现,恰好构成"右倾"思想产生的条件,反之亦然。拿社会中存在的不平等为例:一是分裂的社会问题,二是社会秩序基础问题。在这些方面,孔德、黑格尔和马克思的研究课题,或可被视为推进德·比朗个性化的柏拉图主义所引发的概念动力论(ideational dynamism)的普遍主义形式。他们认为,知识冲突被包含、被归总、被聚焦、(用黑格尔的话说)被"扬弃"在辨证的进步中。然而,这一过程并没有在普通的空想家当中,而是在一些政治或科学(最好是政治和科学)先锋人物当中发散。某种程度上来说,这些人物的社会认知范围,要比社会普通成员更宽广、更明晰。

除此之外,这些先锋人士并非简单地拥有令古往今来者都敬慕的示范性生活,相反,他们担当起把人类提升到他们那样崇高层次的责任(如果可能的话)。这种典型的现代主义情感,意味着思想具有足以推翻几代人抱持的推论、偏见和习惯的力量。可是,为什么还有人会在思想上投注如此多的权力?或许是因为他在不久前刚刚看到了理想实现的曙光,比如,政治腐败和经济衰败迫使现实逃避理想。简言之,社会运动理论家们所谓的"相对贫困",可以用来解释诊断式、空想式思想的混合,它标志着知识分子的智能之花正在怒放。

哲学和社会科学史中的异化倾向,一直在把社会秩序概念化为一种观念化的秩序(反之则未必如此)。这一趋势把柏拉图与涂尔干、孔德与黑格尔、阿多诺和波普尔这几组截然不同的思想家联系到一起。我自己的社会认识论的出发点也是如此(Fuller, 1988)。像费尔巴哈和马克思这样的青年黑格尔学派,都质疑社会和概念化之间的合适性,并取得了令人喜忧参半的成功。他们正确地意识到,这一合适性已被历史性地记载下来,把基本现实的概念当成一灵魂团体(一种可以追溯到斯多葛派哲学把柏拉图主义人格化的原初努力),并结束了"地球上的天国"这种千年的基督教理想(Toews, 1985)。同时,感谢德·比朗,思想才变成远远胜过独立存在于柏拉图天国里的纯形式的东西。它们同样超越了其具体化身并因其他思想的丰富而丰富的相关原则。事实上,思想总是试图逃离其被社会认可的描述,而像带有遗传性似的比较短命。

人类关系中最具特色的形式,涉及思想的参与问题。这意味着某种"思想的碰撞",尽管这一遭遇的具体场所包括从释义(常常表现为有相当大的时空间距）到面对面的冲突，而在此过程中遭遇的作用可能会立即传递到群体。大体来说，思想的遭遇，包括认定、联想、适用、变异和对峙行为。哈金[13]1975年最早谈到了"思想方式"问题。实际上只有两种方式，或两种知识流行病学（epidemiology）。它们的特征曾有些许相似，但现在看来却不尽然。根据第一种流行病学，优秀的思想会自然地传播开来，但传播邪恶的思想只能靠压迫手段。第二种认为，邪恶思想会自然地传播开来，优秀思想则需要克服持续的阻力才能传播开去（试比较 Fuller, 1993, pp.59—66, 把理性区分为"释放出来"和"强加上去"两种）。我愿意称第一种为反知性论者，而把后者称为知性论者，而且我完全理解这些标识的辩论性含义。对前者来说，知识分子从最好处说，就是一些讨厌的家伙；而从最坏处说，他们是价值毁灭的根源。而在后者看来，知识分子生活在一个人们完全愿意接受自己困境的世界里，他们就是这个世界必需的矫正者，甚至是道德英雄。

  科学哲学家熟悉知识分子流行病学中这一区别最抽象的描述。归纳主义和演绎主义，分别相当于反知性论者和知性论者。归纳主义者认为思想追随经验，但不会超越经验。他们走的是一条受经验主义影响最少的道路。在拉图尔的人格化中，分析学家总是跟从周围的行动者（agents），即，他从不会用自己的概念超越他们的行动。[14] 经验以最好的方式超越了尚未被人认可的经验。因此，康德的超验哲学代表着这样一些人：他们生活在一个经验被习惯性地贬低、因而需要比如创造一种形而上学方面胜过官方的现实。对归纳主义者来说，这一情势尽管很令人失望但却可以理解。与其相反，演绎主义者则相信，康德的情景更像是一个原则而非意外，即，被我们当成行动指南的经验通常不可靠，因而必须建立一个行为的抉择性标准，要么作为一种应对经验的假设（比如科学实验），要么作为一种评估经验的标准（比

---

[13] Ian Hacking, 1936— ，美国科学哲学家，在科学哲学的研究与教学生涯中，作出了两方面重要贡献：一是重视实验科学，改变了科学哲学领域中长期重理论轻实验的观念；二是他引用福柯"考古学"的历史观点来进行科学哲学研究。著作主题极为广阔，跨越许多领域，能与世界各地的历史学家、哲学家、心理学家、逻辑学家、科学家、社会学家展开各式对话。他的著作主要集中于科学哲学、语言哲学、机率与统计理论、学科与理论的兴起与消沉的社会历史诠释等。著有《表象与介入》、《驯服偶然》等。

[14] 从方法论上来说，这叫"扎根理论"（grounded theory），格拉泽和斯特劳斯（Glaser & Strauss, 1967）对归纳主义的这一根基进行过详尽的讨论。

如政治批评）。如果说归纳主义者相信像常识和家庭传统这样的认识惯例和社会制度，那么演绎主义者则设计出针对这些扭曲了的秩序的反直觉的抑制和矫正，比如学术纪律和宪法。归纳主义者认为，探究伦理道德的人，是一些公正地报告事实真相的人；而在演绎主义者眼里，探究伦理道德的人则是一个为公众负责的决策者。

这两种知识流行病学之间的冲突留给我们最具持久影响力的现代印象，或许是1866—1930年间讲德语的哲学家们有关"心理主义"的辩论(Kusch, 1995)。哲学家即便不是历来如此，至少也会时不时地以贬损的形式援引心理主义来反对他们的同行和经验心理学家，认为他们用的是一种反知性论者的方法来应对思想的。用近来认知心理主义者的一种委婉说法，那些深受心理主义之苦的人，是一些"可得性启发"(availability heuristic)的勤奋的消费者(Tversky & Kahneman, 1974)。可得性启发是一种心理趋势，把思想的直接性和形象性，当做现实的代表性标识。某种意义上，这种启发只是重新阐述了古典经验主义和联想主义的基本前提。它意味着一种思想不会直接进入人的大脑，尤其是从对一个具体的刺激物或问题的反应来说，除非是真实情境。所谓启发性的普遍可靠性，激发早期实验心理学家提出了训练有素的内省法。后来，心理学家遵循归纳主义者中的演绎主义者布伦斯维克[15]的思想，假定我们是"直觉统计学家"，通过获得更好的环境事例来完善我们的思想。

在最近跟从实验心理学发展的科学实验家当中，库恩和波普尔站到了一起，共同反对那些执著于"心理主义"的人。获得过教育心理学博士学位的波普尔相信，哲学家就是一个反心理主义的心理分析家(Berkson & Wetterstein, 1984)。具体而言，哲学家把人的思想概念化为包含至少两种独立且具有补偿潜能的趋势：一种依赖于可得性启发，另一种则竭力推翻这一启发性，比如通过打折扣或回避第一印象、区分自我认识和人们观察到的

---

[15] Egon Brunswik, 1903—1955, 匈牙利裔美国心理学家，1934年提出了概率论机能基本观点，后在其《心理学概念结构》一书中更加完整地阐述了这种观点："有机体学习去利用接近的线索来显示其程度，这些线索预示着较远的情景，而我们很少有关于我们自己的信息(除非在非常特殊的、有限的环境里)，我们根据概率论来进行知觉，即在现行条件下最高显示的经验通常会被接受。"

普遍或期待的观点（甚至不顾与自己的经历不相符），更常见的则是在对某一刺激物作出回应前犹豫不决等。

波普尔的导师比勒（Karl Bühler）曾接受过屈尔佩[16]的训导，屈尔佩的伍兹堡学派，有意从主流的内省心理学中分离出来，主张他们已经论证出了针对"判断"的"无意象思想"（imageless thought）的第二层，它是一种心理功能，不能被降低为对过去经验的归纳（Kusch，1999，第一部分）。这一趋势，通过运用比勒对固有的不确定的世界进行理论化界定时的"自由程度"的表述，为我们提出了一个主题。可以肯定，思想表达的外在传媒——最基本的是语言，尤其是书面语言——已经历史性地稳定了这一环境，在此环境下，某些刺激物已经作出也能够作出某种反应。然而，这些终究只是社会习俗，其认知中心是通过限定主体的自由度来实现的。因此，比勒的学生波普尔认为，一种科学科目的习得，上升到一种经常会带来错失机遇的自我约束行为，而机遇错失则会产生后期期待受挫后会出现的盲点。相反，库恩则认为，同样的自我约束行为，并不意味着同样的悔恨感，因此，一些不足为奇的异常，会延期到最后可能的时刻，随后通过抹去科目集体记忆中它们曾发生的事实才得以迅疾解决。

波普尔会使科学家们因替代性理论而焦虑，并从经验角度出发鼓励观念变化。库恩则让科学家们依据主导范式把解决问题的有效性最大化。人们可能会说，按照经典的"格式塔转换"（gestalt switch）实验，波普尔采用的是"实验者"的立场，这个实验者可以改变刺激条件以促进某些反应，库恩采用的则是主体的立场，呈现在这一主体面前的，是已经形成的消除了某些反应的刺激物（Fuller，2000b，p.25）。这一立场上的不同，让我想起了本节开始时关于反智主义者群体的、后库恩式的有关概念图式的讨论。比起用"内省式"或"外在式"方法研究人类思想这一不同，这一点可能是理解科学心理学史较为根本的途径。它说明人们要了解心理学史，什么才是最根本的区别——比起"内省"与"外视"之间的不同，哪一个更根本：审慎（deliberation）（及其相关行为：犹豫不决）与自动（automation）（及其相关行

---

[16] Oswald Kulpe，1862—1915，德国心理学家、哲学家，伍兹堡学派的创始人，也是格式塔心理学思想的先驱。

为：效力）谁被当成一种思想范式，谁被视为存在缺陷而需要纠正。和审慎相比，自动作为思想范式的历史优势，标志着反智主义的胜利。

但具体而言，反应的时间又是如何变成无知和聪慧的判断基础呢？著名动物心理学家赫胥黎（Huxley）的学生劳埃德·摩根（C. Lloyd Morgan），常被视为原初的行为主义者。他们有这样一种忧虑：把自动性转化为无保留的德行，将会掩盖审慎思维的突出美德（又称"理性"），这一理性使人成为完全的现代人。然而，这并未阻碍同步的智力测试和民主管理的发展，因为可以想象，学生们会因此而尽快尽好地被培养成才。同时，人们常常还会忽视，对同一事件的不同看法困扰着心理学更为"精神的层面"。具体来说，伍兹堡学派批评格式塔心理学家把认知降格为简单意义上的"解决问题"，用适当的方法去实现先存目标。主体并不会自主选择这一问题。而格式塔主义者却聚焦于康德之后主体是否已经具备了解决这一问题的"范式"。在这一批评中，格式塔主义者塞尔兹（Otto Selz）在解决可变的数学方程式的数值时，详尽地示范了这一"完成格式塔"的过程（Berkson Wetterstern, 1984，第一、五章）。这一行动经由卡纳普[17]和奎因，在分析哲学方面产生了极大的影响力，并使 50 年代的赫伯特·西蒙（Herbert Simen）构想出其独特的"科学发现的逻辑"方法。不过，它免除了主体解决二级（second-order）任务应承担的所有责任。保留在实验者手里的，恰好是主体和实验者之间劳动分工的一个产品，而这正是自动心理学家（autopsychologist）伍兹伯格所担心的。那么，相对于仅仅是思想的一个接受和传播者，实验主体到底在什么程度上被当成了一个羽翼丰满的智识代理呢？

在关心实验心理学以促进主体表达其明确的人性而非简单引出缺失的动物反应方面，伍兹伯格学派并不孤单。尽管詹姆斯通常并不会被当做智识主义的保卫者，但他面对意义含糊或矛盾的证据时拥护"相信的意志"，却带有明显的捍卫意义。

在詹姆斯所在的那个年代，"智识主义"指的是"前"理性主义，尤其是

---

[17] Rudolf Carnap, 1891—1970, 德裔美国哲学家, 逻辑实证主义的主要代表。著有《世界的逻辑构造》（1928）、《语言的逻辑句法》（1934）、《意义与必然性》（1947）、《概率的逻辑基础》（1950）等。

与笛卡尔，有时也与康德和黑格尔相关联的认识论，它坚信的是思想的先天性信条。对实用主义者詹姆斯来说，智识主义的主要罪行是其面对经验时的教条主义。然而，20 世纪的实用主义者，像逻辑实证主义者和波普尔学派，却保留了质疑教条主义的主要特征，即对经验模式缺失的原则性抵抗。但这一抵抗的源头在詹姆斯和被魔鬼化的"知识分子"那里却是截然不同：詹姆斯认为它取决于个体抉择（"相信的意志"或"通过传统方法"，正如维也纳学派所推崇的那样），而不是头脑的前规划（pre-programming）。这一区别，显然为指认思想和现实间的不符的错误，带来了深层的后果：詹姆斯（以及实证主义者和波普尔学派）认为，决策者当时背负着寻求更有效的方法以实现其目标的重任，而不是简单地认为事实只不过是可以被理想化的真理这样一种有缺陷的方式。因而，詹姆斯自封的反知性论，冒着悖谬的风险，保持着一种思想的知性论者的方法。

有一种背景因素，对詹姆斯的思想产生了很大影响：一些哲学家——在数学家克利福德（W. K. Clifford）"信仰伦理学"的引导下——以进化论为基础，开始辩论到，人们只应该坚持那些由经验所论证过的思想，否则便无法生存（Passmore，1966，第 5、14 章）。詹姆斯和克利福德间的辩论，现在被视为是在为科学世界里的宗教打造空间。然而，它也可以被视为是在捍卫以假设为标记的人文学科，人文学科很容易受到把认知减缩为对最接近刺激物（当时在方法论上尊崇为"归纳"）的适应性反应的达尔文世界观的阻滞。

布鲁纳[18]在克利福德和库恩的"去审慎"认识方面，起了关键性作用。布鲁纳等人在很多方面对库恩有关科学变化的论述产生过巨大影响的，是把反知性论者推到极致的格式塔心理学。布鲁纳（Bruner，1956）很是看不起"概念化"，认为它不过是对环境中的模糊刺激物一种迅即和潜意识的反应。当预想出一组固定的选项而让主体无从选择时，"抉择"就变成一个昂贵的词汇。"理论指导下的观察"本身不过是一种认识模式，即，将理论藐视为简单的观察（Fuller，2003，第 11 章）。布鲁纳与他哈佛大学的同事、激进的

---

[18] Jerome Bruner，1915——，美国心理学家、教育学家，对认知过程进行过大量研究，在词语学习、概念形成和思维方面有诸多著述，对认知心理理论的系统化和科学化作出了贡献。著有《教育过程》等。

行为主义者斯金纳[19]，在方法论上的不同之处在于，后者试图对主体面对模糊的刺激物所表现出的犹豫、迷惑或焦虑进行训练评估，而前者则会首先观察这些无能（inefficiency）的根源所在。但二者都认为，这些慎重的思想的识别特征，会随着时间推移而逐渐被淘汰。

事实上，布鲁纳把人类主体看得绝没有原初的格式塔心理分析学家之一沃尔夫冈·科勒（Wolfgang Koehler）在卡纳里岛上所做的有名的智商实验中的猿猴那样聪明。科勒的猿猴们无需找出给它们设定的问题，布鲁纳则只告诉摆在他的主体面前的任务。因而，包含有提供信息的实验者的"聪明环境"，预先清空了主体所展示的可能会被认作人类特有的智商的能力，这种智商的代表就是知识分子。正如它的结果那样，布鲁纳除了格式塔之根源外，还深受生态学家廷伯根（Niko Tinbergen）及其老师尤克斯奎尔（Jakob von Uexkull）的影响，这两位学者以客观世界为标题，创立了有机物生来就对它们所处的环境具有适应能力的思想（Bruner, 1983，第六章）。人类只是在以下方面有所不同：相应的前载（front-loading）（又称范式习得），通常是指，库恩从未注意到的教化这个唯一的社会化过程在出生之后才能发生。下一节中，我们将要阐释的是廷柏根和尤科斯卡尔、道金斯等另一批智识后来者，他们以模因论（memetics）为主题，对思想中教化的作用给予了很高的评价。

---

[19] B. F. Skinner, 1904—1990，行为主义学派最负盛名的代表人物，被称为"彻底的行为主义者"，世界心理学史上最著名的心理学家之一，直到今天他的思想在心理学研究、教育和心理治疗中仍被广泛应用。他发展了巴甫洛夫和桑代克的研究，揭示了操作性条件反射的规律；他设计的用来研究操作性条件反射的实验装置"斯金纳箱"，被世界各国心理学家和生物学家广泛采用。他在哈佛大学的鸽子实验室名垂青史。他根据对操作性条件反射和强化作用的研究发明了"教学机器"并设计了"程序教学"方案，对美国教育产生过深刻影响，被誉为"教学机器之父"。著有《有机体的行为：一种实验的分析》、《科学与人类行为》、《学习的科学和教学的艺术》、《教学机器》，这些著作全面阐述了操作行为主义理论和这种理论在教学领域中的应用。他还用操作行为主义理论阐述社会生活问题，出版了小说《沃尔登第二》及《自由与人类的控制》、《超越自由与尊严》，这些作品曾在美国社会中引起巨大反响和激烈争论。

反知性论谱系：从看不见的手到社会传播

思想是一只"看不见的手"，可能是反知性论者方法中最吸引人的表述。根据这一意象，社会劳动分工促进了商品和服务的交换，从而也促使每一个个体，在把别人的利益最大化的同时，也将自己的利益最大化。这一过程并非从一开始就很完好，它是通过一系列的联系，从一些可能的起点演化而来的。这一演化是通过"所有个体从根本上说都很自恋且都具有从别人那里学习的能力"这一假设而实现的。我们的学识是以二阶能力为基础进行模拟的，即现在所说的"认知模拟"（cognitive simulation）。换句话说，这只看不见的手，不是由大家无心地去模仿改革者的行为，而是去复制（人们设想中的）引发改革行为的策略。"看不见的手"这一表述的理论家们认为，这种策略表明，每一位个体所做的都是其他任何人所做不好的事情，因此才为个体创造了一个市场定位。

这只看不见的手，尽管在思想流动方面有着最具魅力的表象，但它却因有意拒绝正常理想的主体，而成了一个不折不扣的反知性论者，而"知识分子"则以正常理想的名义才可以言说。可以肯定，在大量生产这种看不见的手的 18 世纪的环境下，所谓的"知识分子"就是牧师，他们期望以源于各种宗教的思想为名限制自由贸易，这些思想强化了依靠武力来维持皇室王朝权威的合法性。这些限制包括，准许政治顺从的生产商开业，这将对限制生产力，进而限制皇室成员之外的人的财富，产生一定的影响。这一最初观点的大部分，仍然残留在法律上传承下来的对"知识产权"思想的敌对意识中（Kitch，1980）。

有两种假设历史性地助长了这一特殊的反知识论类型。第一种假设是，众个体在政治现实似乎截然不同的社会中自然表现出的自由及平等公民的自信。这一曾引发了美国革命的争论，使这种观点变得最为强势。隐藏于革命之后的殖民主义者（美国的缔造者）的不满意味着，王权及其代理，在北美现存的劳动分工中，是一些荣耀的公仆，而非享有特权的、单方面赋予的、决定着交换术语的二级存在。

第二种假设是，由看不见的手亲自创造的那种秩序，至少会比国家赋予的秩序更稳定。这一假说揭示出看不见的手在一个金融投机一直控制到经济边缘的世界上的常规性基础。事实上，这一看不见的手，意味着一个迟到的中世纪幻想，农村自由不动产的终身保有者和城市里的商人通过其交换方式，在拥有"共和国"（commonwealth）的同时也拥有平等的利害关系。这样的世界或许在国家统一及其货币积累有效地被用来影响（通常是动摇）未来的生产，而自己不用生产任何有用的东西时，曾在工业资本主义初期存在过一段时间（因此，这只看不见的手在商业资本主义发展到鼎盛时期被提出来时，已经有了一种怀旧感）。不足为奇，看不见的手的现代"真正的信仰者"（即，奥地利学派而非新古典主义经济学家），喜欢区别资本的种类，以便把金融家像寄生虫一样推到离人民委员较近的地狱里去。

存在于这些假设背后的是，带来了反知性论的较为现代说法的、更深层次的假设。其中最重要的有下列两种：第一，我们的认知技能通常能很好地满足我们的兴趣；第二，我们通常拥有一种大致上平等的实现自我利益的能力。简言之，反知识论者认为，一旦非公正或非自然的限定从思想（商品和服务）的自由交换中被剔除，我们本已有的能力将会提出，知识分子所宣扬的是一些经由计划、因而也是武力才能提供的主张。从18世纪开始，就存在两种解决知识和权力问题的乐观办法。两者都需要"集体记忆"这一概念，但其代与代之间的转换模式却有质的不同。回顾往事，我们会说，原初的"看不见的手"的理论家们，把文化和自然当做历史叙述中"共同生产"的观点来行事，而下一个世纪中的集体心理分析学家们，则把文化当做自然延展后的副产品，凭借我们的遗传密码，即道金斯（Dawkins, 1983）所谓的"延伸的表现型"（extended phenotype）的能力才得以实现。

第一种观点建立起了一个谱系：从加尔文主义的天意学说到达尔文的物竞天择，没有直接与遗传学的传播相对抗。这种观点坚持认为，在同一地方盛行很久的思想（或实践），不顾那些没有遵从它们的人所持有的那些怪异乃至可恶的思想特征及其命运，而构建起一种成功的适应策略。显然，这一观点通过支持"不管是什么都该如此"的观念，孕育出一种可能近乎自鸣得意的政治忍耐性和道德上的相对主义。不足为奇，在休谟眼里，全球范围内对奴隶制的废除，是一个典型的知识分子运动，因为通过拒绝在人类平等原则上作出让步，废奴主义者不承认欧洲殖民扩张前蓄奴制时期明显的社会稳定现象。可以肯定,"看不见的手"的理论家在自己的国家内反对蓄奴制,但那仅仅是因为他们把欧洲视为一个经历过唯一发展模式的地方,那里的先民们反对暴君专制,享受过他们曾渴望的自由和平等。在那种情况下传播下来的记忆,似乎更具文化意义而非生物学意义——这些东西(诸如高贵的雅典人、罗马人、威尼斯人等)在时间的长河中被各种叙述记录下来,而非直接源于社会当前成员的遗传密码。对看不见的手的思想智能产生过影响的一种精确释义,可以从 1780 年版的《大英百科全书》中弗格森的一篇"论历史"的文章中找到。这篇文章运用了大量早期刊物上的资料,来表现人类历史的整个过程。弗格森把历史描述为一系列地缘上独立的文化,每种文化都在其内在轨道上与时间平行前进。弗格森认为,"革命"是有不同遗传特质的人们相互作用引起的。如果说弗格森没有将革命看成必定是破坏性的话,那么他至少也会发现,它们是分裂性的,并能带来长期正面的影响,除非其结果在革命化的文化中被常规化,正如产生于库恩科学革命中的新范式那样。弗格森似乎没有展望到的是,个体和思想的持续分裂和融合,可以彻底改变两种根本不同的文化之间的界限。在这方面,与直到下个世纪末才被视为自由帝国主义基石的全球化自由贸易原则相反,这一看不见的手的原初传播者似乎相信,优秀思想的自由流动,意味着边远地区的平等,在那些地方这些思想会带来正面影响。

  19 世纪,科研活动在两个领域内的进步,有助于人们澄清思想传播的过程。一个领域是可能性理论,这一理论的大部分内容都是为了巩固民族国家的权威性而在收集统计数据后而生发出来的;另一个领域是发育生物学,其范围从物种进化和胚胎的生长到细胞的分裂。这些趋势强化了反知识分子的集成概念:模仿本身永远都不会成为同样事件的叠加,它只不过是一个相当于变异的、复制的、非完美的过程。由此可知,每位模仿者都不同于其模仿对象。通常,这一变异会在一个固定的范围内发生。但这些错误会不时地积累,直至其获得全球重要性,重新有效地刻度着它们所在的社会或生物体系的标准为止。这一状况在当下被称作"拐点"(tipping point)(Gladwell, 2000)。20 世纪初,随着生物学家把孟德尔遗传学与达尔文进化论的基础相结合,改变人口模式以便重新界定物种界限的再生产链条中,出现了重新认识基因时的错误,人们称其为"变异"(mutations)。通常情况下,变异是因生态学偶尔会钟情于它的某些变异的特征而引发的。

然而，甚至在生物学家认可变异这一概念之前，具有反知性论者倾向的社会科学家们，已经用相似的术语解释过"基因"或"革新者"的定期出现。这些与众不同的个体，扮演着复杂性理论家们所谓的"强势吸引子"角色，他们的出现彻底改变了选择的环境，足以吸引他人靠近自己的行为模式（Sperber, 1996）。一个群体的总特征会随着时间推移发生改变，因为群体成员几乎没有抵御自然趋势的新方法。在这一模式下，个体的认知特点，或者说义务责任，被视为美德，尤其被视为记忆的自然消损来对待，其踪迹借由最近强势的吸引子所留下的印象来推进某一情势。我之前把这种吸引子称为"可得性启发"。

在推进这一思想发展的早期社会科学家中，最重要的当属塔尔德（Gabriel Tarde）。塔尔德是法兰西第三共和国司法局的一名统计学主管，法国社会学（也叫人际心理学）奠基人涂尔干的主要竞争对手，最后成为法兰西学院哲学教授（Gane, 1988, 第 8 章）。被人们忽略了很多年后，最近塔尔德在法国重新受到重视，这得益于德勒兹和拉图尔。后者将塔尔德关于社会的极简抽象派观点，视作重叠的团体（overlapping association）（Latour, 2002）。塔尔德带着极大的热情，采纳了新科学强化下的反知性主义/理智主义，他在美国的影响远大于其在法国的影响（Ross, 1991, 第 7 章）。在法国，人们对这一"有希望的怪兽"，在基因学家戈尔德施密特（Richard Goldschmidt）之后被哈拉维（Haraway, 1990）称为变异的东西，产生了相当大的矛盾心理。大部分世纪末的法国哲学家，都把这种想法视为一种共有的实体：与明智的身体相一致的灵魂，个体通过教育对其进行了解，随后或许还需要通过心理分析进行调解。他们认为，思想的传播经由强势吸引子所带来的危险，可以用暗示感受性（suggestibility）一词来概括，它涵盖了从催眠状态到集体歇斯底里的所有内容（Valsiner & van der Veer, 2000, 第 2 章）。它表明，人类是一个双重人（homo duplex），其思想是背反着自己而划分的。1892 年，法国智力测验的先驱人物比奈（Alfred Binet），曾提到过我们现在所说的"双重意识"，它很快就被杜波伊斯和葛兰西用来描述"有机知识分子"跟既有益又限制其活动的物质条件进行的斗争。

思想传播的转变方法，如今被道金斯推广为"模因论"，强化了反知性主义。用政治术语来说，这一模式解释了人们被有感召力的领导人所吸引的原因，这类领导会站出来，把群众模糊的信仰和渴望聚集到行为的动态过程中去。这样的领导人，一个强势吸引子，能使受阻的、深藏于心的情感得到发泄。可以肯定，长达一个世纪的反知性主义者从"看不见的手"到从众心理（herd mentality）的改变，肯定会让苏格兰启蒙时代的人物休姆、斯密和弗格森为之愤慨。在他们看来，未受约束的欧洲人在追求启蒙后的私利时是平等的，而当他们屈服于根本的动物本能时则不同。没错，苏格兰人的思想中，有一种知性主义者的残余。他们坚持中世纪的学术概念（也可以追溯到柏拉图），认为思想是通过"形式的交流"而传播的，是一个拟想中的共同精神通过事实化、多重人群而传播的过程。而在"看不见的手"的理论家眼里，这一中世纪残余不会出现在行动者一级思想状态的形成中，事实上，它会根据个人的经历及其在社会劳动分工中所处位置的不同而不同。但在行动者的二级信仰中则会显现出来，特别是在促成个人设法用同一种行为使自己和他人都受益的策略性反应的同情方面。这一同情感意味着一种强大的内在心理：基督心灵的世俗化残余，它存在于所有的人类中。

由模因论发起的从众心理中，不存在这一精确的二级反应能力，这是一个相对受保护的思维空间，负责把独立、规范、合适的判断传递到一级经验的传递者中。在世纪转折期，产生了三种应对这一反知性主义的过分行为，都扬言要把智人降低成一群荣耀的动物。第一种反应是把二级反应制度化，让公共知识分子扮演具有社会良知的角色。第二种反应刚好相反：弗洛伊德把"超我"当做每位个体内在的母本。向反知性主义妥协的超我，不会诉诸某个理性的特殊能力来证明一级冲动是错的，它会有效地利用像悔恨、羞耻和讨厌这类情感，去抵消和传送我们的冲动所造成的最坏影响。因而，理性的表面镇静，取决于无数次的升华。第三种反应，涂尔干的"道德教育"，为国家规定了一个职能：对人类经验中的默认趋势（即印象主义）进行最后的"坚决抵抗"（loyal opposition）。涂尔干构建了社会学，用规范的方式培养未来的教师，尤其是那些从个体和集体层面上都能担当责任的人，这将会使现世的法国从其堕落的萎靡不振（包括人口下降）中振作起来，这是一种在1870—1871年普法战争中轻易地输给了德国的遗风（Jones，1994）。

涂尔干的反应特别有趣，因为他的社会健康这一概念，部分来源于类推法，把个体的有机体当成"内环境"（internal milieu），正如法国伟大的实验病理学创始人伯纳德（Claude Bernard）所倡导的那样（Hirst, 1975, 第4章）。伯纳德认为，健康意味着面对外环境的变化能保持（心理）平衡。疾病只是由近邻的特殊细菌或其他不相容的躯体造成的。它更像肌体面对外在驱动性变化重新维持平衡时的自我失败。在此引人注目的是：健康需要一个常规的保障，一个独立、积极主动乃至抵抗性的保障，来面对正常的生物趋势。事实上，早在1855年，现代病理学的开创者魏尔啸（Rudolf Virchow），就把医学视为最精深的社会科学（远远高于法律），因为它并不仅仅满足于在自然发生的容许（如贸易）和不容许（如犯罪）的行为之间画一条界线，它自身可能还会随着行为方式的改变而改变。相反，医学科学家致力于通过提高集体免疫力来巩固全体国民的健康（Saracci, 2001）。培养免疫力的关键策略是预防接种，正如詹纳（Edward Jenner）发明的天花疫苗，通过接种天花疫苗减轻了外来威胁（在这种情况下是指病毒），使身体能够不屈从于外来威胁，比如流行病。知识分子作为"忠实的反对者"甚或是"魔鬼的倡导者"，面对社会上的流行观念时，其主要作用就是以这样的方式去提高全体国民的免疫力。

有趣的是，通过预防接种增强集体免疫力的过程，在冷战时期的美国反宣传研究达到高峰时期，被当成一个严肃的研究课题（McGuire & Papageorgis, 1961）。或许时机本身决定了它在当今不受欢迎。然而，后来的知识分子或许可以从这一思想中学到某些东西，尤其是当我们把"外来威胁"扩展到包括把市场驱动趋势当做流行病观念上的对等物时。这样一来，知识分子就可以通过构建一些术语来建立免疫体系，这些术语中一些重要的新思想会被国家肌体所吸收。政治经济史中就曾有这一"保护主义者"作用的范例。国家内部范例包括消费群体，其联合战线通过对制造商作出最小限度的抵抗，使其具有冷落和修正市场效力的能力。国际范例包括日本抵制现代化的策略，主要涉及策略性地引进西方产品（和思想），他们只是彻底改变了某些结构以供自己所用，而绝不会完全依赖西方的制造商。

从最基本的层次来说，如今充满科技含量的反知性主义，主要是关于启示法，即认知性的策略问题，尽管依据经典的理性标准它是有缺陷的，但它却用时间证明了自己对环境的适应性反应（Gigerenzer, 1999）。不过，见多识广的进化论心理学家，如博伊德和里彻森（Boyd & Richerson），被迫承认，大部分个体的生活经验都无法证明这些策略的启发式价值，他们只是姑且认定其价值是日常社会知识的一部分。启示法之所以广泛传播，不是出于有用但容易犯错的假设，而是出于构成智力结构的一种辅助但却必要的成分。它通过提示当事人违反启示法而招致的潜在损失得到了证实。换句话说，当事人不愿验证启示法效力的局限性，但却勇于在此局限内行事。当然，严格来说，是因为启示法的普适性，使其无法在特殊情况下自动指涉一个合适的反应。当事人必须让启示法和自己的"建构"互为补充。这意味着当事人必须用保证启示法得以工作的方式去看世界，而不用考虑自己或其他任何人在这一过程中有没有兴趣。换句话说，当事人搜集证据直至其经验开始与启示法所提供的期待相一致为止。在知识分子看来，这听起来就像是在社会上被分配、在经验上被支配的教条主义方式。

近来，很多心理捷径都被误认为是一种启示法，如果这些心理捷径的存在能在宽泛的时空中被察觉，并具有与别的物种相似性模式的话，许多还被视为所谓进化的起源。就连人们的穿衣行为（有时被视作人的第二张皮肤），也可作为一种探索其社会阶级的方法，了解它可以使当事人以一种合适的形式，运用启发式彼此相互应对。对某种启示法的验证，与它是否允许当事人未来作出相似的判断关系密切，但与一般的社会公正或正义则没什么关系。耶稣会士为17世纪的这一思想体系提供了有趣的解药（Franklin, 2001）。他们也认识到，我们经常会在证据不足的情况下作出一些刻板化判断，并且常常还会让我们顺风顺水。然而，耶稣会士却拒绝按照天意来解读这一情形，因为这意味着我们掌握的知识要远远大于我们的想象。相反，它指的是，我们用自己的灵魂来冒险缩小认识上的代沟——说到底，倘若我们缺少了解其本来面目的完整知识，启示法就是我们如何期望世界成为我们偏爱的样子的一种道德判断。所以，耶稣会士发明了审判中经常援引的"道德确信"思想。遗憾的是，原初的耶稣会士概念缺少的是：愚昧条件的减少不是通过信仰缺省，而是通过认定个人责任而来，即使这一过程会需要很多次确认。看不到道德确信阳光下的启示法，就会对偏见听之任之，这正是21世纪知识分子面对的最大罪恶和最容易的堕落。

重新将知识分子界定为传播正义的代理人

公共知识分子从本质上来说是一个传播正义的代理人。只有当我们把正义构想成人与事物之间才固有的关系时,这一点听起来才会有点奇怪。然而,一旦我们传播正义的意识扩展到可以涵盖思想和行为间的关系时,公共知识分子的存在理由就浮出水面。正如有人通过其获取物质商品的权力享受着超越他人的优势一样,一些思想凭借其推动行为的能力,同样享受着其他思想尚未得到的优势。对于后者来说,实现这一优势通常靠的是,积累时间和资源让思想的实际意义变得清晰这一办法。这一优势之所以是"不劳而获",是因为它是在以其他思想为代价,这些其他思想只要处在适宜的时间和资源条件下,其适用性也会变得同样显明。

如今,这一看待事物的方法,把公众坚定地假设成单一的"智识生态学"或"集体关注领域",服从于惯常的经济短缺问题。考虑不到这一短缺性却又想激发公共知识分子本能的正义感不是件容易事,这经常被表述为正当的愤慨。它迫使人们去思考,到底是哪种思想仅仅因为得不到足够的支持就被边缘化。换句话说,公共知识分子的基本态度建立在这样的观念之上:思想自身不会判断自身的价值所在,它必须首先和其他思想相关联才能进行考虑。如果我们生活在一个这样的世界上(这个世界有能力支持每一种有价值的思想且在此过程中不会剔除其他思想),那么这一"怀疑阐释学"(hermeneutics of suspicion)就不会是必要乃至正当的。我们没有生活在这样的世界里,是指没有一种思想不与别人的命运相关联。公共知识分子和其他人的不同之处在于:面对这一情景,知识分子不会成为一个怀疑的宿命论者,而是会成为一个博学的倡导者。思想的相对优势显然是抉择的结果(可能有很多种独立抉择),随着时间推移,可以允许由某几种思想掌控其余思想。因而,公共知识分子的任务也就变得很清楚:构建一种能保持长期以来被终止的实例/案例得到重新修正和开启的平衡态势。

一句话,公共知识分子就是一个专职危机提供商(professional crisis-monger)。如果需要赞助人的话,希腊不和女神厄里斯(Eris)就是最佳人选,她提供了最漂亮的希腊女神评选的苹果奖品,此举还很不光彩地引发了特洛伊战争，随后又在第一时间为西方的文学经典创设了很多场景。一旦社会（以单一民族国家为名而开始运作）被设想成一个有机物，一个"有机体"，拥有一个集体大脑，大脑中存储着各种思想，有些思想长期受到压制，这些思想为了冲上意识的前台激烈争斗，公共知识分子的角色就会比较容易辨认。正如前一节所述，这一社会本体论是法兰西第三共和国的一大特征，那时涂尔干把社会学作为一个学术学科而制度化。这也是1898年小说家左拉因其《我控诉》而成为公共知识分子偶像的时代背景。这篇文章的用意就是为了引发人们关注身边的反犹太人现象，关注法国在世界舞台上衰退的命运，这种命运是引发德雷福斯案的主要原因。

当左拉重新提起这一事件时，德雷福斯已被发落到魔鬼岛上近四年时间，人们刚开始的反应多数都很消极。事实上，左拉逃亡伦敦，是想逃避因诽谤法国战事局的罪名而被判处的监禁，因为他没有新证据——只有一个新的语境——能证明德雷福斯无罪。不过，左拉随后因为有了新证据而被澄清罪名。与身体政治的隐喻相契合，左拉的干预起到了疫苗的作用，使共和国具有了抵抗致命威胁的免疫力。极左极右派人士都怀疑第三共和国能否长期存在下去。左拉替这些怀疑主义者发出了声音，但却不是通过武力或支持恐怖主义，而是通过在报纸上发表文章，让那些识字的公众对其选举的政府体制上不怎么讨好人的形象进行认真思考，使其或许可以通过宪法途径做些什么。公众最终变得比以往任何时候都强大，刊登左拉文章的报纸编辑克雷孟梭，在一战中还是法国的总理。不同于那些政治上的极端主义者，左拉真诚地相信笔的力量要大于剑的锋芒，这使他变成一位真正的知识分子。

诚然，左拉作为智识英雄主义的成功，与他在文学上的国际声誉是分不开的，这一声誉使他在情势紧张时可以顺利逃亡英国。我并不想贬损左拉的成就，而是想让人们关注在对知识分子进行培养和评价时应该注意的一个关键元素：消极责任（negative responsibility）。消极责任是功利主义伦理学中的一个术语，人们通常会以当事人没作出抉择的某个行为为依据，对其作出道德价值判断。这意味着，那些行动范围广的人承担着更大的做好事的责任。好事很容易做但却不去做，就等于在做坏事（Fuller，2003，第17章；Fuller，2005，pp.98—100）。左拉是知识分子角色的楷模，因为他深深地懂得这个道理，这一点我将在下一节详细论述。如果说左拉是冒着某些风险

"向权力说出真理",那么,这一风险相对于他所期待的利益来说,并不算高。同时,他的声誉使他拥有得天独厚的地位(通过受欢迎的国外避难),可以去面对他眼前的任何一类怪客。让职业作家或尚未获得职位的学者们去为德雷福斯案辩护,可能太过鲁莽,但那些处于安全位置上的人不去做这件事,则是不负责任的。

我上一句话中提到关于"不负责任"和"鲁莽"的知识分子的反论断,是对马克·里拉(Mark Lilla)在《鲁莽的思想》(*Reckless Mind*, 2001)一书中提到的知识分子失败的保守史的回应。如果说里拉是在质疑为什么始于柏拉图的知识分子对专制政治情有独钟,我相信我们应该提出一个相反的问题:为什么知识分子如此不愿在开明的社会中起来反对支配地位,尤其是当他们的生活并不会遇到什么大风险时?这种不负责任没有引起人们的注意,是因为它没有留下任何证据痕迹,而是包含在对行动的反复评价中。我是在详尽研究库恩的生平时,开始对这一不负责任思想变得敏感起来的。库恩对冷战时期的科学团队合作一直保持沉默,尽管其他所有科学哲学家都公开表达过他们对这一问题的关注(Fuller, 2000b)。不负责任思想提出了这样一个问题:人们如何才能把公共知识分子必备的道德勇气予以制度化,以免国家仅仅依赖于寥寥几位名人的英雄主义气概。

德国的这一说法最有效:终身教席。我所说的"德国",是指德国大学从1810年洪堡在柏林大学任校长,到1918年一战结束之间那一经典时段(Ringer, 1969)。转折点出现在普鲁士统一和大多数讲德语的人在1870年成为俾斯麦领导下的德国第二帝国的公民。在后来的那一代人中,德国成为世界上科技领先的国家。起源于洪堡时代的终身职位,对美国人来说并不陌生,然而在穿越大西洋的移植中却失去了某些东西(Metzger, 1955)。在美国,终身教席传统上是以宪法第一修正案中保证所有公民的"言论自由"为基础。20世纪中,很多具有里程碑意义的美国法庭对终身制的挑战,都与学校的董事和政府立法机关有权解雇那些书写或言说违背其利益的事情有关。不过最终学者们的罪名大都被澄清了,因为没有哪一种雇佣方式可以废除言论自由这一宪法赋予的权利。

相反,1918年之前,德国学者们享受着国家给予的特权,自由地从事着科研和教学工作,但却没有普遍的言论自由。这一阶段结束于1918年,因为德国当时首次成为一个宪政民主国家，即所谓的魏玛共和国。之后，大学被迫与日益发展的多媒体途径和私自设立的旨在控制公共知识分子的智囊团相竞争。因此，由中学老师斯宾格勒写就的颇具影响力的《西方的衰落》成了畅销书，希特勒的早期生涯得益于传媒界大亨胡根堡（Alfred Hugenburg）的积极曝光，智囊团中挑战大学权威的是社会科学学院，即法兰克福学派。这些发展变化容易被人们忽视，因为它们给大学带来的威胁没有持续很长时间，但从另一方面来看则又长得（十五年）足以使纳粹主义发展壮大。当然，从更长远的角度来说，这一学派吸收了几乎所有魏玛认识上的新观念——以一种黑格尔甚或是福柯所喜欢的方式，掩盖了它潜在的攻击性（比如，把科学种族主义升华为"种族多样性"，把杰出人才对大众传媒的反抗视为"文化研究"）。

一旦把自由的科学研究界定为行会特权，它就被从摩尼教只认可完全许可或完全禁止的合法宇宙中给排除出来。但它却蕴涵于权力及相应职责差别细微的体系中。因此，终身职位在美国保障了学者自由选择或放弃成为公共知识分子，而在德国，终身职位则迫使学者们像一个公共知识分子一样发挥作用，以证明他们值得拥有这样的特权。人们可能会说，美国的学者没能充分利用摆在他们面前的机遇，而德国学者则把他们的行为范围发挥到了极致：前者表现为短命的公开辩论被普遍的自鸣得意所打断，后者表现为对自我约束的界限的惯常测试，有时这些由政府官员发布的测定结果，直接威胁到审查员的职权问题。这一对比中最明显的一点是，公共知识分子的生活状态取决于适当的法律政权，并非越自由就越好。

针对公共知识分子的职位问题，德国学界有一个现成的前文本。这可以追溯到德国理想主义者对民族与国家、精神与物质的类比。事实上，这一类比使得学术界成了民族精神的监护人，成了那些掌管国家大权的人的忠诚的竞争者。因而，每一位有责任感的学者，都想质疑国家是否真正为了民众利益而行动（及其行为范围），特别是国家行为可能的结果是否以巩固政权为目的。但正是因为国家提供了提出这些问题的物质条件，学者们往往需要很谨慎，尽量不对伸过来喂养自己的手咬得过重。（请记住，德国学者是纳税人支持的荣耀的国家公仆。）伟大的社会学家韦伯，就是这一精彩游戏的主人：他曾批评过威廉二世一战前挑衅性的外交政策。不过，战争开始后,韦伯则支持德国的胜利,但却反对威廉二世战后扩张主义的野心。随后,面对威廉二世改革促成的德国不光彩的失败,韦伯又极力帮助魏玛共和国起草宪法。

美国人很容易把韦伯看成一个在自己公开发表的言词中卑躬屈膝、左右摇摆以逃避政府审查或讨好政府的人:他最大限度地利用了为智识生活提供了不太满意的环境的、温和压制的政权。然而,那样做的结果,会对韦伯在这场持续战斗中所作的贡献打折扣——在写给报纸编辑的信中、在发表在杂志上的文章中、在演讲中,他极力捍卫学界智识的诚实,反对德国教育部把大学看成全部地缘政治策略的一部分,尽管是一个非常重要的部分(Shils,1974)。公共知识分子的首要美德是自治,像古希腊人所说的那样,以自律方式为自己说话。然而,这一美德不受外界干扰是不可能展现出来的。就此而言,自治是借由人们的积极反抗或"反抗意识"而界定的(Frisby,1983,pp.68—106;Fuller,2005,pp.26—27)。没有这样的压力,也就无法说清人们的意见构成独自判断还是跟随最少的智识抵抗。无独有偶,西方传统中(从斯多葛学派哲学家到康德、黑格尔和萨特)有关自治的最深层的讨论,一直关注的也是现实观念,这一现实观念扬言:要么通过彻底阻挠它们实现、要么通过制造出它们被实现的假象,来不失时机地损害我们意图的效能。

后一种可能性,就存在于当今美国的研究环境中。但是,这一环境却不是一直都很宽松,探索研究的非传统方式在前景上的明显差异,很容易产生社会心理学家们所说的"适应性偏好形成"这一微妙的病理学。因此,学者们开始钟情于基金项目的研究,由此自然会带来更快的智识进步和更大的职业认可,它同时也表明(至少在相关学者心中)首先作出了正确的决定。这一论证链条之所以是病理性的,首先是因为它错失了选择走另一条而非现有这一条科研道路的机遇,但更重要的是,这一诡辩观点(所选道路的吸引力),可能主要取决于做决定时资产的多少。或许,在正确的氛围中,任何一种探索方式都能产生与所选道路不相上下的结果。而且,如果重要的决定做得过早或过晚,或者在别的地方由不同的人作出,这些抉择也有可能取得成果(Fuller,2005,pp.7—13)。

我们对科学的信仰,就像我们对待现实之路一样,是基于把正反馈循环神秘化,从而压制住诡辩的冲动,思考如何抉择。这样一来,进步的关键问题就在于：永不回头，永不后悔。我把这一情感译成科学家对历史的"方便的遗忘"（Fuller, 1997, pp.80—105）。学术生活中智识的完善性，常被所谓的"高层自我欺骗"所削弱，我曾用这一词组描述过学者们通常经历过的"智识自治"问题（Fuller, 1993, pp.208—210）。从中我观察到，这一欺骗性由于学者们通常对管理事宜比较冷漠（如果不是有敌意的话）而加深。他们看不到自己的自治与自己对工作条件的理解之间，其实有着密切的关系。无疑，这一问题同时朝这两个方向发展，学术管理者不断地对智识自治进行暗中保护——不是出于政府审察，而是出于市场诱惑（Fuller, 2002a, pp.196—231）。

上一段中，我的讨论从美国情势转移到了学者的困境上。这一跳跃反映出，世界范围内知识分子所面对的问题，慢慢地与那些经常挑战美国人的问题很相近，即市场诱惑。伟大的天才人物洪堡，在19世纪初，通过把大学重新界定成科研与教学相结合的机构，为智识生活构建了一个受国家保护的市场，使其成为现代最可靠的社会进步的工具。当然，洪堡之前，大学教师（学者们）就是公众知识生活的中心，但他们的身份更多的是思想的传播者而非生产者。这一隐含的"非学术"思想的生产者，主动走进了学术文化中。他们成功地避开了学界自我限制的束缚，尽管经常也带着遗憾，因为学界一直积极地把他们边缘化或努力与他们划清界限。

举三个例子：伽利略的某些思想使他不可避免地失去了大学教授职位，马克思因其宗教上的激进主义从来没有成功地申请到学术职位，弗洛伊德因其鲁莽行为（用海洛因、催眠术等治疗精神病人）而没能保住他的教授职位。然而，如果认为这些知识分子是唯一一些抨击当时社会现状的人，那就错了。相反，还有一些评论文章至少在内容上也表现得同样激进，但却被埋置于顺从权威胜过创新声音的学术写作传统中。因此，哲学学者们（大学教师们）在学术关注度方面，被那些吹毛求疵的同事们压制得透不过气来。不足为奇，伽利略、马克思和弗洛伊德即便不是破坏也是掌握了好几种设法克服学术声音权威的风格。特别是对弗洛伊德来说，这一点产生了对知识分子不负责任的指控。然而，诉诸多元化媒介，是真正知识分子（即对思想表达感兴趣、对不同受众对他的要求很敏感的人）的标志。这不同于学者们（大学教师）通常在交流时会受到规则的约束。如今，批评的"学术化"标志是，不用考虑目标会怎样或是否会受影响，更不用考虑积极地去适应他们的行动方针（做法），就可以提出批评。

注意，上面提到的与学术问责相关的智识异化问题，关系到学界内部的"同行评审"这一管理机构，这一机构严格地管制着智识的表达，以及学界对智识表现水平的全面维持，并保证它朝着保守主义方向发展。他们分别与大学的教学与科研互为关联。洪堡的才能表现为其辨证的想象力：相互取消这些退步趋势，引出一个进步的整体。我曾把洪堡的这一贡献称为"社会资本的创造性破坏"。隐藏在这一社会资本的创造性破坏之后的基本直觉是，那些从事尖端科研的有责任感的人所享受的最初优势，长远来看已经没有了，因为科学研究只有在研究过程中才能实现。所以，教室变成学者们为公共智识生活作贡献的地方，因为他们不得不对一些神秘的思想进行某种形式的翻译，以供那些来自不同背景、有不同兴趣的学生们考试时使用。

社会资本的创造性破坏，作为学术理想，其吸引力在于，人文科学的课程向大学集中。只有在这种情形下，对新知识的价值判断，首先是看它能否（基本上不能）使下一代公民在相应的学科中成为专家。然而，因为大学已经将其存在理由从人文学科首先转移到博士的培养、近来又转移到特权一代，所以，公共知识分子在全球范围内传播知识的冲动，已被派系化和知识产权观念给冲淡了。事实上，这一变化在哲学达人制定好制度上的议事日程之前，导致向中世纪大学原初特质的倒退。起先，大学教师（学者们）培养"医生"，是为了关照身体（医药学）、心灵（神学）和肌体（法律）。知识缺失了智识的含义，因为它被用来发挥、限定其在现实"领域"内的权威，根本不是通过对专业拉丁语的拓展。因此，德拉霍斯（Peter Drahos, 1995）律师新创的"信息封建主义"一词，概括了近来知识私有化的趋势，要比评论家的认识更为切中肯綮。（针对信息封建主义的一种流行的批评阐述，即它在没有监管的网络空间中的默认身份，参见 Lessing, 2001。关于政治经济背景，参见 Fuller, 2002a, pp.164—167。）

然而，即使在洪堡对大学的再创造中，同宗的封建趋势在黑格尔生命的最后时期也已经出现了（Hegel, 1830），它是德国学界文职人员身份的副产品。正如 19 世纪末新康德主义哲学所编纂的那样，认识论已经开始总结官僚主义，大学每个院系都有各自的"认识兴趣"（Habermas, 1971；Collins,

1998，pp.689—696）。到了20世纪最后二十年，博士学位激增，但其价值却相应缩减，从前被视为持久而高级的研究学位，如今只不过是进入学术劳动市场的执照。由此出现了现在这一幕惨痛景象：大力奖赏硕士研究生通过大量调研确立"自己的"研究范围，但他们却被淹没在依然（正确地）要求以平常的讲话方式表达神秘知识的职场上。

这一情势被"科研带动下的教学"这样的委婉语所遮掩，这意味着人们要么有能力教授自己所研究的内容，要么把教学变成让学生服务于导师的研究。很难想象，哪种教学法理论助长了这一习得性无助与职位剥削之间欠神圣的联盟，然而，学术团体对它的绝对接受，促使人们怀疑（若不是敌视）产生于公共智识生活的知识形式。随着我们与大学中很多方面的"再封建化"不断进行斗争，一个相对而言最现代的呼声是，把学界重新复兴至公共智识生活中去，结束硕博学位之间的模糊界限（比如将前者视为后者的前奏），用不同的培养方案，培养前者广泛的教学能力和后者专业的科研能力。此外还应加上从博士到硕士学位的流动职位岗位所要求的资格的反流。

实用主义束缚期对知识分子的批判

过去二十年，见证了"对知识分子的批判"的复兴。其实践者往往是美国人，尽管通常并不总是那些失意的左翼分子。但是，即使不是左翼分子，他们也还是为左翼对某些明显事实视而不见而深表遗憾，比如世界共产主义的衰落，以及目前青睐于左翼分子的许多思想家对极权主义者的同情，其中突出人物当属海德格尔和他的许多学生及追随者。雷曼（Lehman, 1991）、朱特（Judt, 1994）、沃林（Wolin, 1990, 2001）和里拉（Lilla, 2001），都是这群人中的突出代表。这些作家都显现出了修昔底德式的美德，即，在自己讲述的事件中，为那些感兴趣的、没参与的当事人提供有利条件。相对于被述事件里的当事人，他们对智识生活的道德复杂性，通常有着细微的理解差别。但是，修昔底德没错，不像很多职业历史学家那样，作家们要么主张要么假想陷入争议中的当事人本应预计到、避免或制止他们的思想所引领的灾难性方向。因为没能以足够全面的、自我批判和前瞻性的方式思考问题，当事人（尤其是知识分子）失败了。然而，正如古希腊悲剧一样，对知识分子的批判，弥漫着对当事人的同情，因为他们通常被视为淹没了他们智识责任感的深层社会混乱的受害者。但最终，我们期望从知识分子的错误中得到教训，至少也该试着不去重复他们的错误。

现今批评家有一个奇怪的特点，他们通常以思想家为靶子，将其等同于或戏称为世界历史的失败者，就像现在我们眼中的希特勒和斯大林一样。这很奇怪，因为现代评论引用最多的是先锋人物：阿隆（Aron, 1957）和其学术灵感的来源地波普尔（Popper, 1945），他们在还不清楚纳粹（比如波普尔）或共产主义（比如阿隆）最终会在历史上失败的时候，就发表了很多评论文章。这一点鲜为人知，因为批评的眼光一直坚定地注视着同一类人：宣布知识分子有罪，是因为他们与希特勒和斯大林是智识上的同伙。尽管波普尔和阿隆不得不诉诸他们希望与读者共享的价值，或许带有冒险意味地诉诸他们的生命来实现其价值，但是，当今的评论家却能很容易地与读者达成共识，这些读者基于历史事实，轻易地认定希特勒和斯大林是有罪的，他们的追随者更是加深了他们的罪过。

从认识论角度来说，波普尔和阿隆是在用他们的价值来考验还未定性的未来，而比如说沃林和朱特，则是用假定的历史意见来证实自己的价值。毫无疑问，前两位的作品读起来如同勇于向权力说真理的英雄行为，即使在他们沉迷于使用夸张手法的时候；而后两位的作品，尽管对历史记录表现出更多的尊重，但却经常让读者有种吃不上葡萄说葡萄酸的感觉。人们羡慕波普尔和阿隆拥有用以解释人性常规的智识的自恃，但却指责沃林和朱特没能看清天才人物有时需要怀疑（或至少宽恕）那些常规。对第一代和第二代智识批评家们不对称的接受，标识出我们这一代人的心境。第一代批评家认为，后来的批评家只关注失败者。第二代则关注历史最终会终结批判性评论的隐含意义。我将依次对它们进行探讨。这些观点共同界定了我所说的"实用主义者的束缚"。本书中的"实用主义"，是指罗蒂对那一传统的选择性使用。

对波普尔和阿隆来说，历史上的"赢家"和"输家"思想，与知识分子有资格被批判并不相干。二者都是政治现实主义者，认为世界上不存在什么十全十美的商品和没有污点的当事人：即使最讲伦理的行动措施，也会计较其成本与损失。这一点经常被称为"脏手"（语出萨特）教义。对知识分子的批判会以这样的方式切入：人们有可能预知自己不想要的结果——我们的手可能会比实际显现出的更脏或更干净。知识分子的社会责任，受到有关这一反事实可能性更强烈意义上的慎重感的约束。如果思想能成为我们走向光辉未来的工具，它们同样可以迫使我们走向灾难性的命运。有责任感的知识分子，不会忘记思想的双刃剑潜力。它隐含着一个人认知上的伦理性负担。从认知角度来说，知识分子必须认识到历史上偶然性的两面性：使现在如此依赖于过去的抉择，正巧促使未来向着今天的抉择打开大门。从伦理角度来讲，在公共场合，知识分子必须对自己的思想承担足够的责任，哪怕是要为产生于自己思想中的隔离和孤立进行辩护。

"脏手"教义有两种方式，两者指的都是消极的无意识的后果。相应的结果要么源于意图明确的行为，要么源于行为的失败。与自然法则理论家所说的"双重影响学说"有联系的前者，一直以来都是讨论的主题，尤其是在与战争伦理学相关主题的讨论中。但我们这里主要关注第二种情形：对没有做的事情担当责任（Smart & Williams, 1973, pp.93—100），实用主义道德哲学家将其视为"消极责任"的基础。因此，如果你以某种形式的作为可以让很多人得益，让很少人遭难，那么你的不作为就等于做了坏事。萨特就是用这一观点来责备那些无意关心政治的人，比如他针对1871年对巴黎公社的镇压，大肆斥责福楼拜，因为福楼拜没有做任何事来阻止这次镇压。显然，消极责任的负担，重重地落在了那些言行具有权威性的人身上。大致上说可能是这样的：世界历史的胜利者需要付出的代价，是一种使他们对消极责任的要求视而不见的道德粗俗，因为不能满足这样的要求通常与对政权的屈从是一致的。或许不足为奇的是，阐释这一观点最简单的办法，就是从美国这一世界历史的胜利者、实用主义是其国家哲学的国家入手。

在六七十年代冷战的高潮时期，美国和苏联似乎都在为掌控世界而积蓄力量，那时美国及其同盟国的知识分子，相继发表了很多有关大学校园里不断出现的"军事工业情结"的评论。大多数批评的切入点都是，资本主义的放肆行为，最终会被社会主义所驯服，如果不是推翻的话。至少，文章的作者们推测，冷战的结果更有利于苏联。然而，当一切水落石出，苏联的日子用天来计算时，对"军事工业情结"的评论文章减少到如今一提起"军事工业情结"，人们就会认为作者已经落伍。有些人，比如苏联问题研究专家福山（Fukuyama，1992），已经把老一套社会主义必然性的论述，转变为对资本主义必然性的论述。不过，这一激进的推翻是没有必要的。冷静的人会很优雅地承认，原来的评论并没有退出历史舞台，如果考虑到美国独大的话，它们只是（不幸的）偏离了主题。

然而，如果在五六十年代，像分析哲学家（McCumber，2001）、新古典经济学家（Mirowski，2001）、计算机科学家（Edwards，1996）和文化人类学家（Nader，1997），因不询问其研究成果作何用途就接受美国政府或相关私人基金的资助而备受谴责的话，那么，那样的批评如今为什么不应该被视为是有充分依据的，尽管美国在冷战中获胜，很多相同的科研工作者仍然把持着这一资助领域繁荣的行业？比较典型的回应是，并不否认这一批评的价值，但却把更大的证据负担放置在那些重新主张这一批评价值的人身上。因此，观察家在1968年看来比较明显的问题，现在需要通过档案调研才能建立起来，这一调研可能会因调研者计划将其研究结果用于相反的用途而受阻（Soderqvist，1997）。再者，批评的任务会因为偏离了对既定秩序的服从而使书写记录变得复杂化，因为记录通常是按照人们对服从所期待的立场出发而保留下来的，所以不一定很有价值。在这方面，为"美国霸权"设想了结局的日记家和网络博客，通过记录屈服的意象，即学者和其他知识分子为了避免与权力相抗衡所做的事情，将会为未来的批评提供巨大的服务。

然而，把智识的屈从缩简为热切关注统治领域的思想是错误的。诚然，在海德格尔、德曼、劳伦兹（Konrad Lorenz），以及斯大林派的卢卡奇、萨特和伯纳尔（John Desmond Bernal）这些人纳粹化的著作中，不乏这方面的论述。然而，在一些实例中，整个思想机构似乎都如此精于回避对既维持了作者所写内容的合法性又保持了作为描述者的作者自身的合法性的政权的必然认可，以至于这些实例在智识上表现出挑战性，在道义上却是漏洞百出。前面提到的颇具影响的几位作家就属这一类。从知识社会学的立场出发，他们的影响可被看做双重意义上的"反启蒙主义者"。首先，他们模糊了读者对作者在呈现正式调查基础上的情景时的判断背景的理解。其次，他们掩饰了使得这些作品在发表后获得超越其竞争者的声望的背景条件。为了更清楚地说明问题，我们来分析一下冷战时期发生在美国的两个例子，库恩和格尔茨[20]，之所以选择他俩，不是因为他们的智识服从程度不会引起争议，而是因为乍看起来他们更像需要进一步调查的个案。

把库恩和格尔茨放在一起来进行研究，是很有趣的。某种程度上，两人都勉强算得上是后现代主义者，在 70 年代，两人都发表过曾引领社会科学的著作，使得科学上的"实证主义者"和"客观主义者"统治衰落。这一点在研究当代智识生活的学生中，可谓人人皆知。然而，鲜为人知的是，在 20 世纪 50 年代的哈佛，当大学政治变成美国冷战策略的智识考验时，库恩和格尔茨的研究却有重合之处。在这一时期，库恩是科学通识教育的老师，格尔茨则是社会学家帕森斯（Talcott Parson）领导的社会关系学系的硕士生，主要从事有关东南亚后殖民大国印度尼西亚的福特基金项目的研究（Fuller, 2000b，第 3、4 章；Geertz, 1995，第 5 章）。这些经历构成了如今被视为两人成名作的基础。

库恩的作品（Kuhn, 1970），是他讲授的"自然科学 4"这门课程教案的修改版。这门课由哈佛大学校长科南特（James Byrant Conant）制定，旨在教授未来高层次的非科学家学子，在"原子能时代"伊始的大肆宣传和压力中，如何保证科学的完整统一（Fuller, 2000b，第 3、4 章）。科南特的思想是，揭示出一个常规性的学科观念模式（或范式），在此模式下，真正的科学家会一直努力工作，毫不顾忌物质条件和其事业分工。与此同时，格尔茨视政治为剧院、意识形态为文化表达的思想（Geertz, 1973），则是在印度尼西亚实习期间想出来的，印度尼西亚领导人苏加诺，把美国和苏联对印度尼西亚的帮助引向公开夸张地展示国家认同，与此同时努力保持印度尼西亚在政治上独立。

人们普遍相信，是库恩和格尔茨分别揭示出，进步科学和意识形态政治这一"宏大理论"概念被实际的科学和政治实践所背叛这样的思想。然而，

---

[20] Clifford Geertz, 1926—1996，美国人类学家，阐释人类学的提出者，其主要成就在于对摩洛哥、印尼包括爪哇、巴厘岛等地的社会文化作了深入的田野调查研究，并以此为基础，对文化、知识的性质提出新的看法。在他最重要的著作之一《文化的诠释》中，他对文化概念的深入探讨和诠释，包括如深层描述等概念，其影响超出人类学，而及于社会学、文化史、文化研究等方面。在其另一部重要著作《地方知识》中，他以实例来深入探讨人类学对个别地区的研究所获得的种种知识有怎样的意义。

他们非同寻常的观念，却共享着一个奇妙的特点。人们通常认为它们是在社会现实的微型层次上运转，没想到它们对宏大层次的发展肩负有更多义务，即便它们很大程度上处于隐蔽状态。

库恩认为，他在范式推动下的"正常科学"中关注破解谜团，反映出培养和科研两方面的组织化和专业化，这两方面在 19 世纪最后二十年中根本不存在，只是到了 20 世纪它们那个年代随着民族化的"大科学"的出现才有的。不过库恩具有历史意义的范例，被限定在 20 世纪 20 年代量子物理革命前的三百年里。这一综合（syncretism）给人留下这样一种印象：科学家如今的活动，好像是自我组织、自我决定的，因为他们确实如此，就像普里斯特莱（Priestley）和拉瓦锡在 18 世纪后期测试氧的特征时一样。就像科南特让他的学生们懂得的那样，在每一台加速器背后，人们看到的是爱因斯坦和波尔，而不是军事工业情结。

而对格尔茨来说，印度尼西亚的政治生活结构，只不过是一种文化融合，更多聚焦于表演，而非关注达到现代西方理想社会秩序的权力实践所带来的陌生化结果。虽然格尔茨是在对巴厘岛斗鸡的记述中提到这一问题的，但实质上从苏加诺（他把自己昵称为公鸡）把地缘政治策略用于战胜第一、第二世界超级大国的层面上来说，它同样起一定作用，这些超级大国认为它们可以利用金融和军事动机，使印度尼西亚走向它们所期望的轨道。其结果是，共产主义者们更有力地推动了其意识形态政治，但却在这一过程中失去了更多。

库恩和格尔茨在其学术生涯中，都不断地被指控为对冷战持不明确的态度，尤其是当他们在各自领域内占据一席之地时（关于库恩，参阅 Feyerabend, 1970, Fuller, 2000b, 第八章；Fuller, 2003, 第 17 章；关于格尔茨，参阅 Marcus & Fischer, 1986, 第六章；Nader, 1997）。这一审慎的态度背后，还有一个常规性原则，这一原则是智识服从于政治的关键：通过不违抗你的环境中较大的势力，你才能以最小的难度完成你的科学和政治目标。

这一原则从纳粹时期开始就不少见。例如，海德格尔的学生伽达默尔，就从来没有像导师那样把自己和希特勒相提并论，而只专注于古典主义文献学（文学）和哲学研究，结果当犹太人被从学术位置上赶下来时，他在职务上稳步攀升（Wolin, 2000）。在法国被占领期间，屈服成了一个突出的问题,当时的维希政府作出了比屈服更严重的事情:把犹太人聚居区包围起来。萨特曾把这一时期的法国谴责为"共和国的沉默",因为其善意的公民大都拒绝反抗政府一意孤行的反犹太人政策的"决定"。他们的沉默意味着政府在以他们的名义说话,从而也就意味着他们成了纳粹分子恶意的"合作者",而实际上从道义和政治两方面需要的都是"抵抗"。

当知识分子成了冷战后的获胜方而春风得意时,库恩和格尔茨的"最少抵抗之路"(path of least resistance),比海德格尔和伽达默尔显得更加微妙。库恩(Kuhn, 1997)认为,科学家似乎可以不受惩罚,自由地追求他们范式上的难题,只要他们不去质疑自身工作所追求的科学之外的目的。否则,他们就会陷入质疑自然的认识状态(库恩称其为"前—范式"探究)的危险中,具体表现为意识形态冲突。一个典型例子就是,政治中立的伦敦皇家学会这一科学团体之前的新教改革。这一教训在魏玛共和国时期德国学界出现的浮士德式的交易中复原了(Ringer, 1969)。一旦科南特把德国化学实验室的组织机构引进学界,它同时也就带有美国冷战的倾向,继承了一战后德国在科学界的领先地位(Conant, 1970, pp.69—70):科学家只享有他们所接受的培训专业的特权,但反过来却不质疑资助了这一特权的国家的政治目的。库恩在唯一保存下来的关于当前科学政治气候的信函中,表达了这一"低头"法。他在信中坚持认为,面对来自"当局"或"建设运动"的外部压力,科学家有可能坚持他所最了解的,而不会因卷入政治而腐蚀他们的科学的公信力(Bernard & Kuhn, 1969—70)。库恩同时还用这一原则去谴责其他人[最有名的是拉韦兹(Jerome Ravetz)],那些人试图以他的这一理论为基础,批评"后规范科学"把有组织的探索能力"直接植入军事工业情结"(Kuhn, 1977b)。

至于格尔茨,我们必须说,他一直都在公开指责美国的冷战策略,首先是指责艾森豪威尔的国务卿杜勒斯(John Dulles),把整个世界当成反对共产主义的阵地,这一策略在后冷战时期的"反恐战争中"仍然保留在美国的地缘政治思想中(Geertz, 1995,第4章;Fuller, 2001)。然而,这一批评很奇怪地仅限于概念层面:担当着遏制共产党影响重任的杜勒斯和其他人,误解了曾助长过比如印度尼西亚在其独立前十年间混乱的复杂而异质性的因素。因此,他们的所作所为通常进一步恶化了本就已经混乱的形势。不过,格尔茨的作品，似乎是从那些试图提升美国（而非当地人）在这一地区的利益的人士的立场出发的。他有意回避了长期内战所导致的百万人伤亡这一事实，更不用说印度尼西亚人对政治持有不同的理解。印度尼西亚（在西方人看来）的怪异，部分证实了其令人生厌的政治气候，可能隐含着很多看起来让人厌恶的东西甚至和外国干涉的中止一起留了下来。格尔茨传递给美国读者的信息似乎是，"更少意味着更多"：对他国国内事务干预得越少，最终可能在本国利益上收获更大。毋庸置疑这一建议的精明性，它在格尔茨的批评者中引发诸多不满（大都是人类学家同行），因为它不同于两次大战之间处于鼎盛期的英国社会人类学的方法论相对主义，而是看起来与具有明确的帝国目的和结构功能主义者的观念颇为相似，只是现在已被"意外的旅客"这一形象所替代，以难以说清的理由给自己的社会传递回一种外来文化之感。

如果说库恩对科学的论述助长了德国科学的元理论在其帝国鼎盛期横跨大西洋的融合的话，格尔茨对政治文化的阐述，可能同样保障了英国社会人类学两次大战之间鼎盛时期的元理论。在这两种情况下，文化转变清楚地表达出了由冷战引发的新的智识和政策使命。要确定它是否包含有令人反感的屈服，有认识上和伦理上两个维度。它需要把库恩和格尔茨跟其他与其有着相似地位、研究领域、从事大致相同研究课题的人进行比较：非传统叙述分别展现和隐藏的是什么？较好的结局一定是来自于一个或更多的方案——到底对谁来说是这样？当冷战的最终结果遭到质疑时，美国知识分子对自己的不作为可能给政府政策带来的不同后果，表现得尤为敏感。例如，事实上，每一个可能被视为库恩对手的科学哲学家，像波普尔、费耶拉本德、拉卡托斯和图尔明，都反对科学上的军事工业情结；然而，库恩却对这一忠告持保留意见（Fuller，2003，第17章）。

但在1989年柏林墙被推倒之后，这一情感几乎从这一阶段的公众描述中消失了。这一道德情感上的变化，可以用两个词语来表述："结果验证了方法"和"酸葡萄"。那些没有干预过美国冷战政策的人，间接地促进了这样一个较好的结果。同时，如果知识分子干预过政府政策，那么他们可能会阻止这一结果的产生，并会带来相当坏的结果（比如受苏联控制）。因此，用后觉所提供的 20/20 的视觉[21]来看，知识分子不应该对之前的政治不作为有负罪感，因为他们的行为所造成的不同结果被人误解了。因此，历史想象中的一小部分，把知识分子所谓的怯弱，转化为无意识的智慧。同时，这一时期的政治活动家，现在似乎同样（或许所幸）起不了什么作用（Braunstein & Doyle, 2001）。

至此，有人可能会认为，负面责任的历史性的难以捉摸，仅仅强化了以评判（实际的或可能的）行为结果为唯一基础的道德理论的不足。这样一来就无法保障特殊行为的道德重要性不会随着时间推移而改变，因为它们的结果与其他行为的结果互为关联。事实上，如果美国霸权能在 21 世纪结束，20 世纪 60 年代以来那些有先见之明的无作为的知识分子，可能会再次被评价为胆小鬼！但是，这一观点只有在我们的道德判断没有顺从普通的经验主义时才对负面责任不利。因为如果我们承认我们的道德判断应该会随着我们对某些行为前后认识的提高而改变，那么行为和当事人随着时间推移所产生的道德状况出现重要波动，就没有什么荒诞可言了（Fuller, 2002b）。这样一来，未来要决定我们到底是英雄、坏蛋还是胆小鬼，就成了难题。在某些临时决定上达成相对协议，仅仅反映了非正式历史结构中的相对协议而已，正如黑格尔明确指出的那样，这些协议通常是从那些把过去看做前进的遗产的人的认识出发而达成的。因而，道德判断的固定性，久而久之也就需要黑格尔所谓的"主体历史"的连续性。但我们没有必要跟从黑格尔把这一"主体"视为一个国家。根据某些合法性叙述，它同样涉及知识领域的连续性问题，就像经典文本或科学范式所界定的那样。

不足为奇的是，那些把自己视为这一叙述性的遗产继承人的人，希望强化关于批判性评判的历史模拟（historical closure）这一做法。具体来说，他们会以官方形式公开某一知识分子的"思想"，对其进行重估，但其道德和政治记录的问题，却与知识分子领域的问题同样长——这些问题最终会由历史课解决。诚然，当原初的表达背景继续影响着这些已经表达出的思想的接受时，智识的重要性很难估量。因此，在生活和思想之间寻找一个有机的实体，就成了一个可以理解的临时的批评策略，直到历史发出自己的证词，

---

[21] 20/20 vision，即正常人 20 英尺内能看清的东西你在 20 英尺外也能看清。

才有可能独立于其原初的背景去评价某个知识分子的思想。这或许说明了像波普尔和阿隆这样的第一代智识评论家为什么不同于朱特和沃林这样的第二代评论家。但作为长期限制有时也称作知识分子观念"内容"的评价范围的一个正当理由,这一争论从本质上来说是没有说服力的。而且,这一争论在实用主义者那里更没有说服力,下面我们将以罗蒂为例对其进行讨论。

  首先我们有必要回顾一下,20世纪分析哲学的主要研究课题,即意义的普遍理论,已经带来(往好处说)无结果的结果。要么两个或两个以上的词、意象或行为传递着同样的内容,要么把这一内容区别于表达它的词、意象和行为准则,在这一主张上没有达成任何一致意见。内容通常来自于表达它的部分重叠的媒介:媒介越是不同,内容就越"理想"。这里人们会回想起罗素的"抽象原则",根据这一原则,任何一组个体根据某些随意界定的相似性关系,都可以被组合成一个级别。但与此同时,哲学家们则坚持认为,思想传播的物质条件(比如,谁说的、在什么时候、什么地点、为什么要说、目的何在),对于其价值判断是非物质的。非形式谬误的整体范畴在逻辑学中被称为"生成谬误",并在一个多世纪里用来区分哲学与社会学和心理学(Fuller, 2007a, pp.115—122)。然而,这一界限的严格实施意味着不确定,比如说思想是否可以被非武断地与它的物质条件相隔离。最终,哲学家青睐的这一缺省约定(default convention),只把智识内容认定为一种表述思想的经典文本。但这一约定却被人们有选择地加以运用——在自助的语义学的影响下,只选取几个段落来表征整部作品的意义,这一语义学允许比如从读者的职业和从商业意义出发对文本进行解读,同时还限定了什么是对作者自身原初理解的合理推论。

  这一缺省约定的自助特征的一个好范例,就是下面这一著名的引用。罗蒂用它来为海德格尔的思想被其支持纳粹主义所削弱这一指控进行辩解:

> 波普尔在其《开放社会及其敌人》一书中很好地说明了柏拉图、黑格尔和马克思的某些章节可以用来为希特勒和列宁主义的控制进行辩护,但为了说明问题,他不得不把每个人的90%的思想都忽略掉。这种试图把哲学家的思想缩减为其可能的道德或政治影响的做法毫无意义,就像把苏格拉底看成克里提亚斯的辩解者,把耶稣当成更具感

召力的傻瓜。耶稣确实是个彻头彻尾的傻瓜,海德格尔则是个极端利己的反犹太的乡下人。但我们确实从福音书中学到了很多,我怀疑未来几个世纪的哲学界也将会从海德格尔的创新和从柏拉图到尼采的西方强劲思想发展的叙述中学到很多。

(Rorty, 1988, p.33)

这段话中最突出的地方是,罗蒂自身为自己控告波普尔从策略上忽略哲学家思想的大部分内容而感到有愧。(比如在罗蒂的书中,人们永远猜不出逻辑实证主义者认为杜威和他们志趣相投。)在阐释性的"慈善"和"人性"原则中,似乎隐藏着一个从句,即罗蒂时常引用奎因和戴维森来论证他的哲学阅读:你用奉承的办法解读人们的所作所为,要比用非奉承的方式解读它们需要更多解释。另外,对这一点持疑义的注解是,认为越是"复杂"的思想家,对其思想的解释就越含糊,因而也就越是需要更慎重地、尽量善意地去呈现这些思想家及其主张。

诚然,作为一位优秀的实用主义者,罗蒂公开想使这些哲学经典尽可能的有远见卓识。经典的终极价值不在于对过去的尊重,而在于它们为那些把现在展现给未来的人提供的效用。可是,罗蒂对那些已过世的哲学家表现出了足够的赏识,依然将他们的名字作为尊敬和权威的标记,但却小心翼翼地回避了可能会削弱其效用的错误和危险的评判。因而他似乎既想触犯又想回避这一生成错误[22]。请看同一篇文章中另一段颇为含糊的话:

> ……因思想复杂而值得人们去阅读的任何人的作品,都不会有"本质"(essence)存在,这些书允许人们对其作出各种不同的阐释,对其进行所谓"真正的阅读"毫无意义。人们会认为作者同我们一样是个混合体,我们所要做的就是从我们在书中发现的麻团中,抽离出一些可能会有益于我们目的的思想线索。

(Rorty, 1988, p.34)

---

[22] genetic fallacy,用其起源或得以产生的最初环境来判断、评价或解释某物的论证。由于在事物的起源与其目前的状态之间很可能存在某些根本差别,所以这种论证往往被视为是一个错误,特别是在把它用于拒斥一种对立的观点时。人类起源于猿,并不意味着他们现在还是猿。

当罗蒂明确表示要把海德格尔思想的合法性与其纳粹过去相隔离时，他仍然把那些思想归于有着"复杂头脑"的海德格尔，所以我们还在继续读着他的《存在与时间》，而不是由一些反纳粹者在大致同一时间段内写的具有相似内容的书。罗蒂认为，海德格尔尽管有着支持纳粹主义的过去，但至今没人能够写就如此有深度的《存在与思想》。书的高深遮掩住了作者的卑鄙。罗蒂的特殊辩护，构成了知识分子对其言行具有消极责任感的主要异议。具体来说，生命的气节，比如一位偏执狂科学家或艺术家，可能需要人们忽略功利主义需要而为最大多数人谋求最大利益（Smart & Williams, 1973, pp.100—118）。有关智识的评论，除非它能削弱这一争论，否则它就不会发展。因而面对海德格尔，我们应该问：在他那个年代还有没有别的哲学家说过类似的话。如果有，那么罗蒂作为海德格尔的支持者把消极责任感问题强加于他，显然是不公平的。

作为哲学专业的学生，对海德格尔来说，显然会有一些非纳粹的选择。他们中有雅斯贝尔斯（Karl Jaspers）、蒂利希（Paul Tillich）和萨特。当时，海德格尔和他们都被称为"存在主义者"，但海德格尔不一定能得到人们最大的尊敬。诚然，这些思想家彼此间也存在很大分歧，如果《存在与时间》和《理性与存在》、《生、存在和虚无的勇气》至今继续受读者喜爱的话，对于海德格尔的罗蒂式主张，当然需要温和对待。因此，人们有理由拷问，用以区分海德格尔与这些哲学家的哲学差别的源头是什么？这些差别在多大程度上没有受惠于海德格尔（而不是雅斯贝尔斯、蒂利克或萨特）对纳粹主义思想体系的兴趣？这将是时至今日人学方面一个很好的研究课题。

然而，一旦"存在主义"作为一个哲学学派伴随着对其支持者的持续研究的消失（海德格尔除外），这样的问题就很难提出来。他被重新粉饰成对未来有巨大影响的转型人物：一个较大、较古老、为当今后现代欧陆思想奠定基础的学派"现象学"的最终解构者。有关海德格尔哲学课题的相对深度问题的研究显然是可能的，而且是合意的，尽管人们更愿承认，海德格尔突出的"天赋"与他的纳粹主义过去有着历史性的契合。不难想象，一个由未来的智识历史学家所做的判断，在当今可能会受到质疑："海德格尔的哲学地位在20世纪后期被人为地放大，以回避不得不正视'思想生活'（life of mind）全面标准的含义如此偏离了对普通人性的关注。"

总之，罗蒂充分利用了伦理上不对称的术语来表述思想的模糊性。人们把知识分子从其思想的不良后果中隔离开来，但却因其思想有好的结果而赞扬他们。这一不对称甚至可能出现在同一类作品中：科学哲学家严厉斥责自封的"库恩学派"，认为他们从他的书中读取了太多相对主义和政治激进主义，因为他们自己有选择地把视线聚焦于库恩间歇性的论述上：把范式作为高度赞扬和深层解读的概念性例证。此外，知识分子不管是多么的无意，都常常会慷慨地认同起源于自己思想的正面发展，而不管他们的行为多么有意，都会把责备留给负面发展。比如，人们通常认定科学家加快了人类的发展，即使这一发展出现在最初的智识革命发生几十年后（比如牛顿对工业革命"负责"），但要确认他们削弱了人类的发展却很难，即使是由最初的智识发明者引起的（比如制造核武器的现代原子物理学的发明者的责任问题）。即使在后现代弥漫的生活中，对思想的"正确"应用，也注定是浑然不清，我们在继续问责那些谴责尼采引发了纳粹主义的人的同时，却仍然认同比如洛克鼓舞人心的美国民主。为什么会有这样的不对等呢？

答案就在罗蒂对知识社会学奇妙的敌意中，具体表现为他之前关于波普尔的评论中。乍看起来，这种敌意有一定的意义，是一种对合法性暂时流动的真正分歧的反应。知识社会学要求智识生活的物质条件在对思想的价值评判上起主要作用，实用主义则要求它完全聚焦于思想可能带给其应用者的预期利益。一个发源于过去，一个发轫于未来。但对这一区别的强调意味着，思想独立于其物质条件这一观点有更深层的不同。知识社会学比实用主义者更质疑这一点。罗蒂认为，试图穿越多语境的哲学家，是"人类对话"的贡献者，尽管它是通过历史、社会的具体方式来表达的，但却反映出对人性一如既往的关注。他没有考虑替代选择的可能性，我们发现过去的人物有价值，是因为我们还能看到其原初语境的方方面面：他们的偏见变成了我们的偏见。所以对思想条件的批评是有必要的，否则我们就会被过去的知识所殖民，我在别处称其为"二级殖民主义"（Fuller, 2003, 第10章）。在后现代时期，我们如此全神贯注于在我们与历史的关系中去除目的论的蛛丝马迹，但却要承受为过去的惯性带动着的反转问题所困扰这一风险。

我们知道，"生成错误"并不是用来阻止思考观念起源于对其合法性的评估。它有一个更为精细的目的，即把负担转嫁给那些——像30年代生成错误刚刚被提出来时那样——主张爱因斯坦的犹太籍和对相对论的评价是不自觉地相关联的人(Cohen & Nagel, 1934; Giere, 1996, p.344)。某种程度上,这些血统可能会有关联,但仅仅有所展现还不足以生成这一观点。人们还会提出一种解释性说法:犹太人(或接触犹太人)怎样促成了这一特别好的或坏的思想的传播。但从逻辑观点出发,生成错误经常被人们误读,在此过程中又会产生另一个错误。因此,罗蒂所说的"一种思想的起源不需要对其合法性(效力)进行说明"是指,"思想的起源从来不必包含与其合法性(效力)有关的任何东西"。这一推论上的衰落,有时被称作"模态谬误"[23],因而情态词"没有必要"(或不必)被理解为"一定不是"(或永远不是),在这方面犯模态错误意指罗蒂推进了一个经验上应该开放的问题的概念性终结。可以肯定的是,在这种背景下,模态错误很容易发生,尽管人们或许不相信种族主义社会学家的发现,但是种族主义社会学家却最有可能对爱因斯坦的犹太性与其科学发现的重要性做相关的观察研究。不过这样一来,对生成错误过度严格的阐释,和拥有从表达的物质条件中抽取思想内容这样一个清晰程序相比,它与事实根据意义上的"政治正确性"有更大关联。

我们有必要在此探究一下,当逻辑实证主义者提出"发现性语境"和"评判性语境"的区别时(生成错误就是以此为基础),他们是如何看待这件事的(Fuller, 2000b, pp.78—92)。实证主义者认为,他们可以用不参照任何归罪性陈述可能拥有的、潜在的"思想语言"来重写或"理性地重构"科学命题。这一陈述只有被重写,才可能得到正确的评估。在这些被推荐的翻译语言中,有一级的述词逻辑、基础集合论(elementary set theory)和可能性基本公理(axioms)。这样一来,就连那些反犹太人的物理学家,也会以接受其有效性的方式,接受爱因斯坦的相对论。

这种策略有一个有趣的特点,与罗蒂不同,实证主义者不相信思想的起源及其有效性之间的明显差别,可以简单地通过阅读已发表的思想命题而辨别出来。事实上,他们相信,我们通常会在阅读中引进诸多关于文本起源的本质,从而会模糊这一区别,且不明智地犯下生成错误。作为一种预防措施,我们因此有必要从事一些非同寻常的活动,不管是逻辑翻译(如实证主

---

[23] modal fallacy,即在一个具有逻辑必然性的隐性模态推理中换上一个偶然的等介项。

义者自己所想的那样）、辨证的对抗（如实证主义的叛徒波普尔所坚持的那样）或是历史的理想化（像波普尔的学生拉卡托斯后来所争辩的那样）。人们通常认为，实证主义者赖欣巴哈（Hans Reichenbach）把发现性语境和评判性语境的区别神圣化了，他在列举认识论的任务时，就是按照下列顺序做的：描述、批评和建议（Reichenbach, 1938, pp.3—16）。换句话说，人们必须首先对围绕某一知识主张的心理和社会因素做全面了解，才能看清这一主张的表现行为是如何可能影响到其结果被接受的。这才是批评的主题，它可能会出现在某些主张是否应该被相信、被遵从等政策推荐方面。

实证主义者赖欣巴哈和实用主义者罗蒂认为，当读者评价像《存在与时间》这样的文本时，他们是从一个相当不同的认知立场出发的。如果说罗蒂把由发现心理学和知识社会学提供的洞识，当成是对伟大人物思想作品复杂性的一种非理性的"削弱"的话，赖欣巴哈则把这些领域当做科学评判逻辑的预备教育（尽管不是替代）。按照利科著名的区分法，实证主义者预想出一个让所有这类文本在其讯息能够得到正确认证和评价之前，就接受审查的"怀疑阐释学"（Ricoeur, 1970）——与其相对，实用主义者则改头换面，预想出一个"信任阐释学"，把伟大的哲学文本当成我们可以随意按照自己的方式进行解读的有效遗产。事实上，实用主义者冒着屈从于过分乐观者原则的风险，这一原则认为，如果一个文本不能给其读者提供长久的价值，它就不配享有经典地位。

相反，实用主义者一直从哲学上与普通语言学（Austin, 1961）及新达尔文主义（Dennett, 1995）保持一致。这些运动共有的直觉是（为实证主义者所反对），文本通过不同层次环境下的生存能够自我论证。但这往往涉及一个恶性臆断，并从根本上被用来评判"传统的重量"——这里我们应该提及罗蒂（Rorty, 1979）对最伟大的传统主义者奥克肖特（Michael Oakeshott）的口号"人类的大对话"（conversation of mankind）的感激。"人类的大对话"呈现出个人无法补救的认识局限。因此，经典（过去的集体智慧）提前把文本区分成容易处理的几个实例，我们可以从中确定自己的知识方向。这一判断很有"恶意"，因为它意味着从经典中清除的文本数量如此之大，现在重新思考从前被丢弃的抉择是无用的乃至有风险。然而，从对所有相关方案的慎重考虑，并结合这些文本随后可能会被阅读和运用的不同语境来看，如今的经典文本自身通常达不到那样的层次。相反，对它们的选择是"随意的"，是由许多局部的提议见者，根据特定的、褊狭的理由作出决定的结果，然后才产生出一个为文化或学科讨论构建框架的经典作家的总体模式。

然而，实用主义者认为，既然"我们"当中有足够多的人已经从这些随意的选择中受益，那么表面看来就没有挑战其合法性的动机。当然，从阐释意义上进行质疑的人，可能会希望不要对去中心化的自我组织的功绩做太过善意的陈述，即，它展示的只不过是人类适应大范围大形势的能力，迟早会转换成一种最优性（optimality）。而从一些独立标准来看，这种形势最不合时宜：事实上，任何一种合适的、习惯性地成为"经典"的哲学文本，都会带来某些利益，最终也能被转化成一种最优性。但是，不屈服于这一心理分析学家所谓"适应性偏好形成"独立标准的来源会是什么呢？最明显的来源是还未实现的理想，它在"流亡"中确立了判断实际形势的条件。然而，罗蒂反对这种超形势的理想，不仅因为它们冒犯了其实用主义哲学原则，而且因为他把哲学经典解读成向着自己并为了自己的利益。如果说逻辑实证主义者发展成对德国哲学文化的一个积极的抵抗者，这一文化优势极大地孤立了实证主义者中亲英派的启蒙兴趣的话，罗蒂则享受着作为目前"历史主体"、美国及其哲学文化遗产的受赠人的好处。因此，实用主义缺乏的是那些相信事情不仅可能较好而且一直都较好的人所拥有的批评的敏锐。这一区别对智识的批评至关重要，因为只有后者能对历史的赢家的合法性提出反事实的挑战。

在后现代时期，我们趋向于把这一批评事例理解为两个互补的境况，用拉图尔令人遗憾但却甚为贴切的话（Latour, 1997）来说就是，最好理解为"不批评"（acritical）。不批评境况否认释义语境的不同性，尤其是那些批评家和被批评者的阐释。我们或许可以说，伽达默尔之后，"（阅读）视野早已模糊不清"（关于这一观点，参阅 Cooper, 1996b）。这一观点被引入分析哲学中后，起先被解读为科学中"理论渗透观察（即任何观察都渗透了某些理论）"的人道主义方式，这意味着我们只能用自己的术语才能理解事情。批评因此被降格到批评者自我理解的某一时刻，通过对其理论稍事调整总可以得到修正。但是，我们还是应该感谢罗蒂、拉图尔及他们受到的库恩的影响，形势发生一百八十度大转弯，我们现在讲起话来好像自己的思想已经被他人(罗蒂)的思想或者其他东西的行为(拉图尔)殖民化一样。在这方面,"转向社会问题"已经可以把一直被视为相当主观化的东西客观化,或用库恩的话说,把我们置于这个范式之内,这个范式之外早已被哲学家占据。从逻辑实证主义者和波普尔那里,我们或许已经得知,理论通常是有关"选择"和"传统"的事情,它需要在潜在的堑壕面前得到细致的验证。但那意味着我们具有比后库恩学派愿意赐予的更多的合法权利。事实上,这似乎是说,随着我们被降格到感恩的遗产继承人和忠诚的铭刻装置[24],我们的主体性早已被置于接管的职务上了。

被认为是批评主义的互补的不批评状态,是对相对独立的替代性传统,即"相对主义"的完全认同。诚然,在相当薄弱和具体的意义上,这种认可是"批判性的";即,对那些主张所有传统都在追求同样终极目标的人来说是批判性的。从这个意义上说,格尔茨是一位相对主义的大师。然而,他却有意回避对关于传统互为存在的关系作出规范主张。事实上,缺省的自由主义,是通过认定每一传统只要不干涉其他传统的发展道路,就有资格追求自己的道路来运转的。如果说这一"隔离但平等"信条是为有耐性的文化政策而构建,那么容忍就成了那些不在乎或不敢面对他们的差异的主要品德。评论家是反事实的,因为他们与被批评者所代表的思想有利害关系。18世纪,升级为一种正式社会作用的批评,与作为正规认知科学的审美是一致的,艺术品的制造者和消费者都要遵守它的原则。简而言之,批评者和被批评者都渴望同样的理想,但却在实现的可能性方面持有不同意见。因此,真正的评论家最好被视为大众传统的非遗产继承人,而不是"次要"传统的代表。他们拥有的是"托利党的历史",是后现代的后批评家们乐于放弃的辉格党历史的镜像(Fuller, 2003, 第3章)。

当批评家的理解偏离其所处时代主流的理解时,他必须建构一个不同寻常的、首先关涉对表扬、责备和重要性的再分配、波及大范围的当事人、行动和事件的反历史(counter-history)。这些反历史,也称"修正主义",需要相当的技能来应对反事实的、尤其是那些与非真实的、假设表述消极责任感的可能性相关的东西。其结果注定存在两种意义上的争执。一种好的反

---

[24] inscription devices,将物质的物件转变为书写文献。

历史，比如津恩（Howard Zinn）的《美国人的历史》（1980），可以同时挑战过去已被接受的常规判断（以及它们提供给现在的合理性）和已被接受的证据和参考标准，尤其是在缺乏证据时可以得出什么样的推论等方面，这些证据要么是从未被记录过，要么是随即便被查禁了。

这里重要的是，津恩所写的是官方历史之外所有美国人（而不只是知识分子）生活的亚文化。历史编纂（historiography）的缺失，在智识历史上的声音要比在社会史、经济史和政治史中更洪亮。后者通常依赖的是大量的辩论、甚至是计算机模拟，拥有一些反事实推论的固定传统。正如我们看到的那样，人们在追踪思想发展的轨迹时，遇到了很多困难。这一事实，似乎从方法论上阻止了首先凭借清楚的因果属性对责任感做审慎的陈述。然而，这一本体论的终结，同样可能指向智识生活最终的自我服务特质。因此，不管在政治上存在多大分歧，我们都需要平等地对待历史上的赢家和输家，以免我们当中一些喜欢自称"知识分子"的人，让我们的读者发出感叹："谁在乎那些思想者？"

总之，每当知识分子快要背叛他们的天职时，似乎都会爆发一场关于知识分子社会作用的辩论。我对知识分子责任意义的批评，在库恩列举的负面例证的帮助下得到了发展，库恩与自己思想的政治含义的脱离，有时仍被神秘化为"一个纯正的询问者"到底该怎样去行动的说法。说真的，智识生活中持续存在的最大问题并不是政治压迫，而是知识分子疏于与目标受众的联系。总之，我会在下面的分析中探究智识批评（即知识分子批评）的方法论问题，特别是它与后现代主义和相对主义的关系问题。

在推动知识分子发挥其鲜明的社会作用时，我经常被指控为"后现代主义者"，我认为，这个标签更多是指当代知识的非理性条件，而非它带有荣耀的规范的标签。因此，我愿意接受后现代主义者这一称号，但它必须包含以经验主义为主的现实主义这个起点（Fuller & Collier, 2004，引言）。后现代主义一个令人欣慰的方面，适用于所有职务的"均等机会"理想，现在界定了大众媒体的认知视野。它还关系到一个负面含义：每种职位在政治上都变得危险起来，因而需要智识上的批评，权力对它的关注度越大就越危险。使职位成为问题的，不是其本质上的导向问题，而是既增加了他们的成功机遇，又增加了他们面对不利后果时得到庇护的、可以自行支配的力量。

"后现代主义者"的情感,助长了我对智识生活的"对称性"的解释,一个与科学知识社会学中强纲领(Strong Programme)的相对主义有关联的原则(Bloor, 1976)。这一原则作为一种解药可以对抗把有利于特权者的解释赋予历史胜利者这一趋势,比如坚持把牛顿力学解释成"真理"(至少在日常物理运动中是这样)时。换种说法,调用对称的规范性力量,是为了平衡认识的分类账(epistemic ledger),我称其为"禅宗历史相对论"(Zen historicism),据此,每个人的信仰最后都会与其相应的环境产生真正的关系(Fuller, 2000b, pp.24—25)。然后,所有的智识冲突都隐含着语境规范的失败,冲突自身有可能解决这一问题,如果解决不了,就会成为未来历史学家的一个任务。我把禅宗历史相对论与职业历史学家的立场结合起来是因为,即使历史上的输家也更愿胜过赢家,而不是与赢家在各自的语境中相对而存在。因此,在此意义上培养起来的"中立",支撑起了历史学家的权威,但受损失的则往往是那些论证中的历史当事人。我反对这种与相关知识分子的态度直接对立的对称。

对于广泛被接受的观念来说,这一态度是一个重要的替代,某些思想(如种族主义)应该在公共智识生活中禁止,因为人们认为,正是这样的思想,带来了政治上的负面后果。这一万物有灵论的思想观点,让我想起了我们永远不该返回的前现代时期。对种族主义的最好回应,也是对其他任何一种不友好思想的最好反应,就是用种族主义自己的术语来与其据理反驳。与种族主义间歇性的胜利相应的则是,正统知识分子的接连失败,他们不把他们的思想告知公众,接受公众的审察,结果导致"螺旋式的沉默"(Noelle-Neumann, 1982)。

作为后现代主义智识的同谋,相对主义本身一旦适当地相对化,相应的对称一旦从动态原则变为静态原则,我随时准备接受它的规范性力量。换句话说,智识批评的目的不是简单地修正,而是推翻认识权力的平衡。我的立足点是相对主义的原初起源,是早于思想本体论的雅典诡辩家,原初的知识分子(Fuller, 2005, 第1章)。诡辩家们认为,他们可以讲授公开辩论的技巧,使那些误入歧途的人在辩论中转移论证的重担,或者优势重分。这一技巧在亚里士多德轻蔑地归因于普罗泰戈拉[25]的"使较弱的论证变得更强大"这句话中得到了体现。典型的诡辩家当事人（在判断和行为上有错误的人），被迫进入一个反身的位置：如果我错了，为什么我被放在错的位置上？答案是关于通向辩论技巧的分析：当事人的"错误"背后，可能缺少进入辩护证据的途径，或许之所以设计这个案子，就是为了开启这些证据。这样一来，关注点就必然被引导到使当事人陷入劣势的境况。诡辩家称其为"契机"或"良机"：构想出这一辩论的人常常会赢。与这一趋势相左的是，诡辩家们有效地利用了后来被柏拉图称为"修辞"的技巧，其精髓在哲学的辨证传统中，包括卢卡奇的"反抗意识"和利科的"怀疑阐释学"，成为现代智识批评宝库中一个杰出的武器。

我认为，不可能在不首先把握好产生这些思想的社会条件的情况下，就把判断误读为思想（进而由此信任或指责相应的当事人）。否则，就无法说清这些思想到底是什么。这一点同样适用于那些在阐释中享用且对作者的意图作用大打折扣的人。就连罗蒂用于判断思想的纯粹实用主义的批评准则（据此"天才"被敬送给了比如我们认为其思想很有用的海德格尔），也假想了一个针对候选人的比较评价以符合我们（或者至少是罗蒂）概念图式中的壁龛。我想对这一假想给予方法论意义上的澄清：这个壁龛到底是什么？这些候选人又是谁？是因为与海德格尔的思想相关他们才注定会那么优秀吗？不管这些问题的答案是什么，显然，在罗蒂看来，他们不可能仅仅细读一两个海德格尔的文本就可以找到答案：需要将他的文本与其他相关作家的文本相比较。若不做这样的比较，就意味着对社会学迷信"传统之重"的屈从。

某种意义上，我的智识批评方法当然也是"相对的"。我没有假定存在这样的事实，比如哪种思想包含在哪一类文本中，因而那个文本就比其他文本更优越。认定《科学革命的结构》是有关20世纪知识特征最厚重的书，

---

[25] Protagoras，前490/480—前420/410，公元前5世纪希腊哲学家，智者派的主要代表人物，与民主派政治家伯里克利结为至友，曾为意大利南部的雅典殖民地图里城制定过法典；一生旅居各地，收徒传授修辞和论辩知识，是当时最受人尊敬的"智者"。据说晚年因不敬神灵被控，著作《论神》被焚，本人被逐出雅典，在渡海去西西里的途中逝世。著作除少数片断均已失传，他的思想只能从柏拉图的对话《泰阿泰德篇》、《普罗泰戈拉篇》中见到。

就意味着这本书根据其自身设立的准则，要优越于它的竞争者。事实上，注定会成为"经典"的文本的特点，意味着其他书都是要从它的角度去读的，并且还要通过招致不满的对比来强化它的经典地位。因此，如果说《结构》一书设定了科学认识论的标准，那么，就连波普尔、费耶拉本德、拉卡托斯或图尔明这些大家的作品，也注定会逊色不少。然而，如果我们采用从其他文本中衍生出的其他准则的话，库恩就不会显得那么光彩照人。事实上，这并不是一个无聊的推断，而是一个常用术语，《结构》就是第一个用这一术语来评价的。同样的命运也落到了海德格尔的《存在与时间》上，《存在与时间》起先被解读为存在主义的形而上学版，现在则被尊崇为预兆着后现代主义的书。正如库恩自己所言，代际转换，需要在最近的文本有机会设定一个新标准前才能发生。这一有关智识历史的社会事实，展现出了对"恒久重要性"裁定的随意性，但同样，它应该也会鼓励历代知识分子用自己将要带来的适合未来的标准来取代目前的标准。

然而，我的方法论显然不是不同意义上的"相对主义"。我期望恢复被鲍曼毁坏了的智识的"立法"态度。对于智识批评来说，这一态度最重要的特点是，批评家有责任构建起据此审查知识分子是否负责任的标准。换句话说，批评家在揭露他人的时候，同时也在揭露自己。这相当于基于议会政治选举过程的政策制定和任公职（office-holding）之间辩证的智识对等物（intellectual equivalent），它是18世纪的一大发明。当我们把这一阶段模式化为只关注善良的君主专制时，这一关于立法机关启蒙魅力反身的一面就被忽视了；对君主专制来说，"立法"意味着制定法律，不用考虑相关的制度检验和平衡。依我看，鲍曼非正统的"阐释"例子，就像职业上的怯弱，因为智识在此似乎正在步入他人（即权威）的曲调，其文本间的关系界定着我们的思想局限。诚然，阐释者之间存在很多分歧空间，但原文本（比如亚里士多德的文本、圣经的文本或福柯的文本）就像米尔顿的撒旦，不和谐声音的存在让它变得更为强大。

"怯弱"一词用在上文中似乎过了一些，但我们有必要强调知识分子的政治责任感要超出像"市民"这样的普通人类。知识分子因其社会地位不同，具有面对权力言说真理的职责。曼海姆和熊彼特显然是一个比另一个更爱嘲讽，他们都指出了知识分子与生产工具的相对分离。如果说知识分子在其思想上等同于社会上其他成员的话，他们则因其受保护地位而不同于其他成员。知识分子因其思想而死或受难的几率，要比非知识分子低得多。当知识分子陷入可怕的困境时，人们经常会越过实际政治去对待他们。更典型的是，知识分子会受到奖赏或鼓励去提出挑战传统智慧的思想，不管挑战结果如何。知识分子受保护的原因是多方面的。有的知识分子很富足，或者是资助支持的受益人。有的则像萨特一样，设法提供反建制思想的市场用以交流。但最常见风险也最小的办法是获得终身教席制。只要学者们不期望削弱大学的合法性，他们就有权利——实际上是在职业上被迫——推进启蒙事业。

当然，当反身性产生的大学文化批评，逐渐变得对维持大学生存的政府、董事会或社团赞助人进行更全面的谴责时，终身教席制的历史中也出现了其特色鲜明的界限纷争。虽然美国冷战时期和 20 世纪初发生过几起臭名昭著的事件，但最突出的还是对这些界限的考察太少了。与积极寻求新的思想视野相反，可能是因为赋予沉默的职位以声音，学术智识一般都固定在经院哲学和常规科学这些比较安全的地盘内。因此，学界背弃了他们作为知识分子的职责，正像富裕的资本家辜负了经济一样：他们看到自己银行储蓄的利率在增长，但却拒绝通过冒险投资把自己的资产投入市场（货币投机家乔治·索罗斯，波普尔的前学生，就是深谙这一行为准则的人）。与知识分子相关的"谦逊"一词的意思就是，愿意把智识主张交付给公众审查，这是一个为表明享有特权的社会职位设置的神圣职责。由后现代主义者哈拉维（Haraway, 1997）强烈要求的最朴实形式的"谦逊"，让我想起了社会学上的误导和道德上的推脱。一方面，当代文化是如此民主化，以至于坦率的知识分子不可能被过于认真地相待，这也是传统意义上对自我克制的忠告。另一方面，这一所谓对自我克制的需要，可能会掩饰知识分子职业职责所要克服的常见的荒谬和对失败的担忧。

这是我对特殊知识分子不加掩饰的道德判断的基础所做的简单思考。毫无疑问，反思其平静生活的学者们，喜欢对某一政权进行拥护和服从方面的区分。考虑到知识分子的政治判断很容易被别人批评，我们很容易想象出一个诱发他们忍耐的忠告："不要去评判，否则自己也会受到评判"，并借此去谴责那些全力拥护让人厌恶的政权的人。我们有必要把这一善意，扩展到那些因表达所谓"政治不正确"观点而牺牲或受难的人们。然而，知识分子一般不会属于这一类。知识分子有能力和/或职位,用一种可以忍受的方式,去表达一些令人不快的思想。因此,我们有理由把拥护和服从,当成知识分子对社会环境所做的同样积极的反应。当事人从中可以选择,也可以不选择;因此,我赋予消极责任感这一概念的一个重要性是:除非你自行对自己所说(或没说)的话有较大的决定权,否则你就不是一个知识分子。诚然,对某些错误和不公保持沉默,你的生活可能会变得容易一些,如果你对这些永远都不保持沉默,你可能会被送入精神病院。然而,我们应该对知识分子中常规意义上的可取和统计学意义上的正常进行严格区分。通过对比,即使大多数人在其年度税返回问题上都有欺骗嫌疑,但这也并不意味着这件事情就是可取的。

当然,有关知识分子常规意义上的可取标准,及对特殊知识分子做评判之间有趣的分歧,还存在很大空间。这些分歧永远都会随着对过去是如何成为现在的经验主义理解变化而增加,在这一点上,每个新时代都试图规划一个可取的未来。但我不愿看到这一质疑的线索被打断,乃至因为害怕反身含义而贬值。诚然,知识社会学所从事的知识批评,确实有一个让人气馁的趋势:探索者变得既更聪明又更肮脏。比起质问海德格尔的哲学智慧及其对纳粹的支持是否来自同一源泉——社会学家布迪厄(Bourdieu, 1991)、奥特(Hugo Ott)、法里亚斯(Victor Farias)和沃林(Richard Wolin)(他们四位都既是哲学家,又是历史学家和记者)的研究已经表明有共同起源——我们还可以对其提出一些更严肃且更具玷污性的问题。但是,之所以说海德格尔是一个失败的知识分子,不在于他是个纳粹分子,而在于他的怯弱。

在这方面,对知识分子进行批评中的道德判断,可能与日常生活中的道德及政治判断截然不同。例如,尽管萨特和阿隆在冷战中持相反立场,但作为知识分子,却完全值得对他们进行道德名望比较。我本人(Fuller, 2000b)对不关心政治的库恩,要比对他的冷战分子导师柯南特更苛刻一些。如果说柯南特公开捍卫某种意识形态上适合冷战中美国的民主科学的话,库恩则拒绝在自己的作品卷入围绕这一问题的论战中时表明立场。我曾说过(Fuller, 2003, p.215),只有在越战时期的美国处于政治压迫状态下,库恩的沉默才是可以原谅的。

对"我们"这个受罗蒂青睐的、具有自我认证含义的词汇来说,海德格尔的纳粹主义思想是一个道德问题，因为"我们"既想谴责纳粹主义是20世纪最大的暴行，又想称赞海德格尔是20世纪最伟大的哲学家。要使这两种思想获得一致，关键是"我们"如何认同海德格尔"思想"中的矛盾。但海德格尔自身的道德问题是不同的：只要纳粹党听从他，他就公开支持他们。一旦他们的路线不一致，他就保持沉默，即使战后给予他机会澄清其身份时他也是这样。作为知识分子的海德格尔，被迫要么重申要么撤回自己之前的纳粹主义，但他却把自己伪装了起来。

然而，海德格尔作为一名知识分子在道德上所作出的失败举动，对"我们"来说同样具有反身性意义。海德格尔最忠诚的捍卫者，诉诸他的政治纯真性来解释他的行为。但要认真对待这一解释，就要质疑海德格尔对思想和存在之间关系的理解的可靠性，"我们"认为他就此发表过很多重要言论。作为回应，大多数哲学家都很乐意接纳罗蒂这一结论：知识分子也是人。然而，这一对海德格尔"致命的缠绕（尘世烦恼）"（mortal coil）或"不诚实的音色"（crooked timbre）的善意的再认识，提供了不足以将其归入最伟大哲学家之列的理由。它最多是提供了一个不将其排除在外的理由。智识批评的更真实结论是：海德格尔的遗产是一个完整的废墟，需要"我们"有勇气去考虑是否有可能（或怎样）在不仇恨纳粹的情况下去发展其所谓的深刻智慧。如前所述，这并不是一个纯粹推测出来的问题，因为有很多不寻常的历史事例，如雅斯贝尔斯、萨特和蒂利希，如果他们替代了海德格尔，他们将会带给"我们"一个完全不一样的"我们"。

布迪厄：一位博学的公共知识分子社会学家

布迪厄（1930—2002）是位博学的社会学家，他近来发挥着真正公共知识分子的作用。同时，他还逐渐起着"全球知识分子"的作用，并遭遇到来自后现代主义者越来越多的反对，从福柯开始，布迪厄的对手中有来自下一代的拉图尔在媒体上的抨击。布迪厄的整个学术思路，反映了战后时代的主要去向：阿尔及利亚的去殖民化，强化初级、中级和高等教育中的社会区隔，作为社会再生产模式的艺术领域及作为智识生活焦点的大众媒体的出现，都反映出全球化的新自由主义明显在使法国福利国家逐渐消失。一个公正的盖棺定论是，布迪厄是位法国社会学家，其事业轨迹和总体影响与社会学领域学术奠基人涂尔干颇为相似——这是一份在我们这个越来越去中心化的学术文化中不易达到的功绩。

格伦福尔（Michael Grenfell）在其敏锐的、半业内人士针对布迪厄的文献导读中指出，不同于吉登斯成为布莱尔"第三条道路"的大师，布迪厄既不渴望也不会成为权力风口浪尖上的侍臣（Grenfell, 2004, pp.152—154）。布迪厄的态度如果不是别的，绝对算得上是抵抗的。对涂尔干持赞同意见的左翼式理解，为布迪厄的社会作用提供了范例。涂尔干坚信自己讲出了实现法兰西第三共和国公民共和主义的理想。从这一立场出发，社会学通过再生产理想知识，证实了自己的社会价值，且在社会实践不足时提醒社会应该关注这一理想，比如在德雷福斯事件上，涂尔干就公开支持左拉对陆军部掩盖事实的著名指控。

布迪厄和涂尔干共有的一个假设是，"社会"更像是一个规范术语而非描述性术语，具体来说，"社会"是一个值得适当地促进的表达集体愿望的术语，但却偶尔或经常性地被实际社会生活所阻挠。在这方面，布迪厄的巨著 *La Misère du Monde*，英文本译为《世界的重量》（1999），是涂尔干投注更多心血的《自杀论》（1897）一书值得尊敬的继承者。表面上看，两本书截然不同。涂尔干讲的是有关自杀者背景的统计数据的阐释，布迪厄讲的则是有关贫穷工人阶级各种失败的访谈的扩展评述。两部作品中占据主要地位的诊断影像（diagnostic images）也不尽相同：失范（anomie）一词表明，一旦个体脱离家庭和宗教联系就无法界定，穷困（misère）一词则表示个体无力解决提出很高期望值但却没有提供实现它的能源的社会系统矛盾。然而，涂尔干和布迪厄一致同意，需要一个强大的福利国家来补偿常规性亏损，他们就此所描述的社会生活的结构是有代表性的。

但是，布迪厄显然没有把涂尔干当成自己的同行（Grenfell, 2004, pp.15—16）。涂尔干和布迪厄在一个世纪长的公民共和国项目中朝着相反的方向发展。涂尔干试图构建一种文化，期望共和主义可能会在对普法战争中把法国引向耻辱的失败的波旁王朝及其党人的错误的怀旧中，确立明确的发展前景。涂尔干认为，战后教育体制的联合和还俗，最终会把所有公民包含在"团结"的通俗意义中，他用"团结"一词表达了孔德遗赠给这一由其命名的学科"社会学"的双重的政治—科学联盟。然而，这一政策却被扩展到法国"同化"殖民地的实践中，极力鼓励殖民地人们（尤其是在非洲）接纳法国文化。

布迪厄在服兵役期间负责记录（包括拍照）阿尔及利亚部落对同化的反应。那时的他意识到了这一涂尔干思想启迪下的政策的不成熟和虚伪。"有见识"的阿尔及利亚人，只是复制了他们在法国报纸上读到的意识形态分歧，根本没有考虑它们对自己环境的普适性。除此之外，这还导致世俗文化和宗教文化之间无意义分歧的扩大——目前已从基督教转化为伊斯兰教环境。即便是布迪厄服役后期阿尔及利亚抵抗的知识启示——萨特和法农（Frantz Fanon）——都必须在巴黎先选定，然后在阿尔及利亚开始严肃对待。这些大规模出现的错误意识，在年轻的布迪厄心中留下了不可磨灭的印迹，他后来的大多数科研活动，都致力于消除普遍主义者世俗教育政策的幼稚要求所带来的损害，这项政策只会强化社会失调和个人懒惰，尽管现在打的是共和国的"团结"旗号。

布迪厄沿着这条思想，找到了开明的博学者阿隆。像布迪厄一样，阿隆把社会学看成解决他之前研究领域内哲学问题的来源。1960年，布迪厄服役回来后，做了阿隆的助教，在阿隆的指导下完成了社会学研究课题，布迪厄也由于此次成功（现在有了福柯的帮助）于1981年被选入法兰西学院。按照母语是英语这一标准，阿隆显然属于政治系列中的中—左翼，但他的支持者却来自中—右翼，这主要是因为他对极端左倾支持者（比如他最大的对手萨特）的立场一直持怀疑态度，不过，这一立场只是在对最终没人感兴趣的虚伪和政治动荡作出解释时才能成功。这一怀疑主义，被他的爱徒布迪厄继承下来，布迪厄开始逐渐相信，一个强大的福利国家尽管存在不完美的地方，但仍是唯一解决因常规化而导致隐性社会问题的工具，这些社会问题包括教育体制导致的阶级差别的再生产。在其生命的最后十年里，布迪厄的很多政治行为都在试图调动各个阶层的力量，尤其是调动同行作家给政府施加压力，以捍卫作为一个整体的社会利益。

那些像我一样从阿隆的两册演讲稿《社会学思想的主要趋势》（1965）中第一次了解到社会学史的人都知道，他梳理出了一条清晰的线索，从1789

年法国大革命,到孔德和涂尔干,全面考察了 20 世纪否认社会冲突现实进而否认事实上人的责任的整体性社会概念。尽管当时人们很难欣赏这一点,但阿隆如果不是比萨特更像至少也是和萨特一样是一位存在主义者。毕竟,萨特经常写到,资本主义压迫者完全了解"历史的逻辑",知道他们的日子是有限的。这一"辨证理由"的出现,同时解释了他们在意识形态上努力寻找借口,以及颇受鼓舞的共产主义者努力动员被压迫者的原因。与其相反,阿隆想象到,人们总以为他们是在为了自己的最大利益而适时行动,但事后觉醒后,可能会在将来改变他们的行动计划。信仰马克思主义的萨特认为,人们只是在深思熟虑之后才明白未来的历史学家们会怎样评判他们的行动,因为历史进程是由客观条件决定的。阿隆则认为,人们直接决定着他们自身的命运,主要是因为不管是之前阻止了他们的力量,还是现在可能会解放他们的力量,都没有萨特想象中的那么强大。总会有一些事情可以去做,即使刚开始似乎所有的形势都反对你去做。布迪厄继承了阿隆的这一态度,从而可以优雅地在对社会秩序进行深刻的结构主义分析,和在对日益能动的政治行为范围抱有幻想之间进进出出。

阿隆的博士论文写的是历史哲学,他认为马克思和韦伯要比涂尔干对历史的动态特征懂得多。阿隆的这一判断在 20 世纪 80 年代布迪厄的思想中浮现了出来,当时布迪厄担任小学、初中教育改革委员会主席一职。在这一背景下,布迪厄(不成功的)主张重新大规模地引入历史知识讲授,让学生们"重新欣赏他们的思想结构"(Grenfell, 2004, p.75)。事实上,他把这一建议视为教师们"从下层反抗"索邦大学和那些名校中认知权力(epistemic power) 官方监护人的机会。阿隆从曼海姆的社会学知识中学到的指导思想是,对社会必要性的最大要求,比如以阶级为基础的社会特质,实际上是对偶发事件的神话化叙述 (Fuller, 1998)。这一建议或许可以表述为"讲授谱系学让目的论免疫"(teach genealogy to immunize teleology)。在此,布迪厄从两个方面超越了曼海姆和阿隆:

第一,他强调了阶级差别的自欺欺人特点。马克思主义者相信,这一差别是社会关系对于生产模式的最终主观性的反应,一旦这些关系因某种原因变得更为平等或至少合理,这些生产模式就会消失。然而，在把阶级身份的经济中心从生产转移到消费时，布迪厄承认那些所谓受阶级制度压迫的人们在再生产中是有同谋关系的，一是因为阶级身份市场上的维稳措施（文化研究存在的理由），二是对布迪厄来说更重要的，当人们试图在阶级身份之间转变时，就会有"如鱼离水"这样的"误解"。我将会在后面对后者进行阐述。

第二，布迪厄把教育视为一项措施，通过它，阶级差别才变成制度上的自欺欺人。如果说孩子们的口音和道德观念更多来自他们的家庭，那就是学校的体制为他们与他人的关系提供了一个坐标，按照这一说法，每个人都多少成为这一法国学者的失败版——他最终的成就就是在国家竞赛中获得高分。此外，这种难以实现的普遍包容 (universal subsumption) 理想却在教室里实现了，教师们日常以最小冗余度 (minimum redundancy) 和学生进行交流，并假定学生们已经掌握了之前学过的所有内容。学生们意识到假设永远都是错误的，而且总是由人制造出来的。因此，他们比自己表现出的状态，更担心被这一理想所"淘汰"。于是，学生们接纳了这些相当聪慧的交际策略模式，而且这一态度会一直持续到他们成年，从而极大地推动了社会上"符号资本"的流动。

大致说来，布迪厄的论述是马基雅维利式的，因为权力的关键似乎在于一个人劝导他人不要检验权力局限的能力——这一点在社会理论中一个更乐观的范围内被称为"信任"。然而，布迪厄观察到，人们的符号资本的大小，就是与他以得到信誉为目的的表现行为相一致的容忍程度，从而把马基雅维利的描绘极大地复杂化了。符号资本高的人的行为表现，可能会因不信任符号资本低的人的行为而受到信任。反过来，后者则可能因太明显地追求前者所拥有的地位而得不到信任。布迪厄创造了"听感音征/次等正确性"(hypocorrection) 和"吹毛求疵/矫枉过正"(hypercorrection) 两个术语，来表述这些互补性情景，一是通过阐述贵族们显而易见的懒散，二是通过阐述低层阶级有志向的人努力赶上"比他们好的人"的期望 (Grenfell, 2004, p.290)。

低成就可能会受到褒奖、超大成就可能会受到处罚，是布迪厄词典中最有名的两个术语惯习（habitus）和场域（field）之间动态关系的标识，大致来说，就是指人们很难改掉的个人才智和决定其社会价值的场所（Grenfell, 2008，第二部分）。这种关系不一定像听感音征/次等正确性和吹毛求疵/矫枉过正所显示的那种反动的范式实例。在革命年代，比如19世纪60年代的印象主义运动和20世纪60年代的学生运动，场域的重心变化如此之大，每个人的惯习都出了问题。在这种情况下，其他场域可能会提供，至少会暂时提供社会价值评估的准绳。因而，金钱可能会决定艺术的价值和知识的价值。

布迪厄认为，社会包括一系列实力均衡的场域，人们的惯习似乎标识出社会决定论，因为他们的阶级地位是在不同场域的交集中再生产出来的，但最终场域互相之间所产生的力量是不同的。这就不时地为革命行为的场域的再调整提供了机遇。遗憾的是，布迪厄试图将其与库恩的"科学革命"概念联合起来（Grenfell, 2004, p.172），结果却把事情搞复杂了。问题在于，科学革命来自于范式的内爆（implosions），场域则是其他场域的再结盟。或许是涂尔干的报复，布迪厄才在社会学考究背后梳理这一状况时表现出惊人的无效，尤其是他的"社会物理学"概念。这一概念似乎受惠于人文科学界结构主义转变时期的智识教父巴什拉（Grenfell, 2004, p.99; Fuller, 2000b, 第七章）。这或许可以用来解释，与其名噪一时的产量相左的是，布迪厄的社会学遗产，为何似乎只是像惯习和场域这些抽象概念一样半遮半掩。

如果说惯习—场域关系的自助性和自我意识特质已经得到了广泛探讨的话，那么其最终的学术来源却很少有人问津。布迪厄在进入法兰西学院成为官方最重要的社会学家后，通过他自身在学术权力之外的合谋，重新发现了存在主义的根源。在"反身性社会学"（reflexive sociology）的外衣下，布迪厄试图把左拉的衣钵当成"普遍的智识"，部分地用于弥补学者在管理和调整现代民主即学校体制中基本的主导和分层模式的作用。布迪厄认为，这一选择很简单：要么尝试去重复，要么尝试去改正过去的错误，当然这里的重点是"尝试"。

社会科学家的行为方针，在他们认识到自己在压迫性再生产中起着核心作用后，出现了有趣的跨国分歧。《资本主义美国的教育》(*Schooling in Capitalist America*)（Bowles & Gintis, 1976），是一部可与布迪厄的教育批判社会学作品相媲美的著作。然而，这两名哈佛出身的马萨诸塞社会主义经济学系教授，在与政治进行了一番简短的调情之后，便加入到斯坦福学院（如今他们在那里建起了社会经济世界中另类的计算机模拟），将其原来生活中的"物质基础"马克思主义兴趣，转移到认真研究社会生物学、进化论心理学和理性选择理论的复杂化形式等中去了。

  布迪厄从来都没有停止过推动政治领域内的一些事情，即使在他更讲实惠的同行们转移目标之后。例如，他一直坚决支持教育政策中的补偿问题，尽管社会歧视常常在新的基础上复发（Grenfell, 2004, p.91）。在很多自称左翼支持者的人被迫承认在任何国家政府基础之上探索社会公平的无效性时，布迪厄却坚持认为，所有这些措施意味着探索是没有止境的，因为国家政府在确保正向歧视不会通过无意中将其他人边缘化而将其受益者变成新的特权集团上，起着积极作用。当然，无休止的改革主义的政治很复杂，因为纯粹的歧视很少能同时穿越所有场域，比如政府会让更多的少数民族上大学，但却不顾他们实际上更需要一个与其成就相匹配的身份。

  与此同时，令人失望的是，布迪厄从来没有回过头来欣赏法国最上镜的知识分子贝尔纳-亨利·列维（Bernard-Henri Levy）所起的作用，作为一个坏小子，列维在20世纪70年代首次掀起了波澜，他把社会主义描述为"带着人类面孔的野蛮行为"，进而用血腥的细节记述了南斯拉夫和阿富汗的解放军犯下的恶行（Grenfell, 2004, p.152）。在此，布迪厄展示出了一种不可原谅的学术势利行为。在他看来，萨特和列维代表着两种敌对但却同样错误的普遍空谈家的观点。萨特依靠的是先锋党，列维则诉诸作为"普遍化"的自助式全球媒体。（由此很容易看清为什么福柯不顾自己对普世智识的担忧而支持布迪厄进入法兰西学院。）尽管布迪厄自主地改变了事业的方向，但他应该更关注马基雅维利"只要目的正当，可以不择手段"这一论调。布迪厄把萨特和列维的普遍主义，报复性地诋毁为无机质课题，但这等于不怀好意地说他们在玩弄自己的力量：他们按照自认为最有效的理想而行动。当然，布迪厄在这方面做的一点儿都不少，他建起了出版社，把目标瞄准流行市场。

  然而，一个更深层且同样有争议的论点，却藏在布迪厄反对"媒体影响"的背后（Grenfell, 2004, p.240）。他把持着肩负摧毁智识权力责任的大众媒体，这一角色权力之前曾由左拉在德雷福斯案中扮演过。左拉看起来是站在公正的立场上，因为他既不是铁杆拥护者，也不是专家见证人，而只是一个阅读报纸报道并从中得出自己结论的人（Fuller，2005，p.56）。他的判断的"普遍性"在于，声称自己代表不知情公众的明确意见（在依据法规公众意见具有一定分量的场域下）。布迪厄认为，如今的大众媒体已经抵消了左拉的作用，因为它们只认可自己创造的审理中的党人和专家。布迪厄谴责媒体越过了公众舆论的告知和指引之间的界限。他从来没有考虑过谄媚意义较少的非正统假设：当今大部分学者和作家从修辞上来说都是不称职的，即，他们在面对公众时不善于分配目的和手段的比例。然而，即使这个假设是正确的，1993年布迪厄组织"国际作家议会"来反对新自由主义的全球化力量这一做法还是值得称赞的（Grenfell，2004，p.154）。如果再没有什么的话，至少他的心还在合适的位置上。借用德国前社会民主党金融部长拉方丹（Osker Lafontaine）回忆录的题目来说就是，"它在左边跳动"（Lafontaine，2000）。

最后，还有一种情形发生在至少从1970年来为法国智识（分子）内讧提供了首要战场的讲英语国家（Cusset，2008）。在这一至关重要的场所，布迪厄的重要性，如果没有被低估的话，至少也是受到了系统化限制（如Schinkel，2003）。有关布迪厄在讲英语国家里的影响的争论，从其被选入法兰西学院起就开始了。厄尔斯特（Jon Elster，1981）在《伦敦书评》（*London Review of Books*）中，在《区隔》（*La Distinction*）英译本出版三年前对其进行了文献综述。厄尔斯特师从阿隆，在布迪厄之后的十年间，针对布迪厄的对手布东（Raymond Boudon，法国理性选择理论家的领头人，他后来将这一观点引入马克思主义），完成了他的博士论文。毋庸否定厄尔斯特对布迪厄和凡伯伦颇有见地的批评比较，他努力整合布迪厄的符号资本和文化资本概念的负面影响，从而为把社会资本视为20世纪八九十年代新自由主义学术圈和政策中绝对正面的观点来接受开辟了道路。

近年来对布迪厄的敌意态度，主要来自社会运动理论家图海纳（Alain Touraine）。图海纳是行为者网络理论这一当今科技研究首要学派的早期灵感来源（Barry & Slater，2002，p.305）。布东和图海纳都可被视为对20世纪末福利国家的明显失败作出回应的人。布东认为，失败原因在于，社会主义意识形态无力（也不必）维持现代自由民主所取得的成功。图海纳则持相反态度，认为失败是因为对自由民主进程的信任（如选举），在后现代时期这一进程表明已经不是一种能够表述真正社会利益的合适工具。人们习惯上把布东和图海纳之间的不同，用个人主义和共产主义这样的术语来对比，但这会错过他们对布迪厄的反对。布迪厄的社会学提倡国家/政府和公民社会之间应该严丝合缝，国家/政府只需要去执行社会决定的事，图海纳的社会学则主张这两者之间一种非常松懈的匹配，其中政府只是公民社会中自组织趋势中的一个（绝不是最有权力的）代理人而已。然而，从布迪厄的"再生"共和主义立场出发，这两种立场都通过重新利用统计上占优势的社会趋势，低估了政府的权限。

在对本小节的内容进行总结之前，让我们先来对比一下在阿尔及利亚实习的布迪厄和近二十年后在象牙海岸由另一位当时已经羽翼丰满的民族志学者、行为者网络理论最有名的实践者拉图尔的精神。两人都关心法国的同化问题，具体指法国本土农场实践知识管理的影响问题。布迪厄就是在这里首次用"deracinement"一词来指代土生土长的农业知识的"迁离"（uprooting），但后来他将这一词延伸到可以涵盖由同化主义政策所带来的异化的所有内容（Grenfell，2004，p.44）。

如果说布迪厄的观点带有后殖民地时期的特色，拉图尔的观点则指向后殖民的非洲。如果说布迪厄是想让阿尔及利亚人从法国人那里恢复自治的话，拉图尔则对使象牙海岸人把法国的实践吸收到自己的实践中去以促进贸易关系更感兴趣。拉图尔发现，法国的指导者如果能和象牙海岸人一起从事他们已经有所了解的（而不是努力在其经济和机械方面呈现相反的、抽象的）"法国式"特点，就更有可能实现他们的目的（Latour & Woolgar，1986，pp.273—274）。当时，在布迪厄早期的传统思想中，拉图尔的民族志被看成是对欧洲中心主义的再次抨击。事实上，拉图尔经典的科学栖息地民族志《实验生活》（*Laboratory Life*）（Latour & Woolgar，1986），就是他在非洲实习结束十年后才出版的，这本书明显带有布迪厄科学可信性的"资本循环"模式的影子。但当布迪厄在法兰西学院打败了图海纳之后，拉图尔转向其原本的民族志研究，即如何在全球新自由秩序下通过扩展网络来打开市场这一个案研究，由于全球新自由秩序既是后殖民的又是后法国的，从而消解了布迪厄一直努力维护的社会这一概念。

第四章

智识生活的即兴性

陷入剽窃和扯淡[1]间的学术界

学术交流的一种经典形式,就是口头陈述书写文本。电子稿得到广泛应用但基本思想仍然保持不变:学者们看着讲稿大声思想。我们把这种行为理解为思考缜密、说理严密、尤其是尊重听众的表现。然而,它或许还意味着学者们压根就不知道自己在说什么。我们是一群丑陋的自动酷偶(autocuties)。说得更确切些,可以证实我们不是很智慧,至少也是不知道如何去认识或评估智慧。真正有智慧的人知道怎样很好地即兴创作,学者们则不知道。

人们可能会想,一生专心从事某一主题的生活,至少会让学者们像那些不用花很多时间就能塑造出各种不同角色的职业表演者那样轻车熟路,可能会给人们留下恒久的印象。相反,可以练就这一技巧的学术生活(教室授课)则开始受到人们极大的质疑,尤其是如果它可能引发学生听众或正或负两方面的强烈反应的话。教育在当今学界同样充当着科研副手的作用。但是,

---

[1] bullshit,可以译为"废话"、"胡说"等。为了标识出作者对此行为的态度,本译文采用南方朔对本书的译名《论扯淡》中的"扯淡"。

就连那些主张保护教育的人,也乐此不疲地把讲课当成一种教学媒体。我想,如果他们认为分数很重要的话,名家和新手的差别也就不怎么重要了,只要把笔记正确地刻印在脑子里就行。

如果说即兴演讲在学界赏不当功,也无非是一种不受推崇的技巧。当有疑问时,我们会立即去寻找"屁话检测器"(bullshit detector)来贬低即兴演讲者。然而,在我们自己的群体中,太多被误认为是智识活动的行为,只不过是用来满足一种昭然若揭的期待而已。我们公开反对死记硬背,仅仅是因为它已经过时。但是,难道今天依靠剪切和粘贴来的课件不是更愚蠢吗?难怪希望会永远为假智慧的机械模式而跳跃!

再者,管理者不会因为这一行为而受到谴责。如果说会的话,他们可能还会因奖赏那些学者们自发(自然)显露出的趋势而得到奖赏。但或许我们的感激已经表现在我们已习惯的每一次新的学术审查制度的舒适中了。或许只有到了那时,我们在即兴演讲方面才会表现得很优秀。当学生们问起什么才是好答案时我们会很反感,但那是因为他们正确地意识到了,考试只不过是一种文字射击术而已。

从较为世故的角度来讲,这样的阴影可能会因为他没有说对或做对某些特殊事情,而笼罩着整个学术群体,尤其是在某一学科内。用学者们更喜欢的一种潜道德(crypto-moral)、假严密(pseudo-rigorous)的话来说,这样的同事是"不可靠"的。但不守细节为什么就是比小错误还严重的失败呢?因为没有一个有名的合理性理论来支撑较为严厉的判断。但是,合理性理论只重视相关事宜的准确性,学界重视的则是它是否与自己的专业知识技能有关。

曾有一个时期(五百多年前),大学教师(学者们)"照本宣科"是一件理所当然的事。那时,宣读准备好的教科书,为学生提供了一个复制他们学习所需要的东西的机会,否则他们便无从获得。但这是在印刷出版业、个人图书馆、廉价平装书(更不用说现今全球网站)出现之前的事。然而,那些传递原初知识的过去,不仅依然残留在我们不好的讲课习惯中,而且还存在于我们所谓的、来源于拉丁文朗读的"讲课"实践中。

当然,大学教师(学者们)以一摞书籍当道具,从中"随意"抽取几句话大声朗读,然后再来一即兴重复——相当于爵士乐艺术家或演员约翰·塞森斯（John Sessions）在 20 世纪 90 年代英国即兴时事讽刺剧《到底谁在线？》（*whose line is it anyway*？）中的精彩表演——原本无可厚非。其魅力在于（在法德比在英国更甚），模仿可能是统治的最虔诚形式这一思想。

当老一代学院派人文学家抱怨当今学生读文学批评要多于读文学作品时，他们并非不满于这种寻找智识的权宜之计，毕竟许多文学批评至少和它所批评的文学一样有难度。而且，人文主义者们对学界那些通过比较使人们变得对原文本更无兴趣的即兴创作者的才华深表遗憾（大家去读一读就会明白）。事实上，从教于耶鲁大学的文学评论家布鲁姆，就是借助弗洛伊德把这一观点概括成一种获取文学伟大性的策略。布鲁姆在《影响的焦虑》（*The Anxiety of Influence*，1973）一书中认为，所有的诗人都很害怕他们已经死去的智识父辈们（即那些他们曾剽窃过其作品的人），担心会被人发现。反倒是那些以其即兴技巧使自己逃离谋杀者的人，成了伟大诗人

说到学术文化，最近从剽窃禁忌转移到有关知识产权安全性的全面的道德恐慌，表明了蔑视即兴创作背后可能还存在对智识衰弱的认可。毕竟，我们如果不顾其起源，坚持认为任何思想产物都会向着多种新用途开放，并且在任何情况下都会有更多要思考和说出的东西，那么偷窃文本和思想会显得如此有罪吗？这里我们看到了即兴创作者的原罪：他拒绝说出他到底知道什么，或是拒绝去了解他到底说了什么。一方面，他将已被论证过的思想像新思想一样呈现出来，叫剽窃。另一方面，他呈现出新思想，好像它已被证实过似的，叫扯淡。从剽窃和扯淡之间这一不光彩的同盟来看，即兴创作者密谋从不可靠性中导出一种美德。

可靠性问题一个更轻松的观点，可以在学科之外找到。诚然，这可能会导致人们对作品的智识价值作出"绝妙"判断。"范式"和"科学革命"的推广者、20 世纪后半期最具影响力的科学理论家库恩，就是一个很好的例子。库恩被推崇为历史学家、哲学家、社会学家、乃至科学心理学家。然而，作为一名只接受过物理学教育的人，他在所有的哲学学科领域内都是如履薄冰，从实习者角度来讲，他常常在裂缝处栽跟头。然而，他却被人们称为天才。

如果库恩取得的成就是他一直努力想要达到的结果，那么他会是一个天才。他会成为一个伟大的即兴创作者，从不同学科中的明确主题开始，将其带向与这些学科的实际发展被忽略或相冲突的新方向。像那些伟大的即

兴表演员和音乐家一样，他的天才展示出他有足够熟练的技术，以至于听众竟忽视了他露出的任何缺陷。为什么？因为给予缺陷以自由是比仅仅做对事更好的事情。但库恩表现得更像一个傻瓜而不像一位学者。对他的接受使他完全乱了阵脚，他拒绝与它合作。事实上，他后来的作品给人留下的印象是：他能写出杰作《科学革命的结构》完全是个意外事件。一位真正的即兴创作者，如果他愿意承认自己是在吹牛的话，只会在事业的后期才去这样做。

相反，想一想与库恩同时代的法国人阿尔都塞（Louis Althusser），20 世纪 70 年代最具影响力的西方马克思主义者，他在回忆录中承认自己对马克思的了解大都来自道听途说，以及马克思的学生们的论文。说实话，他的光耀要比库恩的荣光消退得快得多。比傻瓜还要糟糕的是那些让别人看起来像傻瓜的学者。但是，这一特征本身不必受诅咒，前提是如果其他人跟上来，拨乱反正了你的作用，把一切归整到一个好的学术秩序上来。不幸的是，阿尔都塞的即兴创作能力，都投注在对马克思主义极权主义趋势做智识维护上。如果共产主义赢得冷战胜利的话，他可能仍会被视为天才。

为了避免过分让未来的学术即兴创作者气馁，我先来谈一位大师，他凭借对世界历史时机适时的把握，走在了他的怀疑者的前面、维护者的后面。我说的就是科学革命的偶像伽利略，他充满了意大利文艺复兴时期的 **sprezzatura**，一种看似随意实则有意且能轻而易举地完成某一艰巨任务的能力。伽利略那场著名的实验数据是推理出来的，而不是完全捏造的。他主张望远镜具有伟大的力量，但它成像模糊，他自己无法解释其光学原理。最重要的是，伽利略不仅仅提出了宇宙的非传统观点，他还明确指出自己的观念应该替代教堂的观念。毫无疑问，若不是其后两代科学家借助于伽利略的灵感而对其大加赞赏的话，他的声誉将会要么和库恩一起在炼狱中消退，要么和阿尔都塞一起在地狱中销声匿迹。

库恩、阿尔都塞和伽利略的故事（及其不同命运），强化了即兴演说特有的智力品牌。其天赋只有在和观众持续互动的情况下才有保证，因为它确实是随着人们的附和／支持才产生的。这种互动通常包含确保观众能够理解每一次奇怪的转变事实上都是为了变得更好，不信任的怀疑是有回报的，它会给人带来一种愉悦的吃惊，让人去重新评价先前已经显露的事实。在这方面，正如伽利略的例子告诉我们的那样，即兴创作者总是会为争取更多的时间而拖延。

那么，一个友好的即兴创作学界会是什么样的呢？当然，公共表演的标准会有所变化。对于那些不加任何注释的粗俗的讲座，如果他们能够回答观众的问题，我们尚可容忍；然而，对于那些只不过因偏离了他们精心准备好的课件内容而对所提问题置之不理的人，我们则无法接受。我们会用双重的"扩展/有限"，而非"草率/缜密"，来描述这些人的相关智识。

这种标准上的变化，可能会产生一些有趣的连锁反应。学者们可能会质疑被邀请来的演讲者的"附加价值"，他们只不过是在背诵人人皆知的作品而已。他们可能会坚定而自信地提问演讲者一些超越其知识领域的话题，甚或是将此作为邀请他们的条件之一。总之，这一变化可能会把讲座从普通的干巴巴的思想，再注水变成一个精神饱满的探索的机会。

我首次见识到教学中的即兴创作，是在耶稣会士中学的一次数学课上。老师请学生证明一道几何题。即便第一位学生做对了，老师还会继续问大家"谁还有别的解法？"果然，我们中的大多数人都会提出各种各样新颖独特（常常是错误的）的解法。老师等到我们最后再也想不出新解法时，才让我们知道自己是错的。但他会告诉我们，这些方法中的大部分（如果不是全部的话），在其他条件下是完全可行的。我们当中没人知道在这类室内活动中，彼此之间会听到些什么，但这些室内活动仍然很有意义。毕竟，探索的原因，最好是由有趣的错误，而非可信的正确来提供。

扯淡：越治越糟

法兰克福（Frankfurt, 2005）的《论扯淡》一书，是对长期以来著名的同时也是问题突出的西方思想界的最新贡献，西方思想始于愤世嫉俗者的质疑，一直致力于履行知识诚实的信念。我之所以认为"问题突出"，是因为柏拉图对诗人和诡辩家无奉承之意的描摹，标志着反扯淡哲学战争的开始。柏拉图在《理想国》中就是利用扯淡，把"金属的迷思"（myth of the metals）发展成社会分层的原则。这一双重思想，在伟大的 20 世纪柏拉图主义者利奥·施特劳斯这类新保守主义跟从者那里，并没有消失。

在他们看来，历史上一些伟大的揭穿扯淡者的专家（既不是法兰克福，也不是他的榜样维特根斯坦），毋庸置疑是有罪的。这让我们想起了尼采和他的崇拜者：发明了扯淡一词委婉语"废话"（bunk）的伟大的美国记者门肯（H. L. Menckcn）。他们同样是愤世嫉俗之人，从未放弃过对自己所揭露之人进行道德评判。同时，他们还试图解释扯淡的具体形式的适应性优势：扯淡者或许怯懦，但绝不愚蠢。犹太人、基督徒和穆斯林（说得更具体些就是他们的牧师），或许缺少对至高无上的神的界定证据，但神的存在的完全可能性，却以政治上有效的方式，确实吸引了人的心智并禁锢了人的身体。

尼采和门肯的诸多声明，招致他人对他们的评价：是思想不稳定的尼采，还是嗜酒如命的门肯，鼓舞着我们相信自己有能力生活在这一随意扯淡的世界上？更进一步来说，一意孤行的扯淡到底精炼还是粗俗了人们的人性观，或者就此而言，是提高还是降低了人们认识真理的可能性？因为每一个见识过尼采和门肯揭露假预言的人，都会被他人视为不折不扣的怀疑一切的人。如果说扯淡很容易被发现且太根深蒂固，那么揭露扯淡的人的自我判断就值得怀疑。易卜生（Henrik Ibsen）的经典戏剧《野鸭子与赫达·盖布勒》，就用"生活谎话"的必要性，对这方面进行了探究。尼采和门肯都被其诋毁者视为"虚无主义者"，那些诋毁者挡上真理的刺目光线，揭示出揭露扯淡者谎言的人，正巧是一个对某些人怀着不健康兴趣的、自命的专制主义者，而对于这些人的思想，他们既无法尊敬也无法改变。删除了一个虚无主义者，却多了一个被放逐的独断家。

揭穿扯淡的人，目的在于改变人们对道德品行的认知态度：只有那些合适的人，才能了解现实。这一思想在得到与传统上柏拉图和亚里士多德有根深蒂固联系的哲学家们的广泛认同时，也不乏持异议者。意见分歧主要体现在"修辞学"的历史上，"修辞学"一词是柏拉图用来魔鬼化苏格拉底的辩证对手（诡辩家）而创造的。如果你付得起日常费用，诡辩家们随时都会向任何想赢得辩论的人传授某些技巧。许多诡辩谈话者（sophistic interlocutor）都试图让苏格拉底明白，想要把握这一技巧，确保听众的信任是你唯一需要具备的知识。苏格拉底在很多方面对此予以反驳，他的观点在随后的哲学史上经常被合并在一起。尤其是苏格拉底对于诡辩家技巧的可信度，通过一种更根本的批评被综合在一起：诡辩家的技巧是基于人类易受骗的特性，而非由现实所决定。

扯淡是在这一善意阅读下的诡辩，它承认真理本身可能并不会强大得足以抵御人为表现出的并非完全错误的主张，正如英国俗语所说的"谎话连篇"。法兰克福在强调扯淡和谎言之间的不同时，显然胸有成竹，尽管他是通过将扯淡者对待真理的态度总结为"冷淡"这一方式，一举击中诡辩术的要害。相反，一个多才多艺的扯淡者，必须是人们趋于认可其为真理思想的好学生，只要他为达其目的而去迎合这些趋势。在此可能会冒犯到法兰克福和其他哲学家的是，认为真理只不过是用于达到个人优势的工具这一思想。概念框架仅仅用以娱乐，之后再像他们的功利许可证一样被遗弃。我认为，冒犯的本质是与此态度相关的天赐的视角——一种可以用超然方式去对待这些关系的思想，在这种关系下，人们通常将他们的关系与现实进行调和。揭露出来的扯淡者，变成一位消失了的上帝。

这一神学意义上的含义是蓄意的。在基督教原罪的等级中，与扯淡最接近的词是尼采和门肯的公敌：虚伪。然而，韦伯考虑到资本主义的兴起，明确提出基督徒在对虚伪的定罪方面并不一致。有人认为它只是一个有效地追求目标时的不幸的副产品。本杰明·富兰克林的《自传》，对这一状况做了极精当的定位。他认为，从生活中可以学到的是，人们的诚实应该总是与其说话情景的要求相匹配。人们有可能说得太多或太少，对每件事都说真话，结果会显得不是太无能就是太不诚实。言语上不温不火，对谁都没有好处，尽管它可能代表着"真理"的某些抽象意义（有关富兰克林的最新辩论，"虚伪的文明化力量"，参见 Elster, 1998）。

富兰克林的建议，经常被视为一种犬儒主义忠告，但却标志着人类思想从被动的接收器，到一个有创造性的媒介的重要转折。像许多其他美国的创业者先父们一样，富兰克林从基督教转向了唯一神教派，这意味着耶稣本人标志着人类和神圣的知识分子只是程度上有所不同，而非类别不同。就像圣经中上帝与人类的交流是基于"需要知道"而非完全启示，部分是为了促进像自由代理人一样的我们获取上帝般的权力，把持着世俗世界里人类交流的道德也该如此。结果就是，我们可以从彼此身上引发出我们自己的创造性潜力。这一强制令的成功，可以通过现代广告对公司预算的殖民化来估量：什么样的销售对产品来说最终不是本质上的，而只是人们有关这一产品的思想，哪种广告是邀请消费者为了自己而创意出来的。

不管人们如何理解富兰克林的神学，显然，扯淡者作为伪君子在认知能力上与说谎者和揭穿真相者不相上下，他们并不是一些缺乏具体能力的人，他们一旦掌握这种能力，扯淡的习性就会受到阻止。我之所以强调这一点，是因为揭穿扯淡的人，通过模糊他希望逃离的某一情景中的认知及道德维度，可以获得相当大的修辞上的好处。这通常会涉及对诚实这一心理上难以理解的状态的假设。诚然，在这样的民主时代中，揭穿扯淡者的人很少公开宣称扯淡者缺少"良好品德"，这可能会引来某些不快，更何况那些扯淡者的杜撰品有时是无法证实的。然而，有关"德性认识论"(virtue epistemology) 文学，正好促成了这一无节制的判断 (Zagzebski & Fairweather, 2001)。

不过，通过其他途径也可以得出同样的效果。例如，索卡尔 (Alan Sokal) 在十年前就曾提出，法国的文学哲学家和他们的美国崇拜者，如果没有科学修养的话，是不会轻而易举地从尖端数学物理学中推论出后现代结论的：如果你懂得更多或受的教育更好，你就会做得更好 (Sokal & Bricomont, 1998)。但请注意"做得更好"的隐含意义：并不是亲法哲学家应该从尖端科学中得到反后现代的结论，而是根据索卡尔所说，他们压根就不该从任何地方得出任何结论，因为科学并不直接对话于亲法哲学家们感兴趣的较宽泛的文化问题。（当然，当波尔和海森堡这样伟大的科学家自己穿越了这一界限之后，再去一本正经地保持这一姿态就更难了。）

因此，当人们很容易看出扯淡者明显的无能时，揭穿扯淡的人则被他们言语上的伪装和缺乏自律所困扰。贸然步入这一还未被专家鉴定的领域，在"对"与"错"未被标明的情况下，扯淡者往往表现得颇具权威而不是保持沉默。这一态度不同的原因何在？我想起了来自于康德的传统上用于理解早期现代哲学史的思想：对于同一不确定知识的探究，扯淡者和揭穿扯淡的人，分别是从理性主义和经验主义的视角出发的。扯淡者对不确定性问题的解答，采取的是从一些本是想象出的选项中作选择，揭穿扯淡的人则会从一些外部经验（如证据）中决定真理何在。我认为，科学的方法在很大程度上是这两种态度的一种"辨证综合"，消除彼此的过分成分，进而构建出比各自独立完成更有力的知识结构。

可以让揭穿扯淡者的人得到慰藉的是，真正掌握某一知识体系所需的时间，保障了新成员对其相应实践的主要信条的忠诚。同时，包罗万象的纪律，会在几年里制定出来，艰难地提供给扯淡者可能希望推行的相反的"真理"。库恩把这一趋势奉为"常规科学"。他认为，对于科学的正统观念的激进的取舍，必须等待主流范式自我毁灭后才能完成，这可能会需要很长时间，因为错误界定的概念性异议（即扯淡），会为了反对这一范式的经验主义成功而斗争。同样，从潜在的批评到对主观意识顺从这一自我转换，是一个减少社会心理学家所称的"认知失调"问题：所有那些科学训练中的努力，尤其是它一旦有了安稳的社会身份和（或许不太安稳的）就业途径，是否就会变得徒劳无益呢？数学家帕斯卡（Blaise Pascal）著名的赌注，是对这一思想最基本的诠释：我们应该通过接受基督徒的生活方式，以生命担保上帝的存在，这一生活方式会让我们在神的任何征兆显现时，我们都会接纳。与科学领域一样，宗教领域同样如此：发现只给予那些有准备的人。

但是，如果维护和挑战知识主张变得较为容易，而无须进行博士生培养这样的个人转变的话，结果又会怎样？在缺乏扯淡这一制度化的免疫力的情景下，结果会变成诡辩家的天堂。真理将会在某一天由什么人偶尔的深刻论证，或是通过大家相互认同的验证来确定，根本无需在意之前的业绩或表面上的真实；现在就拿给我看。科学方法很大程度上就是在这种思想框架下发展起来的，这种思想框架会对所有权威形式持很深的怀疑态度，除非那些权威建立在经典文本或一些经典的集体经验的描述之上。这种不信任，以我们经常看到权威声明的失败为生，而与人们自发想到、感到或经历过的东西相一致。

这一观点曾在西方传统的巅峰时刻使听众的良心（而非言说者的忠诚）成为终审法院。这让人们对天主教走向神的救赎仪式捷径产生了广泛的怀疑。结果导致新教主义者对扯淡者有更大的宽容，而且理解了现世中的每个人都如履薄冰。"随机应变"这一词语，很好地抓住了关注良心且将其当成通向真理的即兴性这一必然特点。到最后就只剩下一位揭穿扯淡的人：上帝，并且无可替代。

揭穿扯淡的人不仅相信存在真理，而且也相信他自己通向真理的道路是完全可信的，根据这一基本准则，其他人也该对自己的行为负责。新教徒似乎已经准备好接纳前者,而不是后者,这就是为什么人们鼓励(或排斥)持异议者建立自己的神职。诡辩家们否认的似乎是前者,也可能是后者。新教徒和诡辩家都是传播扯淡的不二人选,因为他们承认我们通常可以用现实识别不出的术语来讨论现实——或者至少不需要它直接作出"对还是错","真理还是谎言"这样的回答。如果那样的话,我们就必须捏造出研究的偏斜和现实回应的迟钝这两者之间的不同。这一"不同"完全可被视为扯淡。当这一态度被具体化为思想哲学或语言哲学时,它就变成反现实主义。而其对立面,揭穿扯淡的人的背景哲学,则是现实主义。

这两种哲学的精髓之不同如下:你相信自己所说的和所听到的一切都是扯淡,除非你有办法表明它是对是错;或者你所说和所听到的任何事情都是对的或错的,除非你能证明它是在扯淡。前者是反现实主义者的回应,后者是现实主义者的回应。从这些术语中我们可以看出,反现实主义者认为现实天生就是危险的且总处于建构中(信仰者要当心),现实主义者则认为,现实总体来看是稳定而有秩序的——除了那些试图通过制造扯淡以规避制度的恶魔。由此看来,《论扯淡》一书可被有益地解读为抨击反现实主义者的个人推论。法兰克福在书中最后顺便提到过这样一个释义(Frankfurt, 2005, pp.64—65)。然而,他似乎很乐意把反现实主义的模糊意象提升为知识上或许道德上的草率行事,而没有将其当成是哲学上本该有的诚实态度。

法兰克福把维特根斯坦当成历史上一位伟大的揭穿扯淡的人的陈述,就是一个典型事例(Frankfurt, 2005, pp.24—34)。他提供了一个很有说服力的逸事:这位维也纳哲学家反对法尼尔·帕斯卡(Fania Pascal)"病得像条狗似的"这一自我描述。据说维特根斯坦告诉帕斯卡她错用了语言,充分利用了听众混淆字面上的谎言与真实条件,从而使听众对人类中心说的偏见持默认态度。维特根斯坦的反对归结起来就是:主张在明确的艺术文本之外,我们的智识目的永远都无法单独用来评判我们的语言学方法。法兰克福把这一点当成有关语言是如何建构现实的永恒真理。但我们却可以很容易地总结出,尤其是当我们想到这一"真理"其实是在七十年前就被人提出来的这一事实之后,维特根斯坦的恼怒表明,在他一丝不苟的外衣下,掩盖着的是他严重缺乏想象力。

维特根斯坦的草率判断,预示着人类对犬科心理学缺少真正的理解途径，这表明任何对狗的喜爱都是纯粹想象出来的。对他而言，方法的缺失，是语言的字面意义运用上一个不争的事实，而非以语言的修辞为某一开放式问题提供进一步研究的答案。然而，懂得一些新达尔文综合法的科学家们（正巧是在维特根斯坦发表声明的时期形成的）有关"进化心理学"的研究，颇有争议地缩小了人类与动物的思想活动之间的差异。因为这一研究颇为前卫，所以维特根斯坦曾自信地宣布，当时被认为是扯淡，明天有可能会被认为是有先见之明的真理。然而，任何持这种可验证的、易变的观点的人，不管在维特根斯坦还是法兰克福那里，都得不到太多安慰，他们大约在1935年的做法似乎告诉人们，英语语言学直觉就应被认定为是可以论证的绝对真理。

热衷于揭穿扯淡的一些哲学家，习惯于把维特根斯坦的话当成很深奥的思想，而从未想过维特根斯坦自己很可能也是一位伟大的扯淡大王。我曾援引过的尼采和门肯这两位伟大的揭穿扯淡的人，都是从自己的观点出发来谈论的，从而使自己在批评者面前变得很脆弱。维特根斯坦采用的是经典扯淡者的腹语术技巧，从他人或别的地方的权威出发来言说，以免与批评界发生正面冲撞。

我审慎地用了"采用"一词，因为维特根斯坦并未表现出对修辞学进行过深入思考。他到底想要做什么：是想谦虚地讲话而不用控制自己自发的傲慢行为，还是想尽可能温和地实践其自以为是的优越感以免吓坏那些无知者？不管怎样，维特根斯坦成了一位（对某类哲学家来说）语言学操行标准的持有者，"语言"在他那里被当成现实自身的代理。当然，对于扯淡者来说，这一描述同样适合某些以其强硬的人格威胁易受影响的人对自己的思维过程持怀疑态度。因为对于那些最成功的扯淡者来说，这一技巧仅在其达到预期目的和文献参考规范发生改变之后才能显露出来。因此，维特根斯坦对帕斯卡关于其健康状况的描述的深切关注，至少会让当今一些读者感到吃惊，如同牧师针对教区居民不纯洁的思想的忏悔表现出的不愉快一样。无论是哪种情况，帕斯卡都会为这些打破传统的东西而感到震惊，而在传统之内维特根斯坦还在继续思想。

如果维特根斯坦是个扯淡者，他会如何去理解像法兰克福这样一位专业扯淡的敌人？大部分扯淡都是朝前看的，维特根斯坦则不是。扯淡者通常会提到那些看似有理的事情使听众免于对其真正价值进行检验。这意味着证据整装待发，随时准备出击。但是，这样的证据确实存在吗？扯淡者在此和时间赛跑。资料来源核对上的充分延误，已经援救了这一能力，甚至还发展了许多扯淡者的先见。这就是费耶阿本德（Feyerabend, 1975）对伽利略的"发现"所做的臭名昭著的陈述，他总结说，他的教皇检察官起先是依据他们的怀疑态度来断定的，即使伽利略的追随者随后弥补了他的认识论缺欠。

相反，维特根斯坦扯淡的唯一标志是保守的，总是提醒听众和读者他们已经知道但或许暂时遗忘了的东西。维特根斯坦经常大量引用事例来应对他的对手们，所以表达这一模糊概念就变得相对容易一些。其技巧在于，立即将身边事例的背景，转移到20世纪50年代牛津哲学家所谓的"范式事例"，将其当成不证自明的用法标准，来应对关于身边事例的判断。英语不是维特根斯坦的母语，但他却用这一辩论模式，极大地影响了一两代英国哲学精英们，这成为有抱负的扯淡者一直怀恨在心的事情。盖尔纳（Gellner, 1959），另一位移居奥地利的匈牙利移民，因为提出针对这一演变情形的尖刻判断，最终被英国哲学当局遗弃。他认为，维特根斯坦的成功证实了他满足英国人阶级焦虑的能力，这一点尤其表现在语言的运用上。这一语言驱使下的阶级焦虑在学术上的升华形式，在社会语言学的学科中（Bernstein, 1971—77）依然存在。

然而，盖尔纳的判断在半个世纪之后受到了抵制，尽管维特根斯坦对哲学想象的掌控在其死后明显削弱。一个原因是，诸多活着的哲学家们，仍在维特根斯坦的航道上航行，所以宣布他是个扯淡者无异于学业自杀。第二个原因同样有说服力：它针对未来的揭穿真相的人起着一种保险作用。你可能会认为这将使他的哲学解脱变得不可信。相反，维特根斯坦飘忽不定的性情，同时也被当成其诚实本性的证据——与扯淡者放荡不羁却精于算计的性格颇为不同。维特根斯坦没被贴上扯淡的标签，是因为他自认为是白痴专家。相反，揭穿扯淡的人矛头直指那些能在其头脑中策略性地区分现行的证据状况和他们愿意留给其对手们的信仰状况的不同。这样的心态之前我们已经见证过。用源于希腊戏剧中戴面具的演员的经典名字"虚伪"来命名它，可谓再合适不过了。

扯淡者是一个彻头彻尾的伪君子。如果你认为伪君子精神分裂（mental divide）中伪装的一面正是证据的分量所在，这听起来就有点可恶了。但要是你认为伪君子的伪装之后潜伏着关于真理的很大的不确定性，那么其外表形象就是一个反抗的、尽管可能还是命中注定的、把某些秩序强加给一个否则就会混乱不堪的世界的姿态（gesture）。在这一点上，有些读者可能会质疑把扯淡者描绘为英雄的存在主义者，在绝境中吹嘘着他们的方向这一看法。毕竟大多数情况下，我们难道不是常常对证据的指向有一个合理而清晰的感觉吗？如果果真如此，唯一有价值的决定就是：到底要承认、否定还是杜撰人们所相信的。然而，或许我们可以期待，扯淡者不会如此直接地使用证据。它会受到诡辩原理（把握好决定时机就等于掌控了结果）的影响。因此，诡辩的第一原则是，当辩论的天平对某人有利时提出质疑。但除非有足够的时间、谋略和才智，任何一种论点的真理都终将被论证出来（或者说诡辩家们会假定如此）。问题是，我们很少会有这样的奢侈，因而总有一种强烈的诱惑，迫使我们直接宣布那些现在打动我们的就是最具证据性的。

扯淡者特别强调抉择的这一主观性特质，由于它与诉诸哲学与公共话语的混杂的"可信度"相反，因而我们常常无法估计那些自以为了解我们信仰的人的业绩记录。或许我们能够走近部分记录，或者更有可能带着奇想的色彩回忆起我们的个人经历。这可能就是为什么知识学家们越来越依赖于"信任"的准道德概念，并依附于"见证"和"考验"这样的神学概念，来编造我们对某一论点的真正感受力和对我们有利但实则证据不足之间的不同（参见 Kusch & Lipton, 2002）。根据苏格兰神职人员托马斯·里德的善意解读，神对人类的情感（即常识），主要确证了人类才是可靠的信息来源。但在那些受到异端的克尔凯郭尔（Kierkegaard）触动下的邪恶的解读中，这些概念的盛行直接暴露了我们的懦弱，因为我们把个人应该承担的信任责任托付给了他人，因为我们在事情表明我们有错误的时候只有在会得到些许赞扬的情况下才会承认错误。在受过克尔凯郭尔影响的人当中，就有我称其为"科学存在主义者"的年轻的波普尔（Hacohen, 2000, pp.83—84；Fuller, 2003, pp.100—110）。不管怎么说，通过弥补证据和信任之间的代沟，可信性成为一个扯淡的概念，一个当然只对像法兰克福那样急于消除扯淡的人来说才有的问题。

通过类比证据的认识经济学（epistemic economy of evidence）和知觉的道义经济学（moral economy of sensation）来查明及揭穿扯淡者的扯淡现象，不是不可能。用于证实对与错的证据，通常可以用与"引人入胜的经验"（compelling experience）同样的术语将其描述为愉悦和痛苦。但当大多数哲学家不让我们自动屈从行动范围内的感觉时，为什么我们还要轻易被认知范围内的证据所打动呢？例如，与知觉的道德经济学关系最为亲密的现代道德理论实用主义，用从长远来看拖延即时满足更有利于获取更大好处这样的观念来解释福利。因此，税收所提供的收入再分配，避免了我们对未来的自己或是进而也对下一代人的价值的低估倾向。

同样，扯淡者对证据的普遍重要性无动于衷，或许是因为他想要放弃与可能出现的低估有关的机会成本，这将是时机成熟后一个颇具前途的研究课题。有一个"平权法案"策略与税收很相似，这一策略会阻碍证据较为确凿的状况，以便给弱者提供一个发展机会。从熟知的现在和想象中的未来的跨期的知识主张来看，人们会因此而牺牲短期的"只是真相"而更喜欢长期的"完全真理"（有关"相关性"和真理的"连贯性"理论，参阅 Fuller, 2005, pp.51—60）。正如法兰克福所说，表现在道义经济学和认识经济学上的美德是智慧：前者是为了将来积蓄，后者则是为了争取时间而拖延。

作为一种搜寻（累积的）更高（和更深）层次上的扯淡的科学方法

到目前为止，我们可以从这些思考中得出一个结论：扯淡绝不仅仅存在于那些热衷于揭穿和清除它的人群中，扯淡无处不在。但这肯定是一件糟糕透顶的事吗？培根的科学方法所取得的成功表明，扯淡可能并没那么糟，只要人人都公开承认他们在扯淡，并把扯淡与否的裁决权留给第三方。作为17世纪早期英国詹姆斯一世国王的大法官，培根是在我们现在称之为科学和宗教的骚动期写就这一科学方法的，尽管当时这两种骚动的原因并不清楚，但培根却清楚地意识到这一点。激进的宗教思想家们经常提议并时不时论证基本科学价值的知识主张。通常情况下，他们会坚持认为，只有那些与他们有着同样宗教信仰的人，才适合测试和鉴赏这些主张的价值。但培根却看到，要最大限度地满足公众的兴趣，就要设计出一个测试知识主张的办法，而不必接受可能会激发要求者的有争议的、形而上学的假设。对于这一程序，即科学的方法，法庭审判时效法了它，欧洲大陆宗法体系事实上也在履行它，这正是培根所羡慕的（Franklin, 2001, pp.217—218）。

在英国，传统上将审判体系与控告体系区分开的，是法官而不是原告限定着审理条款。这通常意味着判决达成前，法官将会完成其调查，比如在相应的生活范围内什么才是正常行为，依此来裁决被告是被放置在了一个过高的标准或是一个合理的标准上。这样一来，原告根据是非曲直来陈述自己的案件就是不够的。另外，人们必须清楚，被告不是因为某些日常可以容忍的、或好或坏的事情而被不公正地挑选出来的。毕竟，被告可能有罪，但其他人可能会有更大的罪过，在这种情况下，法官必须考虑如何（和是否要）从被告那里提取例证以作出公正裁决。

最近有一个著名案例，政治科学家隆伯格（Bjorn Lomborg）的案例，讲的是从控告者的立场转换到审判官的立场，怎样严重地影响到一个案件的处置。隆伯格的国际畅销书《多疑的环境保护论者》（*The Sceptical Environmentalist*, 2001），被一位搞可替代能源资源的企业家，带到丹麦科学协会科学不诚实行为委员会面前，这位企业家认为，隆伯格系统性地歪曲了科学发现，从而打击了他的生意。隆伯格的基本思想是，全球环境的未来并不像多数生态学家所说的那样绝望。原告得到了重要的外国支持，比如《科学美国人》杂志及社会生物学的奠基人、生物多样性的捍卫者威尔逊（E.O. Wilson）的支持。

一开始，隆伯格被查明是有罪的，但判决在人们的呼吁下被推翻了——事实上，科学不诚实行为委员会的目的本身受到了质疑，因为在环境研究领域，科研的政治化是常规性的而非简单的例外，因而隆伯格似乎受到了不公平的攻击。隆伯格的有罪，只不过是因为他从相关的统计数据中，推论出了一个更乐观的生态预告。但所有这些推论，最终都成了有风险的且有利于提高科研奠基者、政策制定者和普通大众意识的思想。换句话说，特殊的合法行为是没有必要的，因为这些事情已经得到很好的传播和辩论，还是让观众自己去得出自己的结论比较好 (Fuller, 2007b, pp.159—170)。

隆伯格一案巧妙地阐述了一个合法诉讼怎样能同时孕育出扯淡的生成和消除。原告认为被告应单方面对善辩的专家所证实的事件负责，被告则声称他的动机纯正且对控告者的观点提出质疑。在这里，双方都存在很多扯淡现象。这时承担着审判功能的法官（这种情况下叫专审组），就需要设计一个测试，综合他们的共同假设、评估他们的争论，进而在两人之间作出裁决。回到科学领域，这就是培根所说的"关键实验"。这一关键实验的伟大之处在于（这已被打着"实证主义"旗号的各种知识运动所认可），它迫使人们在理论和方法之间作出甄别：一个科学的社会既可因理论而分离，又可通过方法来团结。不过，关于言论自由还有一个颇似民主核心的政治观点，波普尔称其为"开放社会"：人人都可以对自己的内心扯淡，只要在随后如何将其清除方面达成共识就可以了。

我之所以强调"言论自由"，是因为正如富兰克林首先观察到的那样，这一自由包括人们可以自由地讲出他认为需要讲、即使自己还不完全相信的话。公共智识生活的一些标志性时刻，就是用这些术语来界定的。例如，当左拉公开控告法国陆军部对德雷福斯的陷害时，和法庭相比，他没有更多的证据认定德雷福斯的叛国罪。他只是断章取义，找到了比亲眼所见更多的机会。最终结果证明左拉是正确的，但只是在犯罪者坦白之后，他才找到了原因。不过，是他先发制人的声明，刺激了其他人重新开启这一案例，结果才有了确证左拉声明的证据，而在此期间他则逃亡到了伦敦。左拉的命运与伽利略的命运好有一比。伽利略审判后受到软禁，促成全欧洲的自然科学家都接受了他的假设，牛顿的《数学原理》就是一个典型例子。

然而，培根的观点却被很不完满地实现了。值得一提的是，他的"任何情况下理论和方法都应区别对待"思想，已经变质为"任何情况下都可以用同样的方法对理论和方法进行区别"。因此，在实证主义者的想象中，审判官的自行决定权，决定着在每一案例中如何维持这一区别，审判官因此将会逐渐被可以用于所有案件的、机械的程序所代替。这一转换在很大程度上可以追溯到培根方案的政治失败上 (Lynch, 2001)。毕竟，培根设想出了一个皇室认可的科学法庭，而一个衰弱的英国君主制在内战之后所能做的最好的事情，就是容许一个自我监管的私人团体伦敦皇家学会的存在，它对皇冠的忠诚，是通过呼吁用"方法"从外部剔除潜在有争议的事件来表现的。

培根原初模式的一个特点至今还残留着，这一特点经常被证实为法律制度方面的一根荆棘：自由党的政策只认可专家证人的证词，如果出自普通证人之口，其中很多都被看成不重要的道听途说（Golan, 2004）。这一赞成扯淡的政策（有些人戏称其为"垃圾科学"），原则上是可取的。这一政策把法官放在一个审判者的位置，他有权利建构一个独立标准来查明手头扯淡类的案件。然而，如果法官只把自己看成两个对手间的裁判（盎格鲁－撒克逊法律中的一个典型立场），那么用原告提出的术语所界定的论证的平衡很容易占上风。当然，这并不意味着原告会自动赢得官司，但若他正好代表所辩问题的主要观点，这必定会提高他取胜的机会。所以，培根的意图可能会在实践中被削弱。

总之，我们来看这样一个重要案例：1982年美国法庭关于中学课程中进化论和创世论科目的一个里程碑式裁定，《麦克莱恩诉阿肯色州案》（*Mclean v. Arkansas*）。在此案中，法官根据迈克尔·鲁斯（Michael Ruse）提供的科学的哲学定义，来审判从科学课程表中取消神造论这一案件。法官考虑到科学的本质才是本案件的关键所在，首次没有简单地遵从科学专家们的意见，而是试图达到对立双方都认可的真正中立的标准。这里的关键问题既不是法官依从了一个过分简单的科学定义，也不是他的论证强化了反对神造论的法庭规定的基本模式，而是他达到了一个连神造论者都不得不承认的合适的标准。法官设法从两方面来揭穿扯淡。

遗憾的是，麦克莱恩一案的司法裁定并没有终止类似案件的出现。在《奇茨米勒诉多佛学区案》（*Kitzmiller v. Dover Area School District*, 2005）中，法官的裁定主要依照的是由原告提供、美国国家科学学会承认的科学的哲学改制的定义。之所以说这一定义是改制的，是因为其关键词，"方法论上的自然主义"，在哲学内部缺少明晰的意义，这一定义主要是被用来排除智慧设计论及科学神造论的其他形式（Fuller, 2007c, 第四章）。

哲学家们已经质疑过：遵守科学的方法论为什么还需要自然主义，遵守自然主义为什么还必须仅仅是方法论意义上的。这样的疑问分别在希克（Schick, 2000）和皮格留西（Pigliucci, 2003）的作品中出现过。"自然主义"

通常被视为一种形而上学学说，一种与超自然主义相对立的一元论思想。这一学说在历史上因为一神论至高无上的神的假说而与其世界观相悖，结果导致不可原谅的二元论思想。这一观点以同样的原因结合了作为自然主义者的斯宾诺莎和杜威的思想，而没有考虑二者之间的诸多不同。前缀"方法论的"意在通过提议只有科学行为（而非人类生存的所有方面）才以自然主义为前提来缓和打击。但这同样是错误的，因为科学史上任何形而上的现实主义者（即超现实主义者）的真诚评价，都足以说明问题。

绝非巧合，如今科学研究方面的基础概念，比如重力和基因，分别是由牛顿和孟德尔在强大的理论保障下提出来的（Fuller, 2008）。事实上，主流哲学用法上的"方法论意义上的自然主义"最近的语义表兄：规范自然主义（normative naturalism），就意味着科学的真正自然主义方法将会认真对待科学在发现本质和过程中的历史记录，这一本质和过程向之前人们习以为常的理解经验现实的模式提出了挑战，进而使其在几个薄弱的归纳性原则之外，很难提出任何有关"科学方法"的概论（Laudan, 1987）。我们在期待乃至鼓励对手们将其案件放置于尽可能好的亮光下进行论证时，才能谈得上公平，这种公平是通过感谢双方的扯淡，并用平等方式消除它而达成的。培根遗产的这一方面，在科学与法律相遇的地方，很难在真理被束之高阁而扯淡被奉为圭臬的案件中得到实现。

结论：如何在世界历史舞台上即兴创作

电视法律节目中深受欢迎的"作案方法"一词，在智识生活中值得更快地流行起来。它意味着，理解当事人的作案特征，可以对其作案动机提供洞见。那么，追寻真理的人的"作案方法"到底是什么？比如，是去相信非常可信而又德高望重的人对某些事的信任吗？如果是那样的话，我的信念也应像专家那样发生改变。或是对所有的观点都表示尊重，尤其是对那些有极大可信度的观点表示尊重，比如那些已被标出为少数人或多数人拥有的观点？那样的话，我就应把自己遵从专家的信任看成私事（终究都会从整体上被澄清），只要不是强加给其他每个人，就应容许其他不同的信念存在。

我发现，这两个选项都不怎么令人满意，因为没有理由认为，真理与我所相信的东西之间存在任何关联。这并不意味着我不再会相信我所做的，或者像一个对宗教持怀疑态度的人或是信奉佛教的人那样，可能不会再有信仰。这当然也不意味着真理完全处在我的理解范围之外。相反，我会认真对待这样的思想：保持信仰（被理解为有学问的心智）只是我们可以任意支配的走向真理的几种方法之一，不管它有多不可靠。另外一个有时会更有效的方法是，为人们不相信的立场进行辩护。毋庸置疑，如果你把像真诚这样一种富有浪漫色彩的美德当成真理追求者作案方法的一部分的话，你会发现很难接受我的论点。

但是，为什么一个不真诚的真理追求者的思想，在直观上会让人如此难以置信呢？原因有二。

第一，我们默认的认知自利态度：如果我们相信的大部分东西都不正确的话，我们会假定自己不会活到可以解决这一问题的年龄。依照这种观点，我们讲出的大多数谬误都是谎言，即与我们所相信的东西相悖的陈述。在那种情况下，不诚实作为一种简短且具有讽刺意义的插曲，因反对相反的认识中可以信任的忠诚信念的背景而占了上风。这种态度在毫无疑问地奉承了我们的同时，也使这一思想（真理是我们必须努力追求的，并不是因为它会轻而易举地逃避我们的掌控）变得神秘化。认知自利态度太过自满，以至于无法支持真理是"追寻"到的而不是简单"呈现"出的这一观念。

第二，我们常把信念所承担的言语上的主张，与我们愿意公开维护的论点混为一谈。这一混合是通过迫使我们说出我们所相信的从而相信我们所说出的这样一种智识责任的综合类别而实现的。然而，对于寻求真理这一目的而言，真正重要的是我们愿意辩护，愿意理想化地去评判我们所说的一切（不管我们相信与否）。关于认识论历史一个厚重但却不被欣赏的观点是，科学方法的发明者培根是位训练有素的律师，他把实验视为一种针对自然的审讯：人们的内在气质，仅凭针对检察官调查的反应的诚实性来证实。

我会在我所相信的和我相信需要说出来的这两者之间画道鸿沟。这一区别假定知识是一集体性企业，其所有成员都有可能受益于任何一位至少也是接近真理的人，而设法获取真理。然而，它并不意味着，做这种事情的最好办法就是，通过为自己建构一个固定信念的真理，然后让所有人去听或去看，以便像道金斯所说的那样，让其像病毒或"基因"一样传播。遇到有深度或复杂的事情，可能会需要很长时间才能形成人们愿意将其发展成真理的某一信念。但潜在的烦恼是，某种信念可能会过快地形成并被人们紧抓不放，从而可能吸引跟从者渴望去遵照某一身份，而这一身份的表面力量也将可能吸引其他人（即从众心理）。

那么，如何才能对知识企业作出最好的贡献？我的回答是，你应该在一个符合你身份的情境中说出需要说的话。如果知识确实是一种无限持久的集体性企业，那么我们每个人都扮演着一个一直跑龙套的角色。困难之处在于，想出这一肥皂剧的剧情。知识史无疑就是以这种方式写成的。人物通过一种有趣而恰当的方式对其他人物作出回应，对罗蒂（Rorty, 1979）所喜欢的"人类的大对话"产生过很大影响。但你是怎么知道他们确实是这样做的呢？翻到下页——或者下周再收听！弄清康德是否像荷马相信他的怀疑论那样相信他的超验论据重要吗？当然不重要。因为我们知道康德和荷马都在说谎或吹牛。但是，认识论上真正重要的是，他们促使他人以我们自认为更接近真理的方式作出了回应。那才是他们成为真正伟大的哲学演员的原因。

那么我是如何决定要说什么的呢？下面是一些很方便的步骤：

1. 什么已被说过——尤其是那些被说得很好而且是最近刚说过的？不管你做什么，千万别谈这些事情。
2. 对于那些还未被谈及的，你能讲出什么重要性来？
3. 在这些事情中，哪些是你侥幸能够说出来的？
4. 在这些事情中，面对各种形式的阻力，你愿进一步推进哪些？
5. 在这些事情中，哪些可能会在一定的策略下引起最大的轰动、参与和影响？
6. 这才是你要说的——祝你成功！

如果你对这一作案方法感到震惊，你可以偷偷怀揣一种精神透明（mental transparency）的宗教需要，它会为你的言语打开一扇通向心灵的窗户。这种透明性一直以来都在控制着自由的批判研究。思想公开是件好事：用我们能看到的来证实你所说的。不管这个问题多么幼稚，你都得通过对所有可能在更宽松的研究背景下坚持到底的歧义、资格和保留意见提出直接的解决方案的方式，问及"你真的相信你在说些什么吗？"这样的问题，来限定话语条件。

如今人们很容易忘记，18世纪启蒙运动时期，并不是一个人们依照自己的信念来衡量自己的言语的时期。相反，那是一个讽刺、角色模仿和怀疑主义盛行（最有名者莫过于休谟）的黄金时期，人们怀疑是否真有灵魂存在，可以提出条理清楚的信念陈述。启蒙运动在当时如此受争议，与当今后现代主义受到的争议并没有太大不同：双方都终止了对已确立的认识权威的信任，但却都未提供必需的替代选项。两者之间的不同之处在于：如今，教皇权力被皇家学会替代，"理性"的批评功能被"解构"的批评功能替代。

20世纪科学哲学中最有名的学派，逻辑实证主义，也在坚持这一精神透明和思想公开之间的深刻差异。实证主义者认为，只有后者才会对科学行为产生重大影响。这引导他们聚焦于（可能有些夸大）理论检验在反对那种理想化、实验性假设式证据中所起的作用。不管实证主义者有何缺陷，他们很清楚，提出一种科学理论，并不等同于坚守某一忠诚誓言，或是承诺信奉某一宗教。实证主义者的年轻同行波普尔，将这一观点转换为"开放社会"中的一种普遍哲学，并在此基础上批评了波兰尼和库恩等人把科学当成一种建立在信仰基础上的团体的认识。

社会认识论中的这些抽象观点，在美国高院裁定《爱德华兹诉阿奎拉德案》（*Edwards v. Aguillard*, 1987）中要求具体的取证，这一案例为前面提到的齐茨米勒反对智慧设计论的裁定开了先例。在爱德华兹案中，法官裁定，单是宗教动机的存在，就足以使得到政府支持的学校中的科学教学理论不合格。用哲学眼光来看，这有点像公然的生成错误罪行，尤其是考虑到当今科学有很大部分都是受宗教启发的研究者的成果。然而，法官们却分明把眼光聚焦于那些信奉正统派基督教的人身上，这些人否定达尔文进化论思想，因为它与神创论相矛盾。但如果那样的话，为什么不简单地禁止教授伪科学而要去担心施害者的动机呢？

其结果就是，近些年，上帝论者逐渐开始认真地接受培根的原初思想：科学方法在内容上是中立的。换句话说，不管其宗教或意识形态根源是什么，一个理论一旦经过某些公开而看得到的审理，就会变得合乎科学地可敬，不管它会在多大程度上使那些已经建立的科学机构苦恼。上帝论者得益于当今世俗的学校制度姑且认定达尔文理论的价值这一事实。他们作为弱者，正在为自己能和达尔文的进化论同时而非替代的讲授权利而辩护。由此引发了生物教学中"讲授争议"(teach the controversy)的方法，具体表现为西雅图发现研究院(Seattle's Discovery Institute)发行了新课本《探索进化》(*Explore evolution*)(Meyer et al., 2007)。就连上帝论者最强大的反对者也不得不承认，他们的论点变得越来越难以打败上帝论者，因为上帝论者使用的更多的是科学原理。然而，因为美国宪法强硬规定政教分离，因而科学在获取制胜绝招方面的这些努力，仅因引用"创世科学"最基本的宗教动机，就会使后者失去效力。

在这一背景下，像智慧设计论这样的神造论，使得美国司法制度的日子很不好过，因为它用科学术语来描述自己所有的论点，而且通常还会用到连达尔文主义者都承认的难以解释清楚的生物现象。再者，对目的(design)的特别关注，历史性地走进科学的深层规定的理想中，最明显的就是莱布尼茨和康德所谓的"自然的可理解性"(即建构自然旨在理解自然)这一思想。这一假想的最明显来源是，人类是按照神圣的创造者自己的形象创造出来的：我们能够让现实有系统感，因为我们自己的感觉就是创造者感觉的缩影。诚然，假想显然不是证词。然而，《黑客帝国》这样的电影和大卫·查莫斯(David Chalmers)这样的哲学家，已经使现实成为复杂的宇宙电脑的产物这种思想喻户晓，而且事实上模拟正在不断地替代实验室和原初的科学实验基地，"上帝假说"的理智设计方式并非没有某些直觉上的道理。

作为一名寻求真理的人，我的作案方法浮出水面。我愿在美国首次检验智慧设计论适合公共科学讲授的审理(齐茨米勒案)中做一名专业"抗辩"证人。换句话说，我的证词指向那些认为智慧设计论在科学课堂上是没有地位的人的论证。作为一名历史学、哲学和社会科学方面的终身教授，我随时准备担此重任，且相对而言不担心任何不利后果的影响，尽管目前这样的影响从来没能超越个人诽谤。考虑到智慧设计对"陈腐的"神造论说的怀疑，我不认为这仅仅是一项吃力不讨好的任务。同时，关于生命是否是"智慧地设计出来的"(某种程度上来说是这样的)或是达尔文主张的"偶然的过程"(某种程度上来说也是对的)，我没有一种坚定不变的个人观。如果硬要说有的话，我会稍微偏向于后者。因此，我确实很好奇，对于课程中智慧设计论内容所做的达尔文式回答，会是什么样子的。

结果出乎我的意料，用来反对智慧设计论的论点非常薄弱，至少从哲学标准来看是这样。当然，智慧设计论的支持者们的宗教动机昭然若揭，并帮助爱德华兹案中的法官解决了问题。

反智慧设计论的观点在哲学上显得如此薄弱的原因在于，他们一直把赢家通吃的方法用于科学史。由于达尔文主义目前在生物学方面处于统治地位，它也就被看做唯一有利的、适合阐释所有学科研究的方法，尽管大部分研究都已被那些反对达尔文主义的人做过，而且或许现在还在做。另外，没有这一排外的认识论许可证，对于来自科学哲学中诸多混杂的证据是怎样被综合起来以支持高度概括的主张这样一些熟悉的问题，达尔文主义是开明的。特别是，产生于当今实验室或电脑这些人为条件下的结果是怎样"证实"在时间中发生的事件和过程的，尤其是当我们用以指导进化的过去（化石记录）的最新证据，需要对那些本身就有争议的放射性测量的数据作出解释时？

诚然，有关解释的低层次争论，经常会在与进化论相关的自然科学中出现。然而，如今得到美国司法部支持和鼓励的达尔文主义者，似乎希望阻止理论中的这些压觉点（pressure points）可能会集中起来进而替代达尔文本体论。事实上，美国国家科学协会拥护进化论背后的形而上态度：自然主义。因而，现有争论的一个异常讨厌的特点便是，进化论者误以为连智慧设计论的支持者都对其持怀疑态度，言外之意，他们自己"了解得更多"。于是他们便把科学上更具涵养的智慧设计理论家称为"说谎者"，从而取代了对智慧设计论进行真正指控的必要。但是，科学什么时候进入了忏悔箱，以至于我竟无需认真对待你的论证——除非是这些论证和正当的、真诚的信念一起被呈上来？

科学哲学家所认同的少数几种历史概括之一，是普特南（Hilary Putnam，1978）最先提出的"悲观元归纳"（pessimistic meta-induction）：科学中具有广泛适用范围的所有理论最后都在经验上被否定了，原因通常都是它们过于雄心勃勃而失去了控制。从这一立场来看，达尔文主义似乎只是在推迟自身这一不可避免的命运。当然，这并不能说明智慧设计论就是正确的，但它可能会处于有利位置去指证连达尔文主义者自身都没有动机去认识（更不用说去探讨）的严重的系统瑕疵。如果真是这样，既然寻求真理是一项集体性事业，至少部分脱离如今的科学风尚，那么那些自认为是这一事业一部分的人就应做一些该做的事，以保证达尔文主义受到辨证的挫败。这或许才是我把自己的名字列上去所希望能够起到的作用，而智慧设计论或许就是我的后盾。

论点总结

本书主要是围绕洪堡的现代大学理想的三个核心概念来构思谋篇的。主要关涉制度本身的特质（第一章），它的意识形态理由（第二章）及它试图造就的人群（第三章）。第四章则探讨了智识生活一个至关重要但却广受鄙视的特点：它的即兴特性。

第一章介绍了作为解答社会中知识问题的大学，即知识如何才能真正理解现实（比如"科学"），同时又能普遍获得（比如像"民主"）。在柏拉图看来，这并不是个问题，因为对他来说科学在本质上并不是民主的，比如，社会精英可以统治他人。与其相反，洪堡把大学重新设计成与康德的启蒙哲学观相互依赖的社会学上的大学，据此，大学知识是每个个体完成其个人发展所必须拥有的。然而，过去一百多年里，洪堡的计划却被知识的异化（首先是课程专业化，然后是市场需求驱动下的知识工具化）所破坏。大学在很多方面都和这些发展有同谋关系。同时，过去四分之一世纪中最流行的意识形态：后现代主义，本身就是反大学的运动，它为面向市场的制度再教育提供了保护。我为洪堡式大学进行辩护的兴趣在于：把制度视为通过"社会资本的创造性毁坏"方式创造出作为公共福利的知识。换句话说，大学教师的教学任务是：重新分配新知识起初给予其生产者的优势，使与之互补的科研任务民主化。这证实了大学作为更大的社会中"平权法案"代理人更全面的历史作用。但是,这一梦想只有在"学术自由"的背景下方能实现,"学术自由"可以让大学师生能在彼此陪伴下自由地探索研究。

第二章主要聚焦于 20 世纪英语国家中哲学的社会学命运。这一话题深藏于对知识生产的社会条件或"社会认识论"的论述中。哲学作为一种最基本的学术学科(特殊科学都是从哲学中产生的),是一种与洪堡式大学相关联的意识形态发明,这种思想首先受到康德的德国理念主义继承者的捍卫。(神学之前也起到过这样的作用。)柯林斯很权威的《哲学社会学》一书,明确表达出这一通常被人们忽略的事实,通过强调课程的价值驱动或"价值论"意图,考虑到发起一个与权威历史相左的非传统哲学社会学,概括地论述了这一事实的优劣势,这将容许对哲学施加更宽泛意义上的社会影响。这一修正在过去一个世纪里,为母语为英语的人在本学科中的整体优势胜过母语为德语者这一趋势,提供了一个批判视角。简言之,德语中的主题通常由最初的委托人译为英语中的术语,有时(承蒙两次世界大战)是基于作为哲学语言的英语语言的优越性("清晰度")的要求,这一哲学语言与早期德语所要求的语言"深度"形成讽刺性的对比。从社会学角度来说,这一变化表明,哲学已从一个基于什么可以做和什么可能必须做的学科,沦为一门简单地去"理清"已经做了什么或者可能要做什么的学科。毕竟,如果想一想探索研究还处于其起始阶段的话,与"深度"要求相关的文体上的晦涩,还是有某种意义的。洪堡认为,母语为英语的人强调清晰是哲学的首要特质,这意味着这一学科已经将其特权让给了特殊科学。事实上,像海德格尔这样的后洪堡学派的人会说,转向清晰是哲学求亡愿望的确切预兆。然而,美国相对健康的学术环境很容易使人们忽视这一切,当社会认识论地位受到贬低的哲学被重新包装成另一类奇异的技术兴趣时尤为如此。

第三章主要论证了知识分子作为一种传承学术但不一定主宰学术命运的人的作用。首先,我把知识分子当成能够对着权力讲真理的莎士比亚式傻瓜,因为他完全遵从君主命令,自己没有半点权力。导致这一类似事态发生的较为现代的方法,包括终身教席和市场成功,像左拉这样受人喜爱和尊敬的人,就享受过这样的成功,"知识分子"一词显然就是为他而发明的。换句话说,健全智识生活的社会经济前提是,有能力落实"有做错事的权利"。

左拉是位典型的知识分子，因为从严格的法律角度来说，他在德雷福斯案中对法国陆军部的指控（那篇举世闻名的《我控告》），其实是没有事实根据的，但其背后的怀疑最终被证实是正确的。然而，如果在左拉处于有利位置时没人站出来煽动必要的怀疑的火种，这个案子就不可能再审。左拉作为知识分子的实践，可被视为大学为社会做点事情的缩影，即在更为公正的范围内重新分配权威和权力。但是，学界习惯性地忽略了这一作用，仅仅把拥有思想当成一种接受（或不接受的）问题（比如，社会传播的产物），而不是视其为一种创造（比如，积极估量证据的结果）。尽管洪堡式"自由教学"旨在强化讲课的评判特质，但事实上，它却准许了一个相对被动的、已确立信念的再创造。学者中知识冒险的全面匮乏，可以用下面两种情况中的任一种来解释：他们要么担心自己公开讲课的结果，要么被自己孤立的课程事务所迷惑。大多数情况下，这两种目的很难分清。但与这二者不同的是，我提出了"消极责任"理论：你会因你的不作为而受到合理谴责，如果你有作为，你既施惠于他人，自己也不会受伤害。针对这一理论，同时我还为知识分子提供了真正规范的标准。布迪厄就是这样一位堪称典范的学术社会学家，他在其所处的具体条件中越来越清楚地认识到自己的权利和义务。

第四章赞颂并详尽探讨了智识生活中即兴创作这一核心问题。如果人们的精神生活旨在启发社会行动（制度就建立并重建在这一基础上），那么公开的、基于知识或经验的思想实践（包括经常被嘲笑为扯淡的思想），就需要得到鼓励和效仿，除了对已被察觉的错误和明显产生于这一实践的夸张作出适当的回应之外。这样一来，公开和接受学术知识，就能从大众传媒所利用的多样化标准中学到很多。但不管怎样，只要提出或批评知识主张的进入成本仍然受到过多限制，智识生活作为一个整体就会很痛苦。由此带来的结果就是，非常容易尊崇正统观念和不重视持异议者。最后我提出本章也是本书的结论：要想促进真理这一事业的发展，最好是通过不说出自己所相信的但说出并保护自己已经准备好要说的思想；这一反直觉的格言，象征着智识生活的即兴性特质，同时也清楚地阐述了事物很少像其所表现出的那样这一根深蒂固的认识观。

参考文献

Aron, R. (1957). The Opium of the Intellectuals. Garden City, NY: Doubleday.
Austin, J. L. (1961). *Philosophical Papers*. Oxford: Oxford University Press.

Barry, A. and D. Slater (2002). 'Technology, Politics and the Market: an Interview with Michel Callon', *Economy and Society,* 31(2): 285–306.
Bauman, Z. (1987). *Legislators and Interpreters*. Cambridge: Polity.
Beck, U., A. Giddens and S. Lash (1994). *Reflexive Modernization: Politics, Tradition and Aesthetics in the Modern Social Order.* Palo Alto, CA: Stanford University Press.
Bell, D. (1966). *The Reform of General Education.* New York: Doubleday.
Bell, D. (1973). *The Coming of Post-Industrial Society.* New York: Basic Books.
Berkson, W. and J. Wettersten (1984). *Learning from Error: Karl Popper's Psychology of Learning*. La Salle, IL: Open Court.
Bernard, J. and T. Kuhn (1969–70). Correspondence. 29 November to 10 February. *Thomas Kuhn Papers*, MC 240, Box 4, Folder 7, MIT Archives and Special Collections.
Bernstein, B. (1971–77). *Class, Codes, and Control: Theoretical Studies towards a Sociology of Language*, 3 vols. London: Routledge & Kegan Paul.
Bloom, H. (1973). *The Anxiety of Influence*. Oxford: Oxford University Press.
Bloor, D. (1976). *Knowledge and Social Imagery*. London: Routledge.
Bourdieu, P. (1991). *The Political Ontology of Martin Heidegger*. Cambridge: Polity.
Bourdieu, P. (1999 [1993]). *The Weight of the World*. Oxford: Polity Press.
Bowles, S. and H. Gintis (1976). *Schooling in Capitalist America*. New York: Basic Books.
Boyd, R. and P. Richerson (1985). *Culture and the Evolutionary Process*. Chicago: University of Chicago Press.
Braunstein, P. and M. W. Doyle (eds) (2001). *Imagine Nation: The American Counter-Culture of*

the 1960s and 1970s. London: Routledge.
Bruner, J. (1983). *In Search of Mind: Essays in Autobiography*. New York: Harper & Row.
Bruner, J., J. Goodnow and G. Austin (1956). *A Study of Thinking*. New York: John & Wiley & Sons.
Bühler, K. (1930 [1919]). *The Mental Development of the Child*. New York: Harcourt, Brace & Company.

Cahn, S. (ed.) (1995). *The Affirmative Action Debate*. London: Routledge.
Callebaut, W. (ed.) (1993). *Taking the Naturalistic Turn*. Chicago: University of Chicago Press.
Cassirer, E. (1950). *The Problem of Knowledge: Philosophy, Science, and History Since Hegel*. New Haven, CT: Yale University Press.
Cavell, S. (1992). *The Senses of Walden*. Chicago: University of Chicago Press.
Chisholm, R. and W. Sellars (1957). 'Intentionality and the Mental: Chisholm-Sellars Correspondence on Intentionality', in H. Feigl and W. Sellars (eds), *Minnesota Studies in the Philosophy of Science*, vol. II. Minneapolis: University of Minnesota Press, pp.521–539.
Chomsky, N., I. Katznelson, R. Lewontin, D. Montgomery, L. Nader, R. Ohmann, R. Siever, I. Wallerstein and H. Zinn (1997). *The Cold War and the University*. New York: New Press.
Cohen, I. B. (1985). *Revolutions in Science*. Cambridge, MA: Harvard University Press.
Cohen, L. J. (1986). *The Dialogue of Reason*. Oxford: Clarendon Press.
Cohen, M. and E. Nagel (1934). *An Introduction to Logic and the Scientific Method*. New York: Routledge & Kegan Paul.
Colllini, S. (1979). *Liberalism and Sociology*. Cambridge: Cambridge University Press.
Collins, R. (1979). *The Credential Society*. New York: Academic Press.
Collins, R. (1998). *The Sociology of Philosophies: A Global Theory of Intellectual Change*. Cambridge, MA: Harvard University Press.
Collins, R. (2000). 'Reflexivity and Embeddedness in the History of Ethical Philosophies', in Kusch (2000), pp.155–178.
Collins, R. (2004). *Interaction Ritual Chains*. Princeton: Princeton University Press.
Conant, J. B. (1970). *My Several Lives: Memoirs of a Social Inventor*. New York: Harper & Row.
Cooper, D. E. (1996a). *World Philosophies: An Historical Introduction*. Oxford: Blackwell.
Cooper, D. E. (1996b). 'Verstehen, Holism and Fascism', in A. O'Hear (ed.), *Verstehen and Humane Understanding* (pp.95–108). Cambridge: Cambridge University Press.
Cusset, F. (2008). *French Theory: How Foucault, Derrida, Deleuze & Co. Transformed the Intellectual life of the United States*.Minneapolis: University of Minnesota Press.

Dahrendorf, R. (1970). 'The Intellectual and Society: The Social Function of the Fool in the 20th century', in P. Rieff (ed.), *On Intellectuals* (pp.53–56). Garden City, NY: Doubleday.
Dahrendorf, R. (1995). *LSE*. Oxford: Oxford University Press.
Dawkins, R. (1976). *The Selfish Gene*. Oxford: Oxford University Press.
Dawkins, R. (1983). *The Extended Phenotype*. Oxford: Oxford University Press.
Delaney, C. (ed.) (1977). *The Synoptic Vision: Essays in the Philosophy of Wilfrid Sellars*. South Bend, IN: Notre Dame University Press.
Dennett, D. (1995). *Darwin's Dangerous Idea*. New York: Simon and Schuster.

Descombes, V. (1980). *Modern French Philosophy*. Cambridge: Cambridge University Press.
Diggins, J. P. (1994). *The Promise of Pragmatism*. Chicago: University of Chicago Press.
Drahos, P. (1995). 'Information Feudalism in the Information Society', *The Information Society*, 11: 209–222.
Dummett, M. (1993). *The Origins of Analytic Philosophy*. London: Duckworth.

Edwards, P. (1996). *The Closed World: Computers and the Politics of Discourse in Cold War America* Cambridge, MA: MIT Press.
Eisenstein, E. (1979). *The Printing Press as an Agent of Change*. Cambridge: Cambridge University Press.
Elster, J. (1981). 'Snobs', *London Review of Books*, 3(20): 10–12.
Elster, J. (1983). *Sour Grapes: Studies in the Subversion of Rationality*. Cambridge: Cambridge University Press.
Elster, J. (1998). 'Deliberation and Constitution Making', in J. Elster (ed.), *Deliberative Democracy* (pp.97–102). Cambridge: Cambridge University Press.

Feyerabend, P. (1970). 'Consolations for the Specialist', in I. Lakatos and A.Musgrave (eds), *Criticism and the Growth of Knowledge* (pp.197–229). Cambridge: Cambridge University Press.
Feyerabend, P. (1975). *Against Method*. London: Verso.
Feyerabend, P. (1979). *Science in a Free Society*. London: Verso.
Frank, A. G. (1997). *Re-Orient*. Berkeley: University of California Press.
Frankfurt, H. (2005). *On Bullshit*. Princeton: Princeton University Press.
Franklin, J. (2001). *The Science of Conjecture: Evidence and Probability before Pascal*. Baltimore: Johns Hopkins University Press.
Frisby, D. (1983). *The Alienated Mind: The Sociology of Knowledge in Germany, 1918–1933* London: Routledge.
Fukuyama, F. (1992). *The End of History and the Last Man*. New York: Free Press.
Fuller, S. (1985). 'Bounded Rationality in Law and Science', PhD in History and Philosophy of Science: University of Pittsburgh.
Fuller, S. (1988). *Social Epistemology*. Bloomington: Indiana University Press.
Fuller, S. (1993 [1989]). *Philosophy of Science and Its Discontents*, 2nd edn. New York: Guilford Press.
Fuller, S. (1995). 'Is there Life for Sociological Theory after the Sociology of Scientific Knowledge?' *Sociology*, 29: 159–166.
Fuller, S. (1996). 'Recent Work in Social Epistemology', *American Philosophical Quarterly*, 33: 149–166.
Fuller, S. (1997). *Science*. Milton Keynes: Open University Press.
Fuller, S. (1998). 'Divining the Future of Social Theory: From Theology to Rhetoric via Social Epistemology', *European Journal of Social Theory*, 1: 107–126.
Fuller, S. (2000a). *The Governance of Science: Ideology and the Future of the Open Society*. Milton Keynes: Open University Press.
Fuller, S. (2000b). *Thomas Kuhn: A Philosophical History for Our Times*. Chicago: University of

Chicago Press.

Fuller, S. (2001). 'Looking for Sociology after 11 September', *Sociological Research On-Line*, 6(3): http://www.socresonline.org.uk/6/3/fuller.html

Fuller, S. (2002a). *Knowledge Management Foundations*. Woburn, MA: Butterworth-Heinemann.

Fuller, S. (2002b). 'Making Up the Past: A Response to Sharrock and Leudar', *History of the Human Sciences,* 15(4): 115–123.

Fuller, S. (2003). *Kuhn vs Popper: The Struggle for the Soul of Science*. Cambridge: Icon Books.

Fuller, S. (2005). *The Intellectual*. Cambridge: Icon Books.

Fuller, S. (2006a). *The New Sociological Imagination*. London: Sage.

Fuller, S. (2006b). *The Philosophy of Science and Technology Studies*. New York: Routledge.

Fuller, S. (2007a). *The Knowledge Book: Key Concepts in Philosophy, Science and Culture*. Stocksfield: Acumen.

Fuller, S. (2007b). *New Frontiers in Science and Technology Studies*. Cambridge: Polity Press.

Fuller, S. (2007c). *Science vs Religion? Intelligent Design and the Problem of Evolution*. Cambridge: Polity Press.

Fuller, S. (2008). *Dissent over Descent: Intelligent Design's Challenge to Darwinism*. Cambridge: Icon Books.

Fuller, S. and J. Collier (2004 [1993]). *Philosophy, Rhetoric and the End of Knowledge*, 2nd edn. (Orig. 1993, by Fuller). Hillsdale, NJ: Lawrence Erlbaum Associates.

Galison, P. and D. Stump (eds) (1996). *The Disunity of Science*. Palo Alto, CA: Stanford University Press.

Gane, M. (1988). *On Durkheim's Rules of the Sociological Method*. London: Routledge.

Geertz, C. (1973). *The Interpretation of Cultures*. New York: Basic Books.

Geertz, C. (1995). *After the Fact: Two Countries, Four Decades, One Anthropologist*. Cambridge, MA: Harvard University Press.

Gellner, E. (1959). *Words and Things: A Critical Account of Linguistic Philosophy and a Study in Ideology*. London: Victor Gollancz.

Gellner, E. (1992). *Reason and Culture: The Historic Role of Rationality and Rationalism*. Oxford: Blackwell.

Gibbons, M. Limoges, C., Nowothy, H., Schwartzman, S., Scott, P., Trow, M. (1994). *The New Production of Knowledge*. London: Sage.

Giddens, A. (1976). *New Rules of the Sociological Method*. London. Hutchinson.

Giere, R. (1996). 'From *Wissenschaftliche Philosophie* to Philosophy of Science', in R. Giere and A. Richardson (eds), *Origins of Logical Empiricism* (pp.335–354). Minneapolis: University of Minnesota Press.

Gigerenzer, G. (1999). *Simple Heuristics that Make Us Smart*. Oxford: Oxford University Press.

Gladwell, M. (2000). *The Tipping Point*. New York: Little and Brown.

Glaser, B. and A. Strauss (1967). *The Discovery of Grounded Theory*. Chicago:Aldine.

Glover, J. (1984). *What Kind of People Should There Be?* Harmondsworth: Penguin.

Golan, T. (2004). *Laws of Men and Laws of Nature: The History of Scientific Expert Testimony in England and America*. Cambridge, MA: Harvard University Press.

Goldgar, A. (1995). *Impolite Learning: Conduct and Community in the Republic of Letters,*

1680–1750. New Haven, CT: Yale University Press.

Goldman, A. I. (1986). *Epistemology and Cognition*. Cambridge, MA: Harvard University Press.

Goldman, A. I. (1992). *Liaisons: Philosophy Meets the Cognitive and Social Sciences*. Cambridge, MA: MIT Press.

Goldman, A. I. (1999). *Knowledge in a Social World*. Oxford: Oxford University Press.

Goodson, I. (1999). 'The educational researcher as a public intellectual', *British Educational Research Journal,* 25: 277–297.

Gould, S. J. (1981). *The Mismeasure of Man*. New York: Norton.

Gouldner, A. (1970). *The Coming Crisis in Western Sociology*.NewYork: Basic Books.

Gouldner, A. (1979). *The Future of the Intellectuals and the Rise of the New Class*. London: Macmillan.

Grenfell, M. (2004). *Pierre Bourdieu: Agent Provocateur*. London: Continuum.

Grenfell, M., (ed.) (2008). *Pierre Bourdieu: Key Concepts*. Stocksfield: Acumen.

Grundmann, R. and N. Stehr (2001). 'Why is Werner Sombart not part of the core of classical sociology?' *Journal of Classical Sociology,* 1: 257–287.

Habermas, J. (1971 [1968]). *Knowledge and Human Interests*. Boston, MA: Beacon.

Hacking, I. (1975).*Why Does Language Matter to Philosophy?* Cambridge: Cambridge University Press.

Hacking, I. (2002). *Historical Ontology*. Princeton: Princeton University Press.

Hacohen, M. (2000). *Karl Popper: The Formative Years, 1902–1945* Cambridge: Cambridge University Press.

Haraway, D. (1990). *Simians, Cyborgs and Women*. London: Free Association Books.

Haraway, D. (1997). *Modest Witness@Second Millenium*. London: Routledge.

Hawking, S. (1988). *A Brief History of Time*. New York: Bantam.

Heidelberger, M. (2004). *Nature from Within*. Pittsburgh: University of Pittsburgh Press.

Herf, J. (1984). *Reactionary Modernism*. Cambridge: Cambridge University Press.

Hinde, J. (1999). 'Patents provide universities with slender returns', *Times Higher Education Supplement,* 5 February, p.4.

Hirsch, F. (1977). *Social Limits to Growth*. London: Routledge & Kegan Paul.

Hirst, P. (1975) *Durkheim, Bernard and Epistemology*. London: Routledge.

Horowitz, D. (2006). *The Professors.*Washington, DC: Henry Regnery.

Horowitz, D. (2007). *Indoctrination U.: The Left's War against Academic Freedom*. New York: Encounter Books.

Husserl, E. (1954 [1937]). *The Crisis of the European Sciences and Transcendental Phenomenology.* Evanston, IL: Northwestern University Press.

Hylton, P. (1990). *Russell, Idealism, and the Emergence of Analytic Philosophy*. Oxford: Clarendon Press.

Jacob, M. and T. Hellstrom (eds) (2000). *The Future of Knowledge Production in the Academy*. Milton Keynes: Open University Press.

Johnson, D. (2005). 'British Intellectual Life Today', *The New Criterion,* 24: 9, September.

Jones, R. A. (1994). 'The Positive Science of Ethics in France: German Influences on *De La*

Division Du Travail', *Sociological Forum,* 9: 37—57.

Judt, T. (1994). *Past Imperfect: French Intellectuals 1944—1956.* Berkeley: University of California Press.

Kimball, R. (1990). *Tenured Radicals.* New York: Harper Collins.

Kitch, E. (1980). 'The law and the economics of rights in valuable information', *The Journal of Legal Studies,* 9: 683—723.

Klemperer, V. (2000). *The Language of the Third Reich.* London: Athlone.

Kolakowski, L. (1972). *Positivist Philosophy: From Hume to the Vienna Circle.* Harmondsworth: Penguin.

Krause, E. (1996). *The Death of the Guilds: Professions, States, and the Advance of Capitalism.* New Haven: Yale University Press.

Kuhn, T. S. (1970 [1962]). *The Structure of Scientific Revolutions,* 2nd edn. Chicago: University of Chicago Press.

Kuhn, T. S. (1977a). *The Essential Tension.* Chicago: University of Chicago Press.

Kuhn, T. S. (1977b). Letter to Arnold Thackray, 7 April, in *Thomas Kuhn Papers,* MC 240, Box 12, Folder 1. MIT Archives and Special Collections.

Kuklick, B. (1984). 'Seven Thinkers and How They Grew', in R. Rorty, J. B. Schneewind and Q. Skinner (eds), *Philosophy in History* (pp.125—140). Cambridge: Cambridge University Press.

Kuklick, B. (2001). *A History of Philosophy in America.* Oxford: Oxford University Press.

Kusch, M. (1995). *Psychologism.* London: Routledge.

Kusch, M. (1999). *Psychological Knowledge: A Social History of Philosophy.* London: Routledge.

Kusch, M. (ed.) (2000). *The Sociology of Philosophical Knowledge.* Dordrecht: Kluwer.

Kusch, M. and P. Lipton (eds) (2002) Special Issue on Testimony, *Studies in History and Philosophy of Science*, Part A. 33(2): 209—423.

Lafontaine, O. (2000). *The Heart Beats on the Left.* Cambridge: Polity.

Latour, B. (1987). *Science in Action.* Milton Keynes: Open University Press.

Latour, B. (1997). 'A Few Steps toward an Anthropology of the Iconoclastic Gesture', *Science in Context,* 10: 63—83.

Latour, B. (2002). 'Gabriel Tarde and the End of the Social', in P. Joyce (ed.), *The Social in Question.* London: Routledge.

Latour, B. and S. Woolgar (1986 [1979]). *Laboratory Life,* 2nd edn. Princeton: Princeton University Press.

Laudan, L. (1987). 'Progress or Rationality? The Prospects for Normative Naturalism', *American Philosophical Quarterly,* 24: 19—33.

Lave, J. and E.Wenger (1991). *Situated Learning.* Cambridge: Cambridge University Press.

Lehman, D. (1991). *Signs of the Times: Deconstruction and the Fall of Paul De Man.* London: Andre Deutsch.

Lessig, L. (2001). *The Future of Ideas: The Fate of the Commons in a Connected World.* New York: Random House.

Lilla, M. (2001). *The Reckless Mind: Intellectuals in Politics.* New York: New York Review Press.

Locke, J. (1959 [1690]). 'Epistle to the Reader', *An Essay Concerning Human Understanding*, vol.

1. New York: Dover.
Lomborg, B. (2001). *The Sceptical Environmentalist*. Cambridge: Cambridge University Press.
Lutz, M. (1999). *Economics for the Common Good*. London: Routledge.
Lynch, W. (2001). *Solomon's Child: Baconian Method in the Early Royal Society of London*. Palo Alto, CA: Stanford University Press.
Lyotard, J.-F. (1983 [1979]). *The Postmodern Condition*. Minneapolis: University of Minnesota Press.

MacIntyre, A. (1984 [1891]). *After Virtue*, 2nd edn. South Bend, IN: Notre Dame University Press.
Mannheim, K. (1936 [1929]). *Ideology and Utopia*. New York: Harcourt Brace & World.
Marcus, G. and Fischer, M. (1986). *Anthropology as Cultural Critique*. Chicago: University of Chicago Press.
McCumber, J. (2001). *Time in the Ditch: American Philosophy in the McCarthy Era*. Evanston, IL: Northwestern University Press.
McGuire, W. and D. Papageorgis (1961). 'The Relative Efficacy of Various Prior Belief-Defense in Producing Immunity against Persuasion', *Journal of Abnormal and Social Psychology*, 62: 327–337.
Menand, L. (2001). *The Metaphysical Club*. New York: Farrar, Straus and Giroux.
Merz, J. T. (1965 [1896–1914]). *A History of European Thought in the 19th Century*, 4 vols. New York: Dover.
Metzger, W. (1955). *Academic Freedom in the Age of the University*. New York: Random House.
Meyer, S. Minnich, S., Moneymaker, J., Nelson, P., Seelke, R. (2007). *Explore Evolution: The Arguments for and against Neo-Darwinism*. Melbourne, Australia: Hill House.
Mirowski, P. (2001). *Machine Dreams: Economics Becomes a Cyborg Science*. Cambridge: Cambridge University Press.
Murray, M. (1973). 'Heidegger and Ryle: Two Versions of Phenomenology', *Review of Metaphysics*, 27: 88–111.

Nader, L. (1997). 'The Phantom Factor: Impact of the Cold War on Anthropology', in Chomsky et al. (1997), pp.106–146.
Noelle-Neumann, E. (1982). *The Spiral of Silence*. Chicago: University of Chicago Press.
Notturno, M. (2000). *Science and the Open Society: In Defense of Reason and Freedom of Thought*. Budapest: Central European University Press.

O'Connor, J. R. (1973). *The Fiscal Crisis of the State*. New York: St Martins Press.

Passmore, J. (1966). *A Hundred Years of Philosophy*, 2nd edn. Harmondsworth: Penguin.
Pigliucci, M. (2003) 'Methodological vs. Philosophical Naturalism', *Free Inquiry*, 23: 53–55.
Pinker, S. (2002). *The Blank Slate: The Modern Denial of Human Nature*. New York: Vintage.
Polanyi, M. (1957). *Personal Knowledge*. Chicago: University of Chicago Press.
Popper, K. (1945). *The Open Society and Its Enemies*. London: Routledge & Kegan Paul.
Popper, K. (1972). *Objective Knowledge*. Oxford: Oxford University Press.
Price, C. (1993). *Time, Discounting and Value* Oxford: Blackwell.

Price, D. de S. (1978). 'Toward a Model for Science Indicators', in Y. Elkana et al. (eds), *Toward a Metric of Science* (pp.69–96). New York:Wiley-Interscience.

Proctor, R. (1991). *Value-Free Science? Purity and Power in Modern Knowledge.* Cambridge, MA: Harvard University Press.

Putnam, H. (1978). *Meaning and the Moral Sciences.* London:Routledge & Kegan Paul.

Quinton, A. (1999). 'My Son the Philosopher', *The New York Review of Books*, 8 April. Vol. 46: 6.

Ravetz, J. (1971). *Scientific Knowledge and Its Social Problems.* Oxford: Oxford University Press.

Rawls, J. (1971). *A Theory of Justice.* Cambridge, MA: Harvard University Press.

Reichenbach, H. (1938). *Experience and Prediction.* Chicago: University of Chicago Press.

Ricoeur, P. (1970). *Freud and Philosophy.* New Haven, CT: Yale University Press.

Ringer, F. (1969). *The Decline of the German Mandarins.* Cambridge, MA.: Harvard University Press.

Ringer, F. (1979). *Education and Society in Modern Europe.* Bloomington, IN: Indiana University Press.

Rorty, R. (1979). *Philosophy and the Mirror of Nature.* Princeton: Princeton University Press.

Rorty, R. (1982). *The Consequences of Pragmatism.* Minneapolis: University of Minnesota Press.

Rorty, R. (1988). 'Taking Philosophy Seriously', *The New Republic*, 11 April: 31–34.

Ross, D. (1991). *The Origins of American Social Science.* Cambridge: Cambridge University Press.

Ryle, G. (1949). *The Concept of Mind.* Oxford: Oxford University Press.

Samuelson, P. (1969). 'Pure Theory of Public Expenditures and Taxation', in J. Margolis and H. Guitton (eds), *Public Economics* (pp.98–123). London: Macmillan.

Saracci, R. (2001). 'Introducing the History of Epidemiology', in J. Orsen et al. (eds), *Teaching Epidemiology.* Oxford: Oxford University Press.

Schick, T. (2000). 'Methodological Naturalism vs. Methodological Realism', *Philo,* 3(2): 30–37.

Schinkel, W. (2003). 'Pierre Bourdieu's Political Turn?' *Theory, Culture and Society,* 20(6): 69–93.

Schnädelbach, H. (1984). *Philosophy in Germany, 1831–1933.*Cambridge:Cambridge University Press.

Schreiterer, U. (2008). 'Trust Matters: Democratic Impingements in the City of Knowledge', in N. Stehr (ed.), *Knowledge and Democracy* (pp.67–86). New Brunswick, NJ: Transaction.

Schumpeter, J. (1950 [1942]). *Capitalism, Socialism and Democracy,* 2nd edn. Harper & Row: New York.

Shils, E. (ed.) (1974) *Max Weber on Universities: The Power of the State and the Dignity of the Academic Calling in Imperial Germany.* Chicago, IL: University of Chicago Press.

Sidgwick, H. (1966 [1874]). *The Methods of Ethics.* New York: Dover.

Smart, J. J. C. and Williams, B. (1973). *Utilitarianism: For and Against.* Cambridge: Cambridge University Press.

Smith, B. (1994). *Austrian Philosophy: The Legacy of Franz Brentano.* La Salle, IL:Open Court Press.

Söderqvist, T. (ed.) (1997). *The Historiography of Contemporary Science and Technology.* Amsterdam: Harwood Academic Publishers.

Sokal, A. and J. Bricmont (1998). *Fashionable Nonsense: Postmodern Philosophers' Abuse of Science*. London: Profile Books.
Sperber, D. (1996). *Explaining Culture: A Naturalistic Approach*. Oxford: Blackwell.
Stehr, N. (1994). *Knowledge Societies*. London: Sage.
Stewart, T. (1997). *Intellectual Capital*. London: Nicholas Brealy.
Swanson, D. (1986). 'Undiscovered Public Knowledge', *Library Quarterly,* 56(2): 103–118.

Thayer, H. S. (1968). *Meaning and Action: A Critical History of Pragmatism*. Indianapolis: Bobbs-Merrill.
Toews, J. (1985). *Hegelianism*. Cambridge: Cambridge University Press.
Toulmin, S. (2001). *The Return to Reason*. Cambridge, MA: Harvard University Press.
Tversky, A. and D. Kahneman (1974). 'Judgment under Uncertainty: Heuristics and Biases'. *Science,* 185: 1124–1131.

Urry, J. (2000). *Sociology Beyond Societies*. London: Routledge.

Valsiner, J. and R. van der Veer. (2000). *The Social Mind: Construction of the Idea*. Cambridge: Cambridge University Press.

Weber, M. (1958 [1918]). 'Science as a Vocation', in H. Gerth and C. W. Mills (eds), *From Max Weber* (pp.129–158). Oxford: Oxford University Press.
Werskey, G. (1988 [1978]). *The Visible College: Scientists and Socialists in the 1930s*, 2nd edn. London: Free Association Books.
White, M. (1957). *Social Thought in America: The Revolt against Formalism*. Boston, MA: Beacon Press.
Wilson, E. O. (1998). *Consilience: The Unity of Knowledge*. New York: Knopf.
Wolin, R. (1990). *The Politics of Being*. New York: Columbia University Press.
Wolin, R. (2000). 'Untruth and Method', *The New Republic,* 15 May: 36–45.
Wolin, R. (2001). *Heidegger's Children*. Princeton: Princeton University Press.
Wuthnow, R. (1989). *Communities of Discourse*. Cambridge, MA: Harvard University Press.

Zagzebski, L. and A. Fairweather (eds) (2001). *Virtue Epistemology: Essays on Epistemic Virtue and Responsibility*. Oxford: Oxford University Press.
Zinn, H. (1980). *A People's History of the United States*. New York: Harper & Row.